Spannende Pfade

Wilde Wasserfälle und Schluchten im Schwarzwald

Erfrischende Wanderungen zu grandiosen Naturschauplätzen

J. BERG

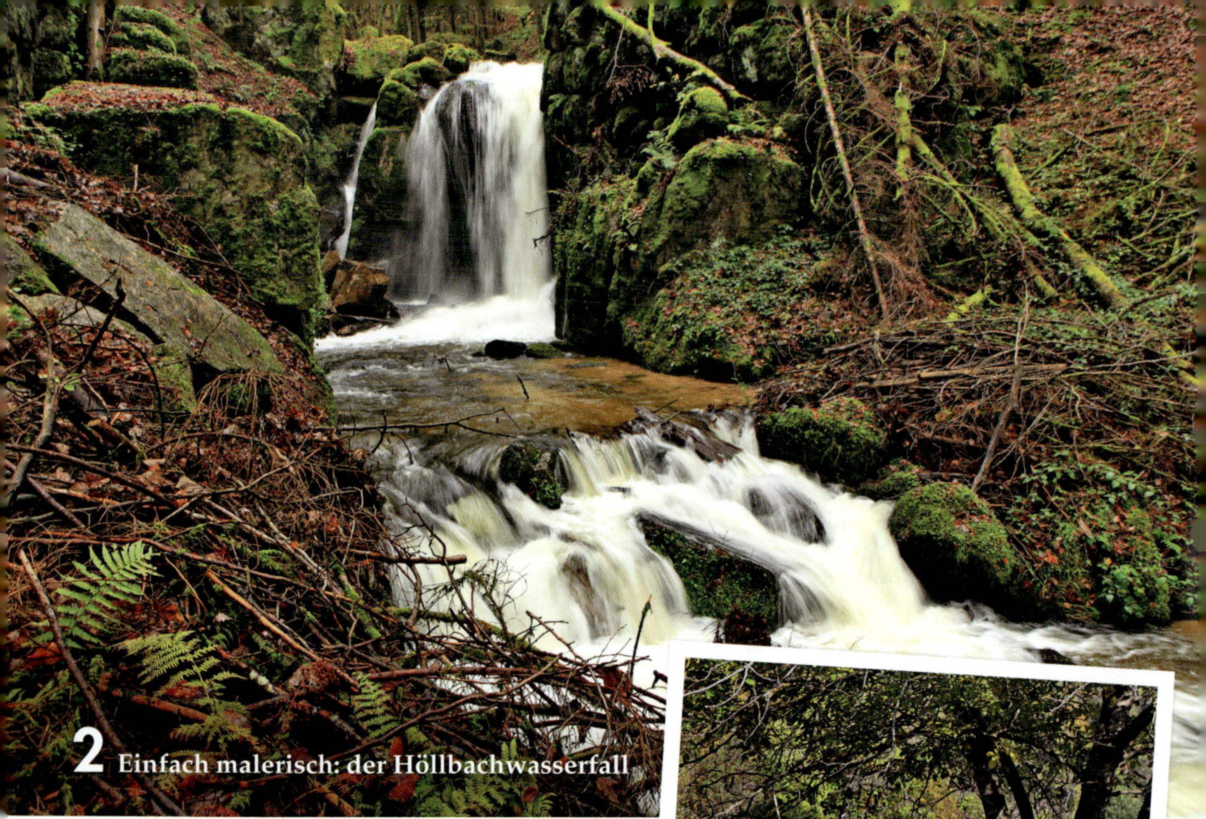
2 Einfach malerisch: der Höllbachwasserfall

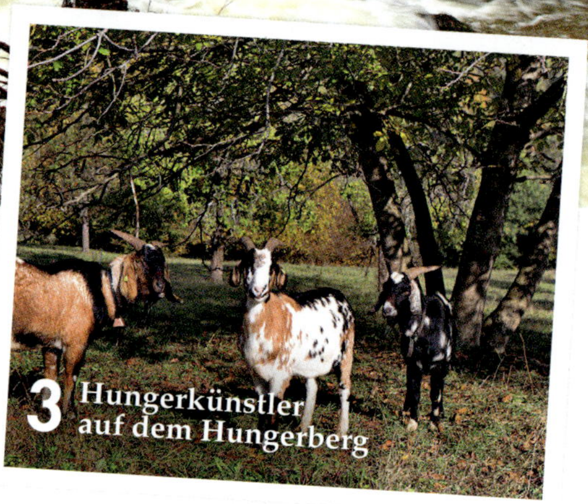
3 Hungerkünstler auf dem Hungerberg

Inhalt

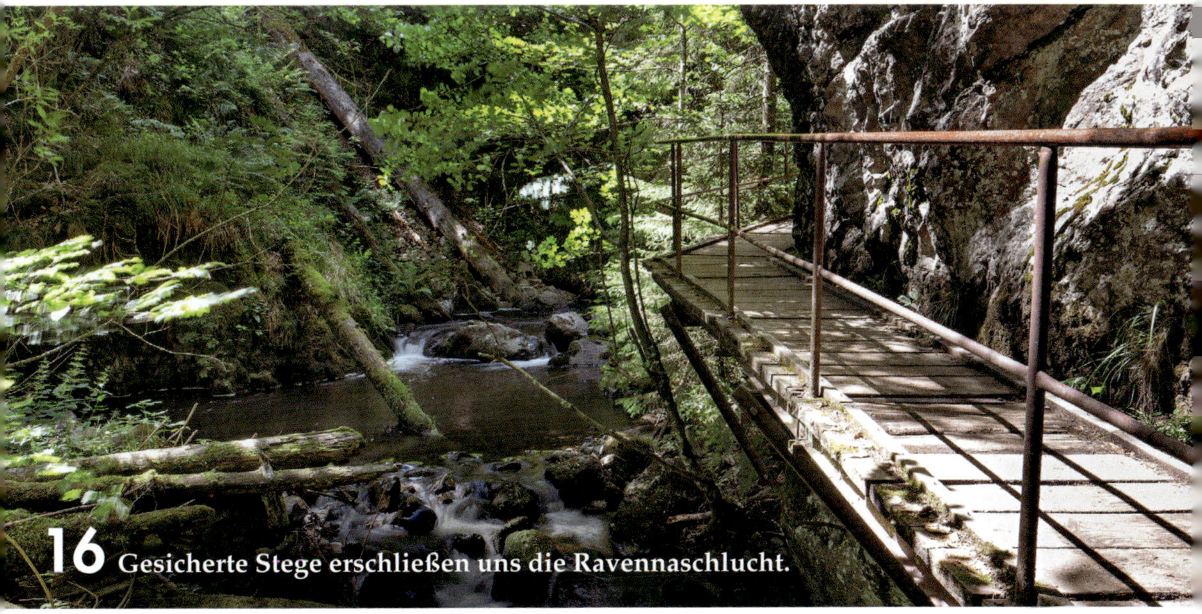

16 Gesicherte Stege erschließen uns die Ravennaschlucht.

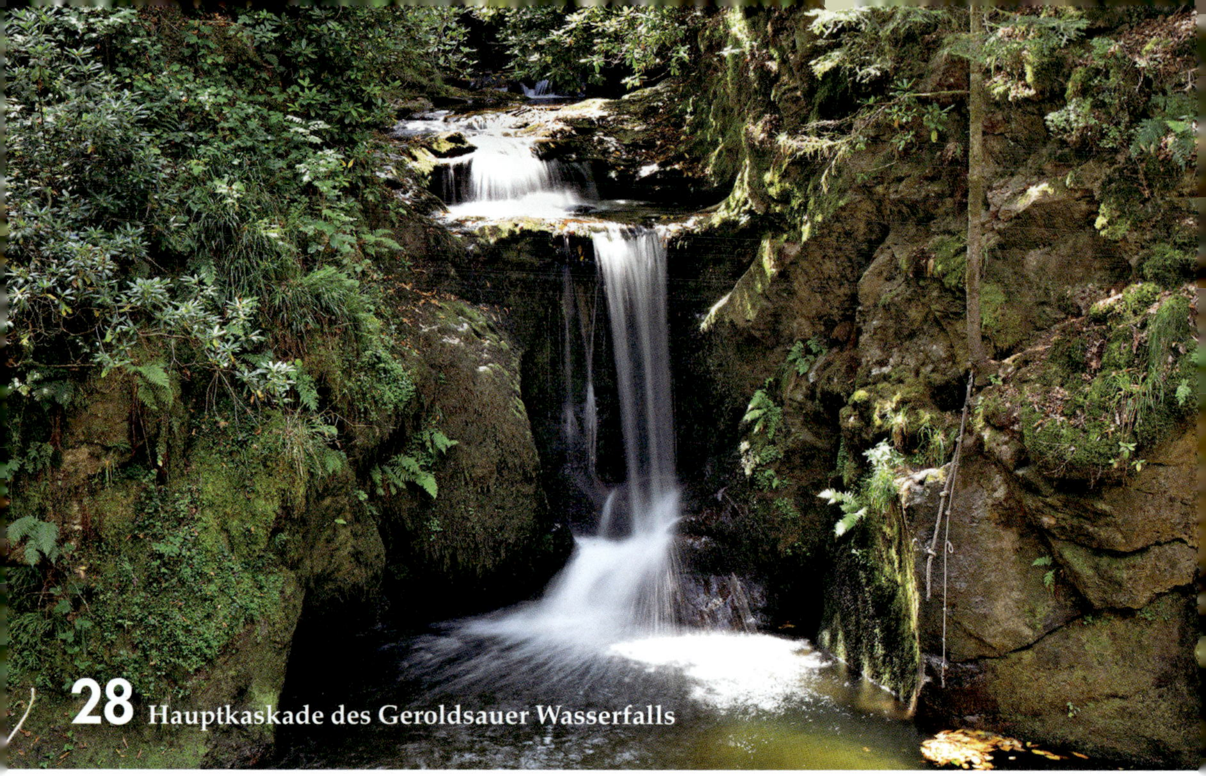

28 Hauptkaskade des Geroldsauer Wasserfalls

Tourenüberblick

Tour		km	Hm								
1 •	Strahlbrusch- und Lehnbach-Wasserfall	8,3 km	300 Hm	2.30–3 Std.	-	•	•	-	-	•	•
2 •	Höllbachwasserfälle	6,4 km	270 Hm	2.15 Std.	(•)	•	•	-	-	•	•
3 •	Haselbach-Wasserfall	12 km	370 Hm	3.30–4 Std.	•	•	•	•	(•)	-	•
4 •	Krai-Woog-Gumpen	9,5 km	200 Hm	3 Std.	-	•	•	-	-	•	•
5 •	Todtmooser Wasserfall und Rabenschlucht	13 km	470 Hm	4 Std.	•	•	•	•	(•)	-	•
6 •	Falkauer Wasserfall und Windgfällweiher	11,5 km	250 Hm	3.30–4 Std.	•	•	•	-	-	•	•
7 •	Haslachschlucht	13 km	280 Hm	4 Std.	•	(•)	•	•	-	-	•
8 •	Rötenbachschlucht	10,3 km	260 Hm	3–3.30 Std.	-	•	•	-	-	•	(•)
9 •	Wutachschlucht	13 km	300/ 210 Hm	3.30– 4 Std.	(•)	•	•	-	-	•	•
10 •	Gauchachschlucht	5,6 km	200 Hm	2 Std.	•	•	•	-	-	•	(•)
11 •	Schleifenbachwasserfälle	7 km	230 Hm	2.15 Std.	•	-	•	•	-	•	•
12 •	Todtnauer Wasserfälle	8 km	370 Hm	2.45 Std.	•	•	•	•	-	-	•
13 •	Buselbach- und Steinwasenwasserfälle	4,6 km	20/480 Hm	1.45 Std.	(•)	(•)	•	-	-	•	•
14 •	Fahler Wasserfall	2,7 km	180 Hm	1 Std.	(•)	•	•	•	-	-	•
15 •	Menzenschwander Wasserfälle	7,6 km	300 Hm	2.30 Std.	•	•	•	•	-	-	•
16 •	Ravennaschlucht und Löffeltal	6,3 km	250 Hm	2–2.30 Std.	•	•	•	-	(•)	•	•
17 •	Hirsch- und Zweribachwasserfälle	10 km	350 Hm	3.30–4 Std.	•	(•)	•	-	-	•	-
18 •	Balzer Herrgott und Teichschlucht	9,3 km	480 Hm	3–4 Std.	-	•	•	-	-	•	(•)
19 •	Triberger Wasserfälle	5,1 km	250 Hm	2 Std.	•	•	•	•	•	-	•
20 •	Holchenwasserfall	10,5 km	600 Hm	4–5 Std.	(•)	-	•	-	-	•	(•)
21 •	Griesbacher Wasserfall	12,4 km	600 Hm	4–5 Std.	-	-	•	-	-	•	•
22 •	Burgbachwasserfall	8 km	320 Hm	2.30 Std.	•	•	•	-	-	•	•
23 •	Sankenbachsteig	13,6 km	480 Hm	4–4.30 Std.	•	(•)	•	-	-	•	(•)
24 •	Allerheiligen Wasserfälle	3,7 km	180 Hm	1.30 Std.	•	•	•	-	•	•	•
25 •	Edelfrauengrab	9,4 km	550 Hm	3–4 Std.	(•)	•	•	-	-	•	•
26 •	Gaishölle	5,5 km	320 Hm	2 Std.	•	•	•	•	•	-	•
27 •	Gertelbachwasserfälle	9,9 km	450 Hm	3.30–4 Std.	•	•	•	-	-	•	•
28 •	Geroldsauer Wasserfall	3,2 km	80 Hm	1.15–1.30 Std.	•	•	•	-	•	•	•
29 •	Wolfsschlucht und Fuchsklinge	10,5 km	350 Hm	3–3.30 Std.	(•)	•	•	-	(•)	•	•
30 •	Monbachschlucht	9,6 km	300 Hm	3.30–4.30 Std.	•	(•)	•	-	(•)	•	•

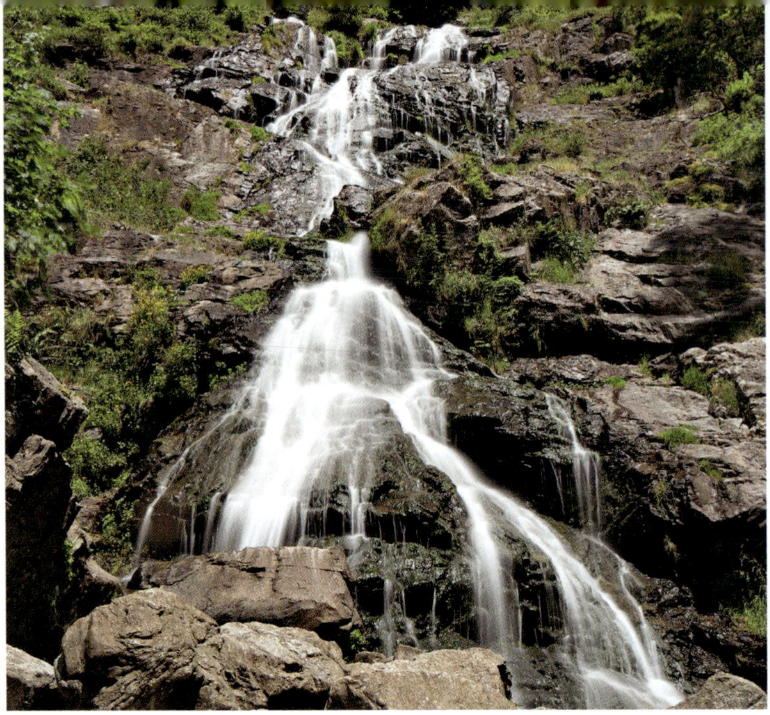

Die Todtnauer Wasserfälle zählen zu den bekanntesten Attraktionen im Hochschwarzwald.

Ein Wort zuvor

Wasser ist Leben. Wo immer es Raum findet, sich frei zu entfalten, schafft es Oasen und gliedert die Landschaft. Während Pflanzen und Tiere am und im Wasser siedeln, erfreut sich der Mensch an der Natur. Es sind Orte zum Verweilen und sich wohlfühlen, zum Entspannen und Genießen. Spannend wird es, wo immer die Natur selbst dem Wasser den Weg versperrt. Bäche und kleine Flüsse sind dann gezwungen, sich zwischen Felsen hindurchzuzwängen. Im Laufe der Zeit schaffen sie malerische Täler und Schluchten, die uns mit ihrer Wildnis und Formenvielfalt begeistern. So bilden die Teichschlucht im Zweitälerland, die Gaishölle bei Sasbachwalden sowie auch die Monbachschlucht bei Bad Liebenzell bezaubernde Naturjuwele.

Als wahrer Schaffenskünstler hat sich die Würmeiszeit erwiesen. Insbesondere der Feldberg lag damals unter einer dicken, 900 bis 1000 Quadratkilometer großen Eisschicht verborgen. An den Rändern bildeten sich Gletscher, welche die zuvor engen Täler aushobelten. Dabei galt: Je mehr Eis der Gletscher führte, desto schneller vertiefte sich das Tal. Welch herrliche Folgen dieser Prozess haben kann, zeigen uns die Todtnauer Wasserfälle. Der bei Todtnauberg noch lieblich fließende Stübenbach stürzt hier

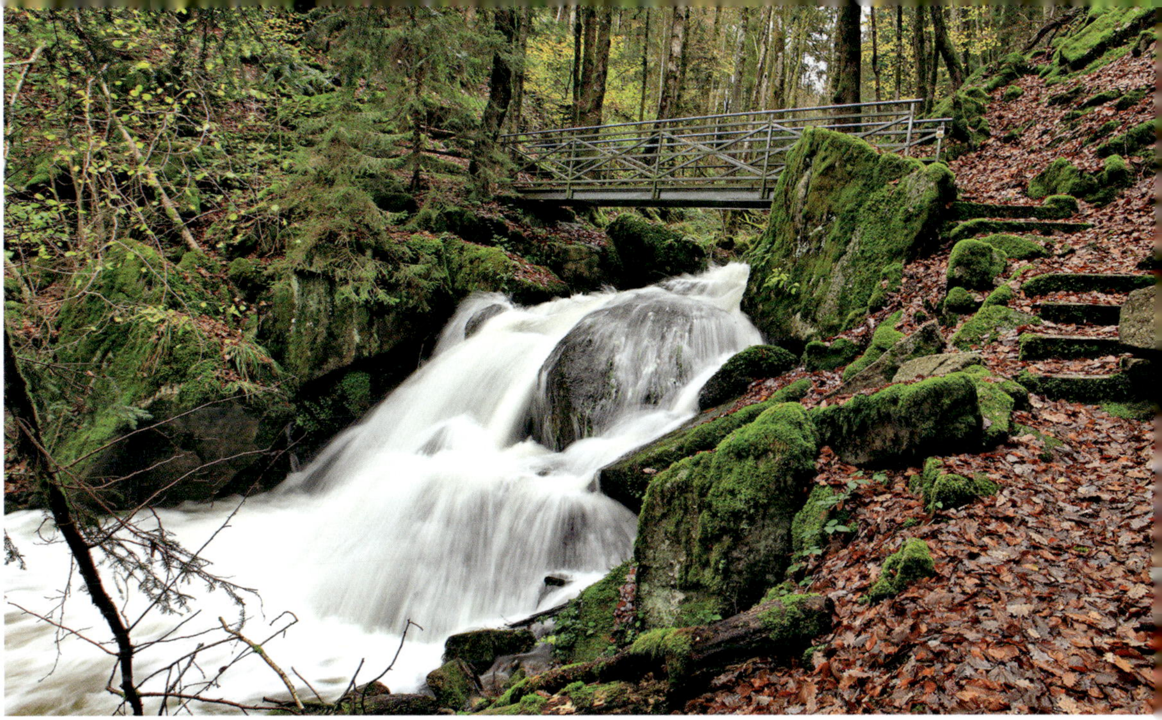

Untere Kaskade des Höllbachwasserfalls nach Regen

knapp 100 Meter in die Tiefe. Nach den ebenfalls im Buch beschriebenen Triberger Wasserfällen ist dies die zweitgrößte Fallhöhe im Schwarzwald.

Eine unterschiedlich schnelle Vertiefung lässt sich auch bei Fließgewässern beobachten. Getreu dem Motto »steter Tropfen höhlt den Stein« ist die Wutachschlucht in geologisch betrachtet sehr kurzer Zeit entstanden. Begünstigt wurde dies durch den hier anstehenden Muschelkalk. Weil auch hier die Seitenbäche der Vertiefung nicht folgen konnten, finden wir mit der Lotenbachklamm, der Gauchach-, Rötenbach- und Haslachschlucht sowie den Schleifenbachwasserfällen bei Blumberg eine ganze Reihe herrlicher Wanderziele.

Zuletzt haben wir einige Bäche mit ins Buch aufgenommen, die keine ausgeprägte Schlucht besitzen, die dafür aber mit besonders schönen Kaskaden oder ihrem wildromantischen Charakter punkten. Hierzu zählen die Zweribachwasserfälle bei St. Peter, der Höllbach als Nebenfluss der Hauensteiner Alb sowie natürlich auch die Ravenna als eine der bekanntesten Schluchten im Schwarzwald.

Viel Freude beim Wandern wünschen
Annette und Lars Freudenthal

Praktische Informationen

Wie bei allen Freizeitbeschäftigungen in der Natur gilt auch beim Wandern: Je besser wir vorbereitet sind, desto eher gelingt der Ausflug. Dazu gehört auch das Durchlesen der Beschreibung. Es erleichtert uns, im Gelände auf die wesentlichen Dinge zu achten.

Gut gerüstet besser ans Ziel

Als Mittelgebirge wird der Schwarzwald gerne unterschätzt. Doch auch hier gilt: Feste Wander- oder Trekkingschuhe sind ein Muss für sicheres Wandern. Halbschuhe, Turnschuhe oder ähnliche Treter bieten zu wenig Halt, wirken sich negativ auf die Fußgesundheit aus und sind oft der Auslöser von vermeidbaren Unfällen. Wanderstöcke hingegen begünstigen eine aufrechte Körperhaltung und schonen die Gelenke. Ebenfalls von Vorteil ist bequeme Wanderkleidung aus Funktionsmaterial, das schnell trocknet und sich leicht trägt. Auf Abstand sollte man hingegen beim Rucksack gehen. Und zwar auf Abstand zum Rücken. Dies ermöglichen spezielle Bauweisen, die das Gewicht optimal verteilen und eine bessere Luftzirkulation erlauben. Dadurch bleiben Wanderhemden auch an warmen Sommertagen länger trocken und hat man ein deutlich besseres Gefühl auf der Haut.

Unsere Favoriten

- Strahlbrusch- und Lehnbachwasserfälle, Tour 1
- Wutachschlucht, Tour 9
- Todtnauer Wasserfälle, Tour 12
- Zweribachwasserfälle, Tour 17
- Monbachtal, Tour 30

Verantwortung und Selbsteinschätzung

Alle in diesem Wanderführer beschriebenen Touren orientieren sich an dem Wegekonzept des Schwarzwaldvereins. So führen uns die Wegweiser und die Markierungen mit verschiedenen Rauten sicher von A nach B und wieder zurück zum Ausgangspunkt. Umgekehrt sind aufgelassene Wege oder nur schlecht begehbare Trampelpfade ohne besondere Hinweise ein sicheres Indiz dafür, dass man einen Abzweig verpasst hat. Wenn sich

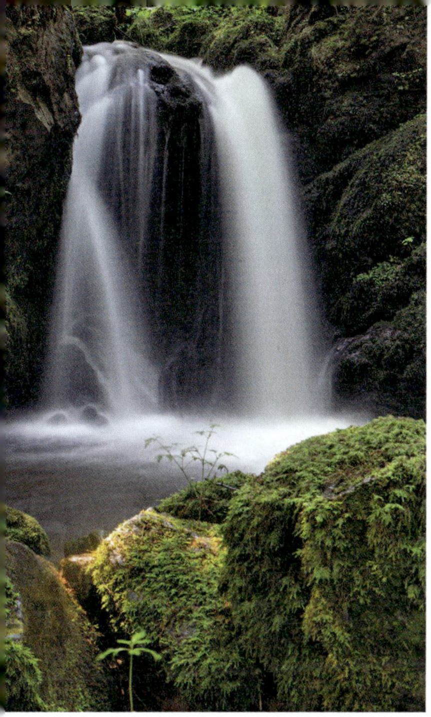

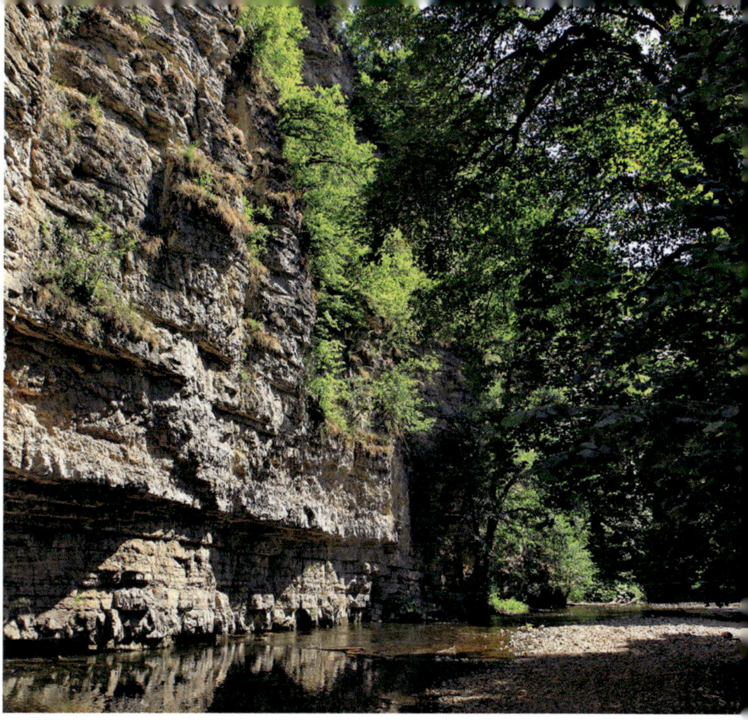

Der Untere Buselbach-Wasserfall

Muschelkalkwand in der Wutachschlucht

der nächste gut begehbare Weg nicht zufällig in Sichtweite befindet oder klar ist, wie man wieder auf den rechten Weg gelangt, ist es oft besser, auf sein Bauchgefühl zu hören und zur letzten Wegkreuzung zurückzukehren.

Da in diesem Buch bis auf wenige Ausnahmen ausschließlich Rundwanderungen beschrieben sind, ist es für die Orientierung ebenfalls hilfreich, sich zu Beginn der Tour zu merken, ob man im oder gegen den Uhrzeigersinn wandert.

Ein Ziel dieses Buchs ist, dass man am Ende der einzelnen Touren zufrieden auf die vergangenen Stunden und das Geleistete zurückblicken kann. Dies gelingt am besten, wenn man sich – und seine Mitstreiter – richtig einschätzt. Die längeren Touren wie der Todtmooser Lebküchlerweg, die Wanderung durch die Wutachschlucht oder über den Griesba-

Internetadressen

- www.nationalpark-schwarzwald.de
  Wissenswertes rund um den Nationalpark im Nordschwarzwald sowie aktuelle Infos zu Wegsperrungen
- www.naturparkschwarzwald.de
  Informationsportal des Naturparks Schwarzwald Mitte/Nord
- www.naturpark-suedschwarzwald.de
  Umfassende Informationen zu den Aufgaben und Besonderheiten des größten Naturparks in Deutschland
- www.wanderfuehrer-schwarzwald.de
  Unsere eigene Seite mit all unseren bisher erschienenen Wanderführern über den Schwarzwald, die Schwäbische Alb und das Allgäu sowie auch das Elsass mit den Vogesen.

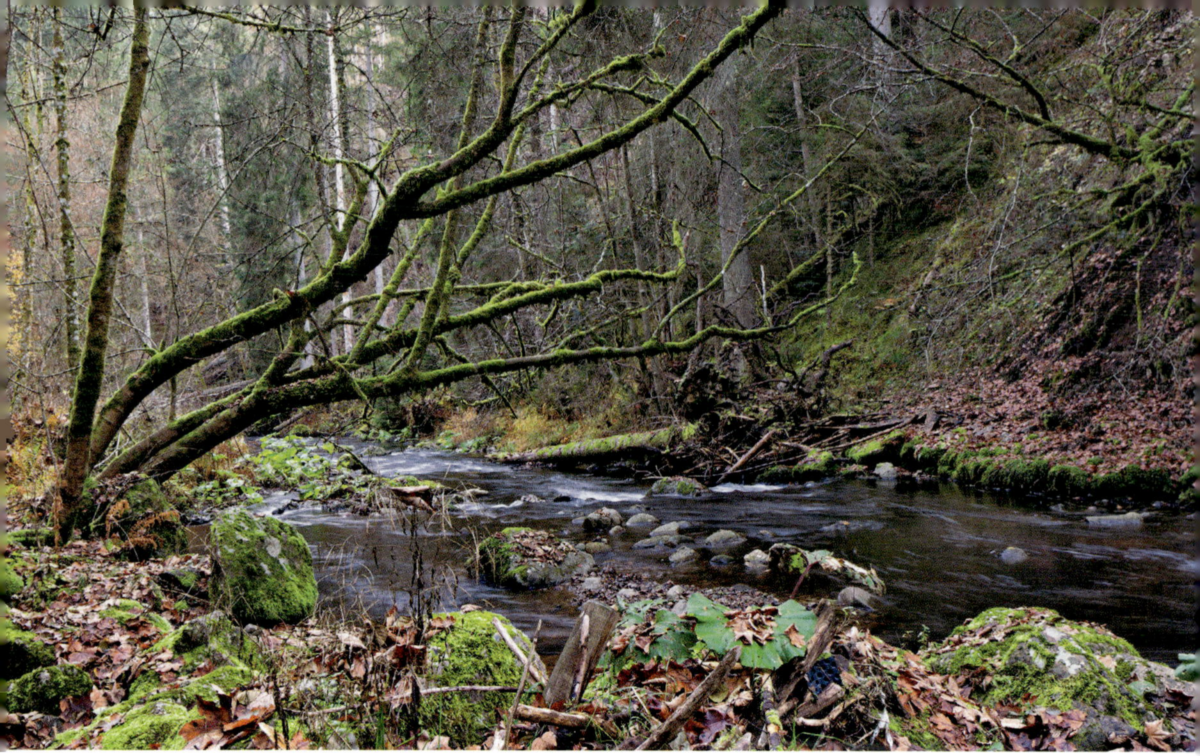

Wildromantischer Bachabschnitt zwischen Lenzkirch und der Haslachklamm

cher Wasserfall bis zum Glaswaldsee sollten daher erst in Angriff genommen werden, wenn schon eine gewisse Grundkondition und Erfahrung im Gelände vorhanden ist. Hierzu zählt auch, das Wetter richtig einzuschätzen. Denn gerade an heißen Sommertagen bilden sich über den Hochlagen des Schwarzwalds gerne Gewitterwolken, die oft schon nachmittags mit Platzregen und Hagel sowie Blitz und Donner niedergehen. Ein Regenschutz sollte deshalb immer dabei sein. Ebenfalls hilfreich ist es, die Entwicklung von Regenwolken im Internet, etwa auf www.wetteronline.de oder www.niederschlagsradar.de, zu beobachten. Im Zweifelsfall sollte man sich auch nicht davor scheuen, eine Tour abzubrechen beziehungsweise nach dem Unwetter fortzusetzen.

Pause mit Genuss

Zu einer schönen Wanderung gehört natürlich auch eine Einkehr oder eine längere Rast. Unsere Wanderungen führen deshalb zu zahlreichen herrlich gelegenen Plätzen. Zudem kommen wir bei einigen Touren an einer oder mehreren Wirtschaften vorbei, sodass man sich mit Gleichgesinnten austauschen und nebenbei den Wanderführer »Wasserfälle und Schluchten im Schwarzwald« weiterempfehlen kann.

Bei den Touren ohne Wirtschaft sowie auch unter der Woche, wenn viele Gaststätten und Ausflugslokale geschlossen sind, decken wir uns morgens bei einer Bäckerei ein oder plündern die heimische Vorratskammer. In dem Fall können wir uns auf selbst belegte Brote und Kuchen, vielleicht auch Knabbereien freuen, die genau unserem Geschmack entsprechen.

Anfahrt

Viele Wanderziele sind im Schwarzwald mit öffentlichen Verkehrsmitteln zu erreichen. Mit der KONUS-Gästekarte (**Ko**stenlose **Nu**tzung des ÖPNV im **S**chwarzwald) haben Sie freie Fahrt in allen neun Verkehrsverbünden der Ferienregion. Wer mit dem Auto anreist und ein Navi nutzt, kann die im Infokasten der einzelnen Touren angegebenen Koordinaten eingeben. Diese führen punktgenau zum Ausgangspunkt der Wanderung beziehungsweise zur nächstgelegenen Parkmöglichkeit.

Schwierigkeitsgrade

● Leicht: Eher kurze Runden, die keine oder kaum Trittsicherheit erfordern und nur wenige Steigungen beinhalten.

● Mittel: Touren mit längeren Auf- und Abstiegen und/oder längere Runden, die eine gewisse Kondition und Trittsicherheit erfordern.

● Schwer: Diese Wanderungen setzen Kondition und Trittsicherheit voraus. Hier geht es ordentlich bergauf und bergab. Doch auch diese Touren stellen geübte Wanderer vor keine allzu großen Aufgaben.

Gehzeiten und Höhenangaben

Bei den genannten Zeiten handelt es sich um die reine Gehzeit. Weil es bei vielen der Wanderungen einiges zu entdecken gibt, beinhaltet diese auch die Zeiten, in denen man sich umsieht und die Landschaft auf sich wirken lässt. Pausen oder gar eine längere Einkehr sind darin jedoch nicht enthalten. Rechnen Sie bitte auch etwas Zeit für unvorhergesehene Änderungen ein, sodass Sie auch bei zusätzlichen Abstechern, bei kürzerem Verlaufen oder einem gesperrten Weg (z.B. wegen Holzfällarbeiten) noch rechtzeitig zurück am Ausgangspunkt sind. Unsere Höhenangaben beinhalten die tatsächlich zu leistenden Höhenmeter. Lediglich kleine Kuppen und Senken mit nur geringem Höhenunterschied haben wir ausgelassen. So stehen Sie nicht plötzlich vor einem großen Zwischenanstieg, der nirgends erwähnt wird.

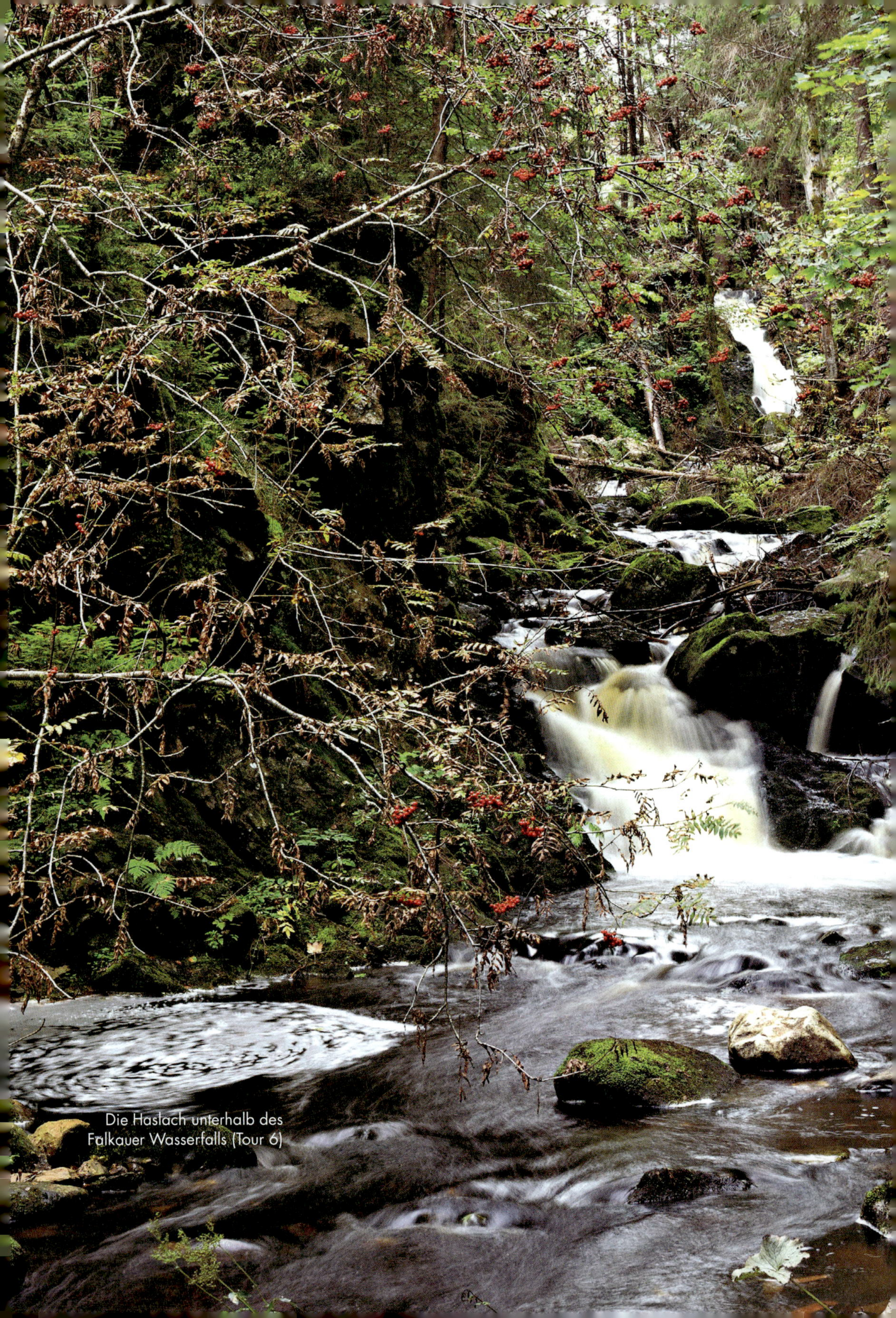

Die Haslach unterhalb des Falkauer Wasserfalls (Tour 6)

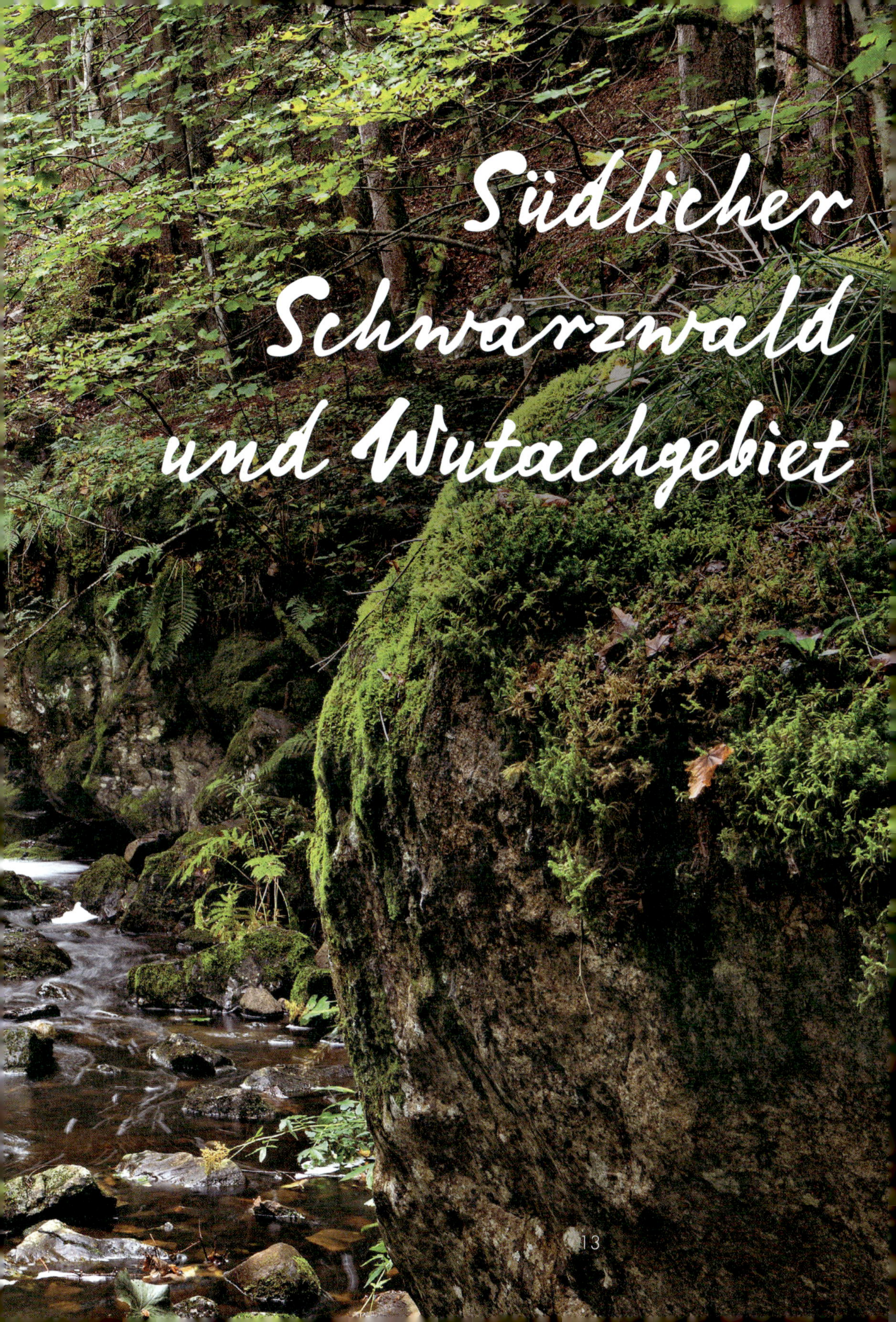

Südlicher Schwarzwald und Wutachgebiet

1 Zwei Perlen im Hotzenwald

Strahlbrusch- und Lehnbach-Wasserfall

Mittel	8,3 km	300 Hm	2.30–3 Std.

Tourencharakter
Der Aufstieg zur Burgruine Wieladingen erfolgt über einen felsigen Treppenpfad. Ansonsten ist es eine technisch anspruchslose Runde auf breiten Wegen und der historischen Murgtalstraße.

Ausgangspunkt/Endpunkt
Wanderparkplatz Wickartsmühle nahe Willaringen
GPS: 47.6062, 7.9824

Anfahrt
Bahn & Bus: Ab Bad Säckingen und Rickenbach mit dem Bus zur Haltestelle Abzw. Wickartsmühle
Auto: Von der B518 in Wehr nach Rickenbach abfahren; bei der Einmündung in die L152 rechts nach Willaringen abbiegen, dann der Beschilderung zur Wickartsmühle und zum Wanderparkplatz folgen.

Einkehr
Auf der Strecke keine

Karte
Karte des Schwarzwaldvereins 1:25 000, W265 Lörrach

Informationen
FerienWelt Südschwarzwald, Tel. 07761/568 30, www.ferienwelt-suedschwarzwald.de

Unsere erste Wanderung verbindet gleich mehrere Wasserfälle miteinander. Den Auftakt macht der Strahlbruschwasserfall des Seelbachs. Nach einer Passage entlang der Hauensteiner Murg führt uns der Aufstieg zur Burg Wieladingen am Lehnbach-Wasserfall vorbei.

Strahlbruschwasserfall des Seelbachs Am unteren Ende der Zufahrt zum **Wanderparkplatz** biegen wir links ab und passieren die **Wickartsmühle**. Gleich danach halten wir uns bei der Gabelung links, sodass wir dem Seelbach am Steinbruchgelände vorbei folgen. Hobbygeologen können bei der Abbaustelle einige Zeit verbringen. Mehr als 60 verschiedene Mineralien sind im Steinbruch Wickartsmühle zu finden. Ein paar ausgewählte wie der Albtalgranit oder Lamporphyr sind am Weg ausgestellt. Geradeaus weiter taucht der Wanderweg in den Wald ein, wo wir bald den **Strahlbruschwasserfall** erreichen. Verwerfungen innerhalb des Gesteins haben rechts des Wegs eine Felskanzel geschaffen, die uns einen schönen Blick auf die Kaskade des Wasserfalls eröffnet. Gespeist wird der Wasserfall vom Seelbach, der kurz vor seiner Mündung in die Murg über eine zwölf Meter hohe Schwelle aus Cordierit stürzt. Wegen seiner schwärzlich-blauen bis violetten Färbung ist das kristallisierte Gestein auch als Veilchenstein bekannt. Die Farbe des Kristalls ändert sich je nach Lichteinstrahlung. Für uns ist es einfach nur ein beruhigendes Naturschauspiel, das wir gerne eine Weile auf uns wirken lassen werden.

Historische Murgtalstraße Zurück auf dem Wanderweg überqueren wir die Murg und biegen rechts auf die alte **Murgtalstraße** ab. Sie entstand zwischen 1867 und 1869 als erste durchgehende Verbindung vom unteren Murgtal zu den Orten im Hotzenwald. Für die Menschen war die Straße ein wahrer Segen. Denn zuvor mussten alle Güter, vor allem Holzkohle für die Eisenhammerwerke in Murg, auf Saumpfaden und Karrenwegen ins Tal geschleppt werden. Außerdem gebot ihnen der Fron-

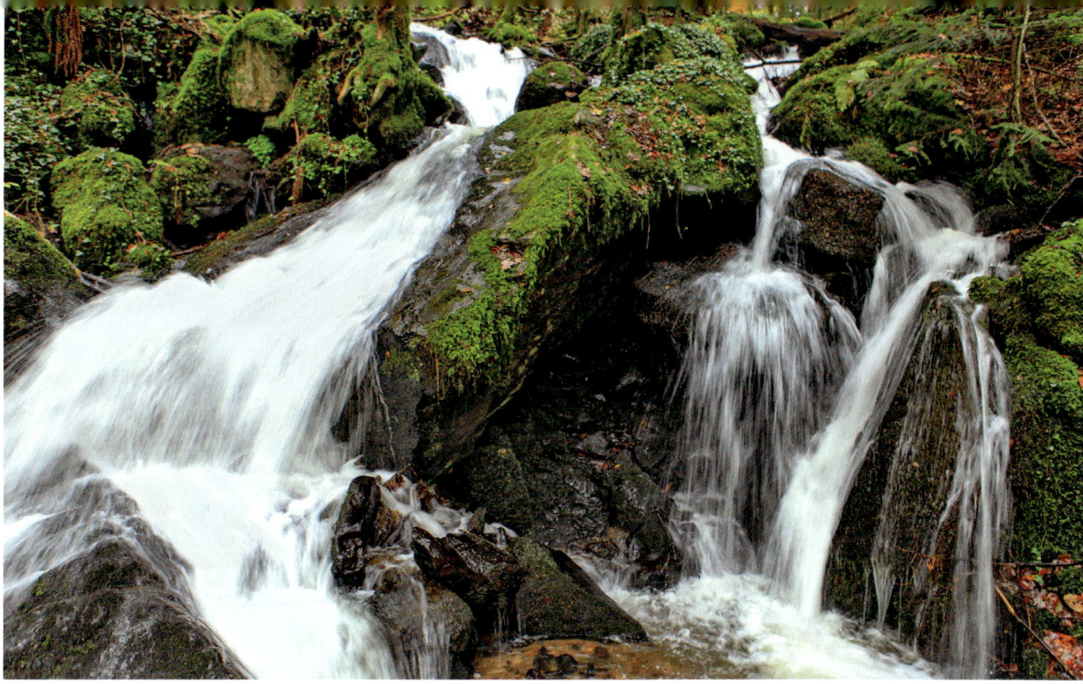

dienst, Wein und andere Güter für das Kloster St. Blasien den Berg hinaufzuschleppen. Zwischen 1878 und 1913 verkehrte auf der Murgtalstraße eine mit Pferden bespannte Postkutsche.

Am Fuße der Ruine Wieladingen rauscht der Lehnbach in die Tiefe.

Auf dem Murgtalpfad Als wichtiger Bestandteil der »Hotzenwaldkonzeption 2001« zur Förderung eines umweltschonenden Tourismus und Besucherlenkung verläuft heute der Murgtalpfad auf der für den Verkehr gesperrten Straße. Nahe einem Tunnel lernen wir Eckert von Hänner kennen. Wie auch andere Hotzenwälder arbeitete er auf eigene Faust als Steineklopfer im Murgtal und bearbeitete Steine zu Fensterstürzen, Gedenk- und Pflastersteinen. Durch seine hünenhafte Gestalt und einen mächtigen Schnurrbart jedoch flößte er jedem Angst ein, wenn er ihm erstmals begegnete. Bis heute ist er als »Moosteufel« bekannt. Rund einen Kilometer weiter passieren wir den Bereich des ehemaligen **Alten Stausees**. Bis zu seinem Abriss im Jahr 2011 staute hier ein Wehr die Murg für das ebenfalls nicht mehr existierende Kraftwerk Berberich auf. Inzwischen ist der Flussabschnitt weitgehend renaturiert worden, sodass die Fische wieder ungestört wandern können. Wir selbst folgen der Murg flussabwärts an Engstellen sowie zwei kleineren Wasserfällen vorbei.

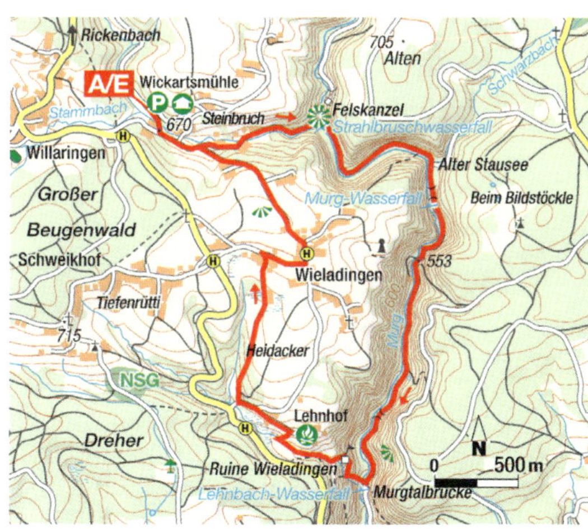

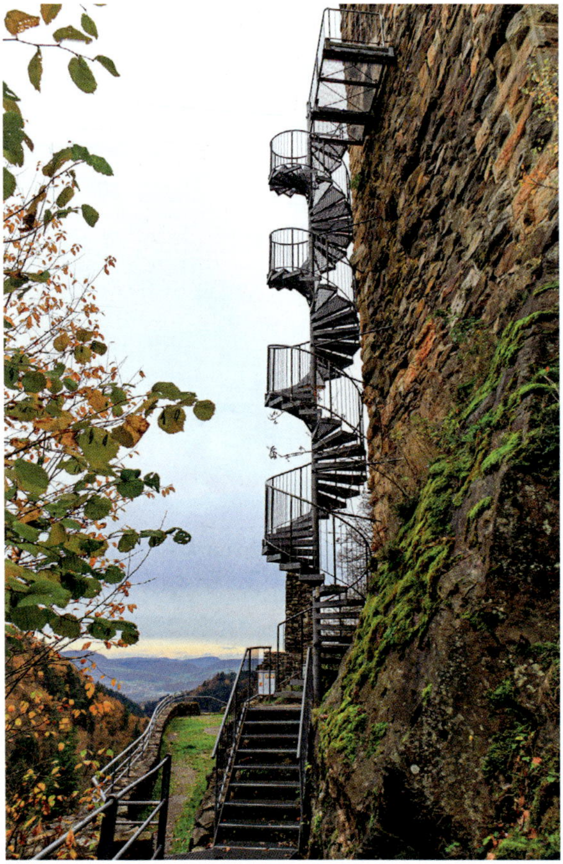

Hier bitte nicht fallen!

Über den Lehnbachwasserfall … Nachdem wir einen kleineren Tunnel durchquert haben, treffen wir beim Wegweiser **Murgtalbrücke zur Ruine** auf den Hochrhein-Höhenweg. Ihm folgen wir rechts über die Murg sowie auf einem schmalen Treppenpfad zum **Lehnbach-Wasserfall**. Je nach Witterung plätschert das Wasser mehr oder weniger breit gefächert über das dunkle Gestein in die Tiefe. Der Lehnbach ist auch als Schlossbach bekannt. So trennen uns ab dem Wasserfall nur noch wenige Meter bergan bis zur **Burgruine Wieladingen**.

… zur Burgruine Wieladingen Die in Teilen erhaltene Festung entstand ab 1200 in mehreren Abschnitten als Sitz der Herren von Wieladingen und Ministeriale des Klosters Säckingen. Ab dem tiefsten Punkt der Runde bei der Murgtalbrücke bis hoch zur Ruine sind rund 100 Höhenmeter zu bewältigen. Damit sind die beiden Burghöfe der ideale Platz für eine längere Rast. Wer schwindelfrei ist, gelangt über eine luftige Wendeltreppe auf den 28 Meter hohen Bergfried. Dieser eröffnet uns eine schöne Aussicht über das Hochrheintal hinweg zum Jurapark Aargau auf die Schweizer Rheinseite. Im unteren Teil der Festung informieren mehrere Tafeln über die Geschichte der nie angegriffenen Burg und das Leben der Ritter. Anschließend folgen wir dem Höhenweg weiter über den **Lehnhof** und zunehmend offenes Gelände in den Ort **Wieladingen**. Ab dort erfolgen die letzten 1500 Meter auf der schwach befahrenen Straße zurück zur Wickartsmühle und unserem Ausgangspunkt beim **Wanderparkplatz von Rickenbach**.

Robert Gerwig

Der aus Karlsruhe stammende Bauingenieur Robert Gerwig war maßgeblich an der Planung und dem Bau der Murgtalstraße beteiligt. Zuvor hatte er mit der Rheinbrücke zwischen Waldshut und Koblenz die erste Verbindung der Badischen Hauptbahn mit dem Schweizer Eisenbahnnetz geschaffen. Bekannt ist Gerwig heute vor allem durch die Schwarzwaldbahn, die von Offenburg über Triberg bis nach Singen führt.

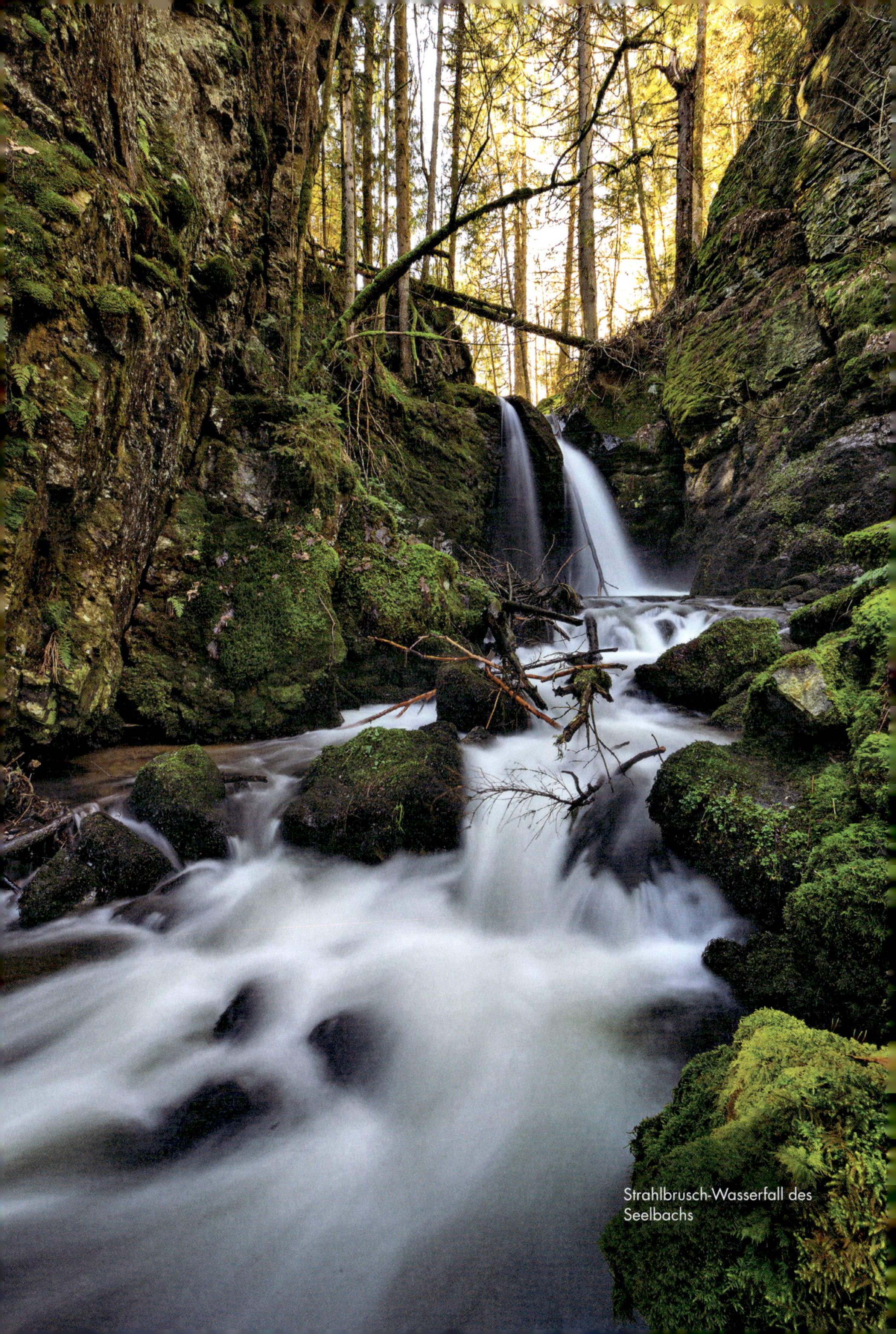

Strahlbrusch-Wasserfall des Seelbachs

2 Stippvisite auf dem Albsteig

Von Görwihl an den Höllbach

Mittel | 6,4 km | 270 Hm | 2.15 Std.

Tourencharakter
Die Waldpfade hinunter an die Alb und entlang der Höllbachwasserfälle werden leicht glitschig. Es folgen zumeist breite Wege sowie ein reizvoller Abschnitt entlang der Hinteren Wühre.

Ausgangspunkt/Endpunkt
Rathaus Görwihl
GPS: 47.6422, 8.0781

Anfahrt
Bahn & Bus: Ab Bad Säckingen, Waldshut-Tiengen und St. Blasien zur Bushaltestelle Görwihl Marktplatz
Auto: Von der B34 bei Albbruck auf die L154 oder bei Hauenstein von der A98 nach Görwihl abfahren, im Ort beim Rathaus parken.

Einkehr
In Görwihl

Karte
Karte des Schwarzwaldvereins 1:25 000, W265 Lörrach mit W266 Waldshut-Tiengen

Informationen
FerienWelt Südschwarzwald, Tel. 07761/568 30, www.ferienwelt-suedschwarzwald.de

Etwas oberhalb seiner Mündung in die Hauensteiner Alb rauscht der Höllbach über zwei Kaskaden. Beide sind nicht sonderlich hoch, aber hinsichtlich seiner Lage besticht der Höllbachwasserfall mit einer Idylle, die einem Bilderbuch entsprungen zu sein scheint.

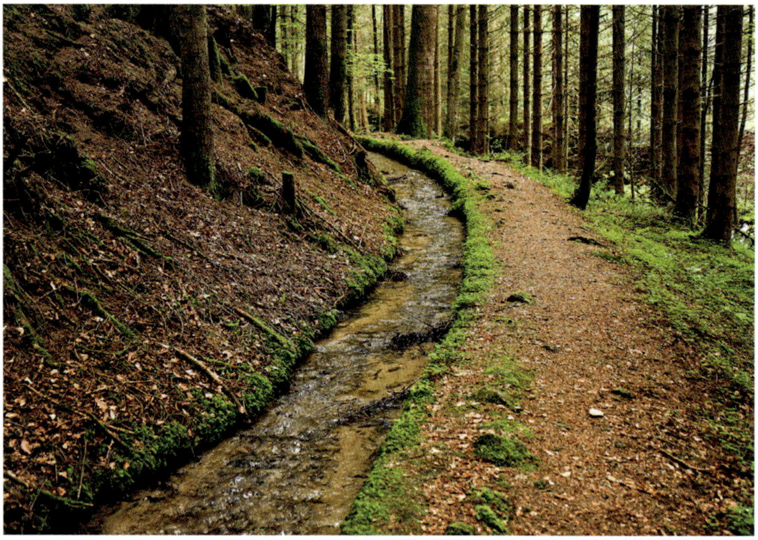

Start auf der Hochfläche Görwihl zählt zu den wichtigsten Orten im Hotzenwald. Wer diese Tour unter der Woche begeht, findet in der Hauptstraße mehrere Möglichkeiten, sich mit Proviant einzudecken. Für die Wanderung nutzen wir diese ab dem **Rathaus von Görwihl** in südlicher Richtung am Marktplatz vorbei. Gleich danach biegen wir bei der katholischen Kirche mit dem Hotzenwald-Querweg (weiß-schwarze Raute auf gelbem Grund) erst links, dann rechts in den Kirchgrund ab. Mit Sicht nach Süden führt uns der Querweg über die nur sachte zum Steimelbach abfallende Hochfläche an den Waldrand. Wo die Straße in einen Forstweg übergeht, zweigt rechts ein Pfad zum Albsteg ab. Diesem folgen wir bergab bis zum Wegweiser **Beim Albsteg**.

Rechts können wir gerne den kurzen Abstecher zum Albsteig mitnehmen und einen Blick auf die Alb werfen.

Höllbachwasserfall Zurück beim Wegweiser wechseln wir links auf den Albsteig. In diese Richtung sind es nur wenige Schritte bis an den Höllbach. Seine malerische Mündung in die Alb gibt einen Vorgeschmack auf die Idylle vor uns. Rund 600 Meter weiter erreichen wir den **Höllbachwasserfall**. Mit einer Fallhöhe von achteinhalb Metern ist die leicht versteckt gelegene Hauptkaskade wahrlich kein Riese. Zusammen mit dem unteren Absatz, dem hier abknickenden Bachverlauf sowie dem vielen Moos rundherum finden wir uns jedoch vor einer Kulisse, die

Linke Seite: Wühren dienten schon im Mittelalter der Bewässerung von Wiesen und Feldern.

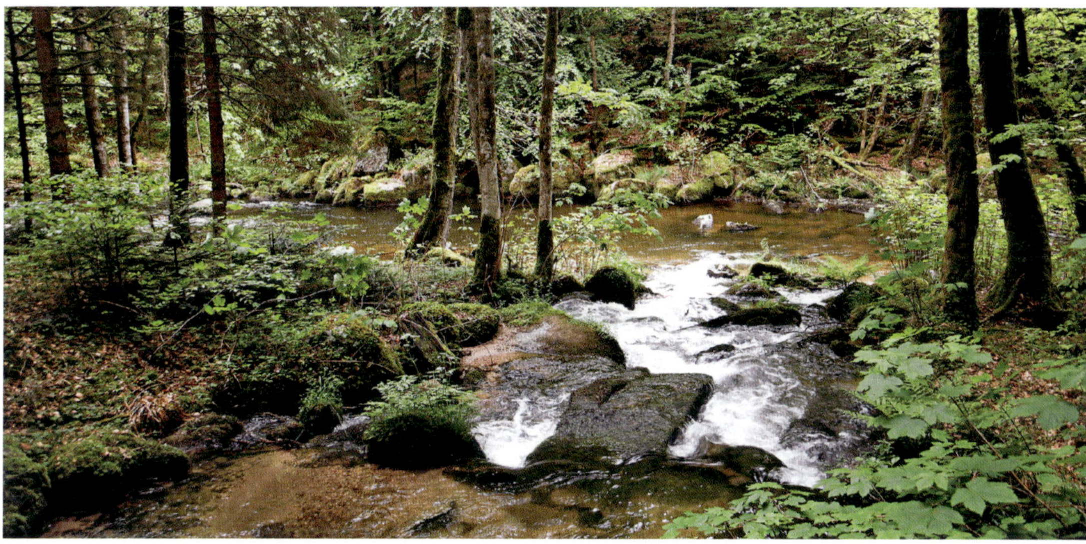

Mündung des Höllbachs in die Alb

man gerne eine Weile auf sich wirken lässt. Nachdem der Albsteig die Bachseite gewechselt hat, eröffnen sich beim Aufstieg mehrere schöne Blicke auf das Naturschauspiel.

Option zum Ausstieg Oberhalb des Höllbachwasserfalls trennen sich beim Wegweiser **Hornstollen** die Wege. Während der Albsteig rechts abbiegt und zur namensgebenden Alb zurückkehrt, laufen wir mit der gelben Raute geradeaus weiter bis zum Wegweiser **Bertschwend**. Wem es nur um den

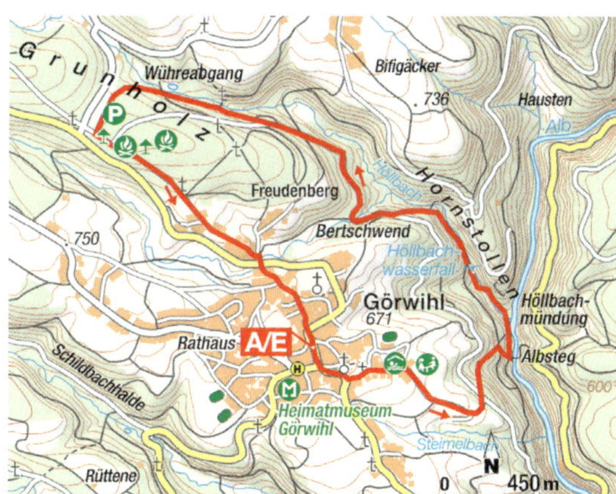

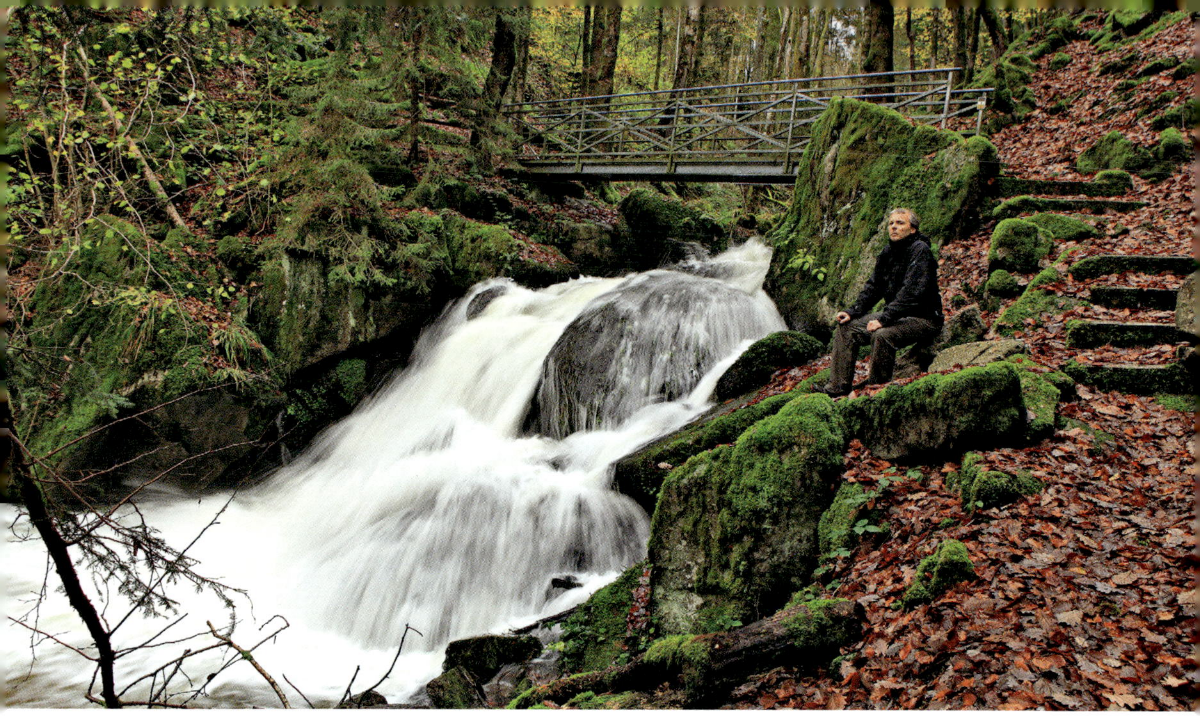

Kurze Rast beim Höllbachwasserfall

Höllbachwasserfall ging, kann dort geradeaus weiter nach Görwihl laufen. In dem Fall schrumpft die Wanderung auf Spaziergänglänge zusammen. Schöner ist es, wir orientieren uns rechts in Richtung Sägmoos. Somit nehmen wir die enge Rechtskurve und überqueren den Bach Ay oberhalb des schwer einsehbaren (und kaum Wasser führenden) Aybach-Wasserfalls. Ab dort nutzen wir den Forstweg erst in nördlicher, dann in nordwestlicher Richtung bis zum Wegweiser **Hintere Wühre**.

Heimatmuseum Görwihl und Salpeterer

Das Heimatmuseum Görwihl dokumentiert die Geschichte, die historischen Arbeitsweisen und Besonderheiten des Hotzenwalds und seiner Bewohner. Hauptattraktion des Museums ist die Salpetersiederei. In ihr ist das Handwerk der Salpeterer dokumentiert, die früher auf den umliegenden Höfen den Salpeter von den Wänden der Dunglegen abkratzten. Dieser wurde zu Kali-Salpeter weiterverarbeitet, der für die Herstellung von Schießpulver benötigt wurde. Zu den weiteren Attraktionen im Heimatmuseum zählen eine alte Dorfschule, mehrere Webstühle und Trachten aus dem 18. Jahrhundert. Das Museum ist von Ostermontag bis Martini-Samstag an Sonn- und Feiertagen 14–16 Uhr geöffnet.

An der Hinteren Wühre Wieder stehen wir vor der Wahl. Um auf dem offiziell ausgewiesenen Wanderweg des Schwarzwaldvereins zu bleiben, müssten wir geradeaus laufen. Über den Wegweiser Untergrunholz ginge es somit zum Wühreabgang. Auch hier ist es schöner, wir halten uns halbrechts und wechseln auf den Pfad entlang der Wühre.

Der zwei Kilometer lange Kanal wurde im späten Mittelalter angelegt. Früher diente er zur Wiesenbewässerung, zum Antrieb von Mühlen und Sägen sowie als Löschwasser. Das vorrangige Ziel der Wiesenbewässerung war es, im Frühjahr die Schneeschmelze zu beschleunigen, um so die Wachstumsphase zu verlängern. Der zweite Name der Wühre, Forellenbach, erklärt sich von selbst.

Grill- und Spielplatz Sägmoos Beim **Wühreabgang** treffen beide Varianten wieder zusammen. Ab dort nehmen wir den mit gelber Raute markierten Weg zum noch 400 Meter entfernten **Grill- und Spielplatz Sägmoos**. Dieser befindet sich an der L153 von Görwihl nach Strittmatt, sodass wir hier auch einen alternativen Startpunkt finden. Für den Rückweg nach Görwihl biegen wir noch vor der Landstraße links ab. Der letzte Abschnitt verläuft damit wieder auf dem Hotzenwald-Querweg. Nach gut 500 Metern im Wald öffnet sich die Sicht über die Hochfläche und passieren wir die Gebäude der Sonnenhalde, eine gemeinnützige Organisation für Menschen mit Assistenzbedarf. Unterhalb davon kreuzen wir im Ortsteil **Freudenberg** die Hauptstraße, eh es durch die Albert-Schweitzer-Straße und die Schmiedgasse zurück zum **Rathaus von Görwihl** geht.

In Trockenperioden fließt das Wasser träge in der Alb. Bei Regen kann sich das rasch ändern.

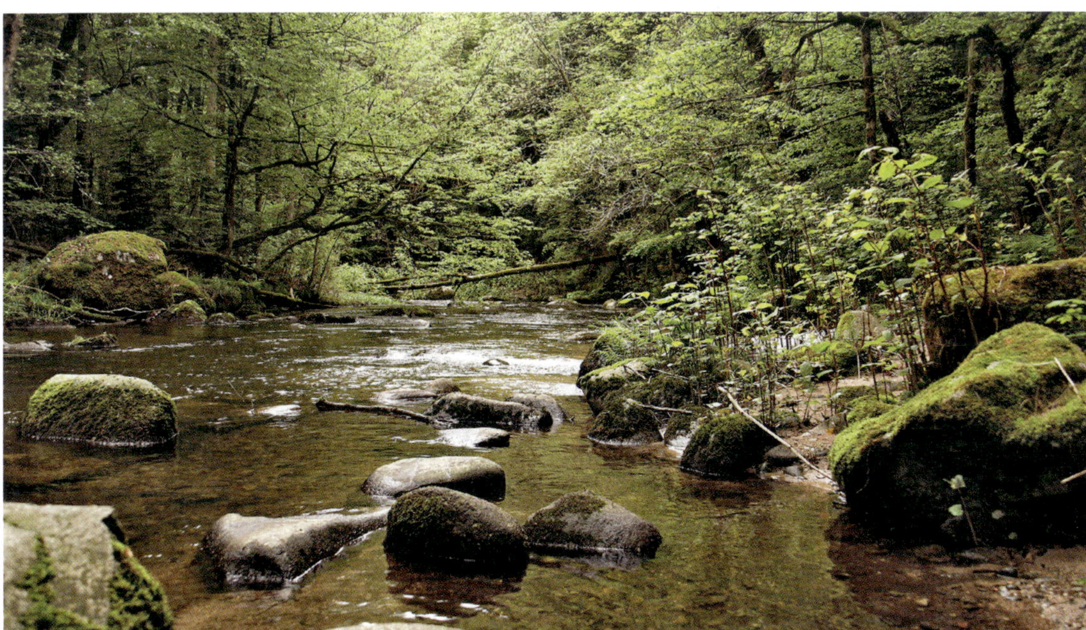

3 Steter Tropfen höhlt den Stein

Haselbach-Wasserfall und Hungerberg

Mittel | 12 km | 370 Hm | 3.30–4 Std.

Tourencharakter
Bis auf den Pfad im Bereich der Furt und den Aufstieg über den Wasserfall nach Aispel ist dies eine eher leichte Wanderung mit reizvollen Aus- und Fernsichten.

Ausgangspunkt/Endpunkt
Ortsteil Waldkirch von Waldshut-Tiengen
GPS: 47.6594, 8.1712

Anfahrt
Bahn & Bus: Ab Waldshut und St. Blasien mit der Linie 7322 zur Bushaltestelle Waldkirch Tannholzstraße
Auto: Von der B500 Waldshut–Titisee bei der Abfahrt zum Albtal nach Waldkirch abbiegen, Parkplatz unterhalb der Kirche

Einkehr
Adler Aispel, Tel. 07741/2446, adler-aispel@web.de, Sa & So 10–20 Uhr

Karte
Karte des Schwarzwaldvereins 1:25000, W266 Waldshut-Tiengen

Informationen
Touristinformation Waldshut-Tiengen, Tel. 07751/833200, www.waldshut-tiengen.de

In der Gemeinde Weilheim hat der Haselbach im Lauf der Jahrtausende einen beeindruckenden Kessel ins Granitgestein gespült. Unsere Runde führt über den Hungerberg dorthin. Neben der Erfrischung am Wasser können wir uns auf eine imposante Fernsicht zu den Alpen freuen.

Kleiner Ort mit großer Kirche Unser Startpunkt befindet sich bei der weithin sichtbaren **Wallfahrtskirche Mariä Himmelfahrt** im Waldshut-Tiengener Stadtteil Waldkirch. Das gegenüber der umliegenden Bebauung leicht überdimensionierte Gotteshaus entstand im 13. Jahrhundert und genoss zur Zeit der Herren von Hauenstein den Rang eines zentralen Kirchenortes. Im Innern wurde sie während des 18. Jahrhunderts im spätbarocken Stil ausgestattet. Zu den kirchlichen Kunstschätzen zählen eine liebevoll gearbeitete Schutzmantelmadonna und das Schnitzwerk »Die Darstellung im Tempel« von 1580, in welcher der Priester Simeon im Jesusknaben den künftigen Erlöser erkennt. Ein zumindest kurzer Besuch der Kirche lohnt sich.

Über dem Seltenbach Für die Wanderung nutzen wir auf den ersten Metern die Weidenstraße hinunter an den Seltenbach, wo wir in der Kurve links auf den landwirtschaftlichen Weg wechseln. Oberhalb der Kreisstraße beschreibt auch dieser eine enge Kurve, ehe wir von der anderen Talseite aus einen schönen Blick auf die Kirche bekommen. Beim **Großacker** teilt sich der Wanderweg. Von dem Weg geradeaus werden wir später zurückkehren. Wir zweigen also rechts in Richtung Schmitzingen ab, um 600 Meter weiter rechts auf den Wiesenweg zu wechseln. Nach einer Passage am Waldrand geht es mit der gelben Raute zum Wegweiser **Pfannenstiel**. Dort befindet sich eine Grillhütte, welche allerdings privat ist. Wir können also gleich links die 200 Meter hoch zum **Schienbühl** in Angriff nehmen.

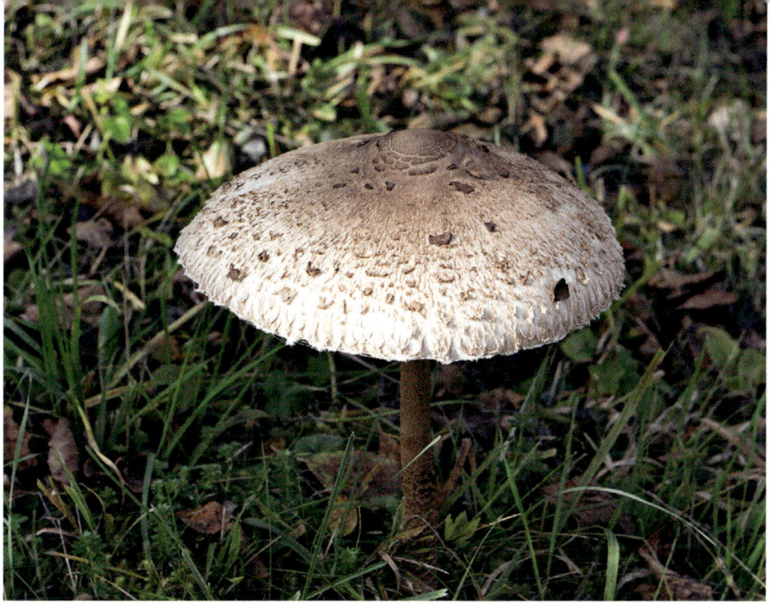

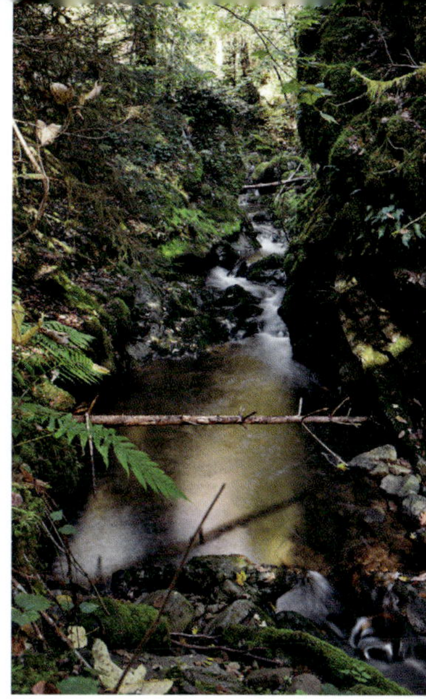

Der Parasol ist schön anzusehen – und ein schmackhafter Speisepilz.

Auf wenigen Metern bildet der Haselbach eine Klamm.

Abstieg nach Indlekofen

Mit Sicht über mehrere von Waldinseln umgebene Felder folgen wir der Beschilderung zunächst noch leicht bergan bis zum Wegweiser **Langeziel**. Auf der Anhöhe kreuzen wir den Wolfssteig. Wir laufen geradeaus weiter, sodass wir den Hungerberg auf seiner Ostseite passieren. Nachdem wir ein Waldstück durchquert haben, öffnet sich die Sicht nach Norden über das Haselbachtal zur B500. Wir biegen rechts ab und folgen der Kennzeichnung gelbe Raute zum **Sprünglenbuck**. Links ginge es über Aispel direkt zum Haselbach-Wasserfall – er ist bereits angeschrieben. Wir indes laufen zunächst mit Sicht auf Weilheim weiter geradeaus, bis wir auf den Mittelweg (rote Raute mit weißem Strich) treffen und auf diesem hinunter nach **Indlekofen** wandern.

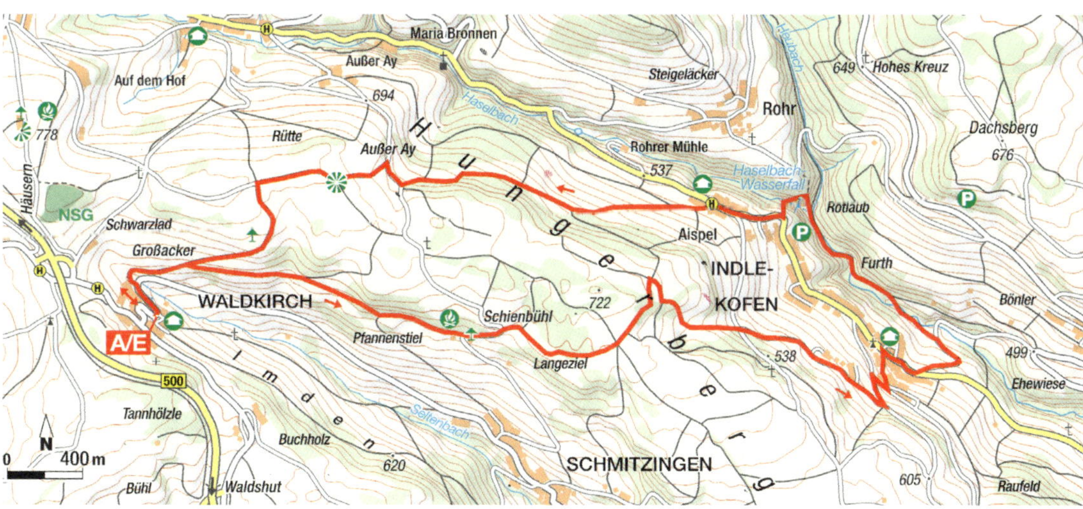

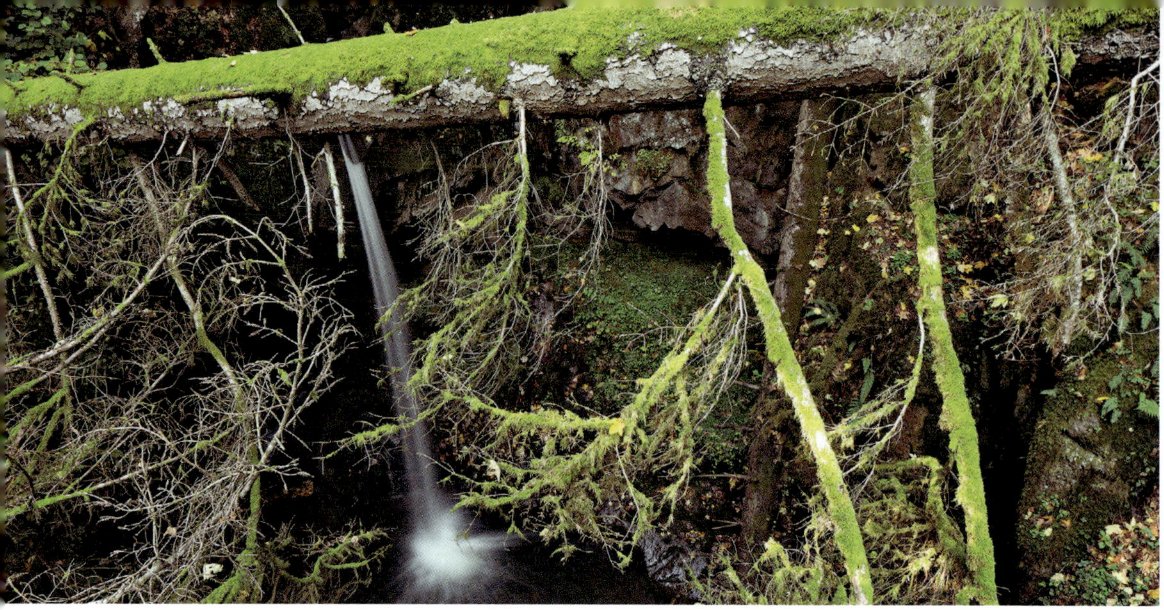

Der Haselbach stürzt in den sagenumwobenen Teufelskessel.

Im Haselbachtal In Indlekofen angekommen, nutzen wir die Durchgangsstraße an den östlichen Ortsausgang, wo wir links mit dem Mittelweg hinunter zum Haselbach abbiegen. Beim Wegweiser **Haselbachtal** stoßen wir auf den nächsten Themenweg. Diesmal ist es der Rosenwanderweg von Nöggenschwiel, der sich mit unserer Runde teilweise deckt. Wo wir ein Stück weiter flussaufwärts zu einer bei hohem Wasserstand gefluteten Furt kommen, wechseln wir mit dem Mittelweg auf den schmalen Pfad rechts. Wenn dieser durch Regen schlecht zu begehen sein sollte, können wir aber auch auf dem Rosenwanderweg bleiben. Bei einer Wehranlage der Schluchseewerk AG treffen beide Varianten wieder zusammen.

Wolfssteig und Wolfspfad

Der 2017 eröffnete und 22 Kilometer lange Themenweg führt vom Wildgehege in Waldshut hoch bis zum Kreuzstein bei Höchenschwand. Ziel des Steigs ist es, über die Lebensgewohnheiten des Wolfs zu informieren und Vorbehalte gegenüber den menschenscheuen Tieren abzubauen. Dabei führt der Steig bewusst durch eine Landschaft, die sich als Lebensraum für Wölfe zu eignen scheint. Als zweiter Themenweg richtet sich der Wolfspfad bei Höchenschwand insbesondere an Kinder, die auf einer vier Kilometer langen Runde die Gewohnheiten von Wölfen spielerisch kennenlernen.

Haselbach-Wasserfall Nachdem wir einen kurzen Bachabschnitt mit Schluchtcharakter passiert haben, trennen sich die Wege: Während der Mittelweg geradeaus über Heubach nach Nöggenschwiel führt, biegen wir auf den mit gelber Raute gekennzeichneten Weg links ab. Gleich danach haben wir den **Haselbach-Wasserfall** erreicht. Durch die schattige Lage bleibt es in dem

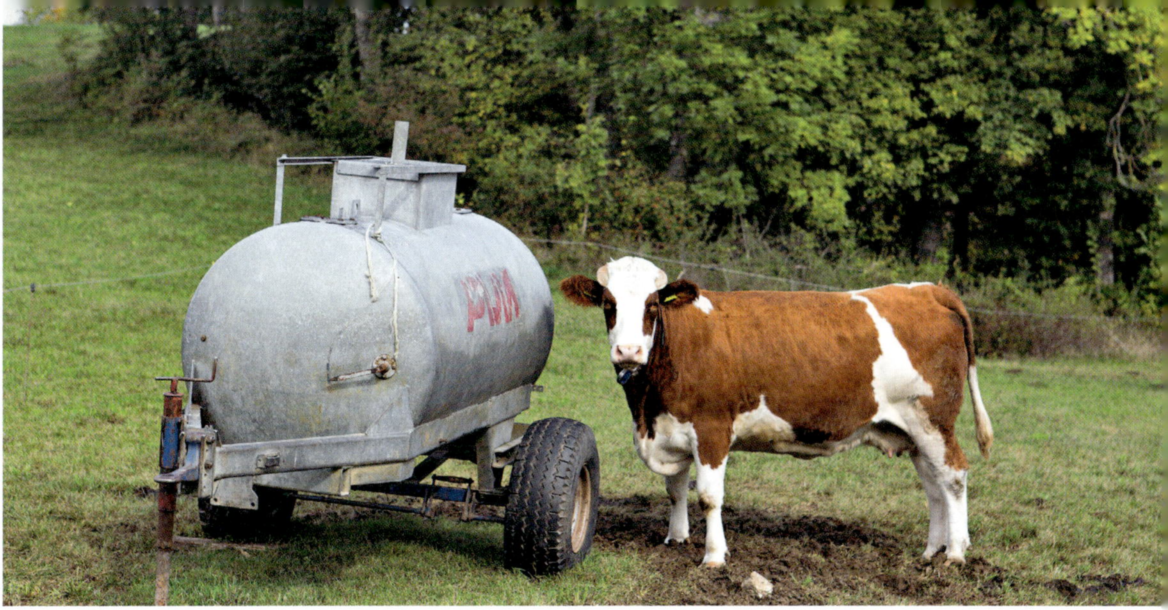

Kessel selbst an hochsommerlichen Tagen angenehm frisch. Tatsächlich tut man gut daran, einen kühlen Kopf zu bewahren. So warnt eine Legende um den Wasserfall davor, die Konkurrenz um eine Frau gewaltsam aus dem Weg zu räumen. So soll der »lange Peter« von Remetschwiel Gefallen an Maria, der Tochter des Hasselbachmüllers, gefunden haben. Als diese eines Abends entlang des Hasselbachs in das Schlüchttal lief, versuchte er, ihr auf einem Umweg den Weg abzuschneiden. Am Teufelskessel – wie der Wasserfall auch heißt – traf er jedoch auf den Junker aus Waldkirch. Der Versuch Peters, ihn in die Tiefe zu stoßen, scheiterte, als plötzlich Maria dazwischentrat und dem Junker zu Hilfe eilte. So wurde der Teufelskessel das Grab des langen Peters.

Guck mal!

Finale mit Fernsicht Nach dieser schaurig-schönen Geschichte nehmen wir den Pfad hoch zur Landstraße, wo wir einen kleinen Rast- und Parkplatz finden. Rechts wählen wir den Fußweg am Wegweiser **Aispel** vorbei, um dann in den Buchholzweg abzuzweigen. Auf diesem gewinnen wir wieder Meter um Meter an Höhe. Sowie der Weg im Bereich einer Feldhecke endet, biegen wir rechts ab, um 160 Meter weiter beim Wegweiser **Außer Ay** wiederum links abzubiegen. Wir steigen somit hoch zum **Hungerberg Fernblick**. Bei klarer Luft reicht die Sicht bis zu den Schweizer Ostalpen. Der weitere Rückweg erfolgt über den Wegweiser **Berg** (dort links) und an einem nett gelegenen Rastplatz am Großacker vorbei zurück zu unserem Ausgangspunkt in **Waldkirch**.

4 Sieben Moore sollt ihr sein

Zum Krai-Woog-Gumpen

Leicht | 9,5 km | 200 Hm | 3 Std.

Tourencharakter
Ruhige Wanderung durch Wälder und über aussichtsreiche Hochmoorflächen, Vorsicht beim Abstieg zur Gletschermühle am Schwarzenbächle

Ausgangspunkt/Endpunkt
Wanderparkplatz Steinernes Kreuz nahe Wehrhalden
GPS: 47.6996, 8.0170

Anfahrt
Bahn & Bus: Ab Bad Säckingen mit der Linie 7328 zur Bushaltestelle Wehrhalden Steinernes Kreuz
Auto: Von der B34 bei Murg auf die L151 abfahren und der Beschilderung Richtung Herrischried/Todtmoos zum Wanderparkplatz oberhalb Lochhäuser folgen; alternativ von Norden über die B317 bis Geschwend, weiter über die L149/151 über Todtmoos bis zum Ausgangspunkt

Einkehr
Keine, einige Bänke entlang des Wegs und beim Krai-Woog-Gumpen

Karte
Karte des Schwarzwaldvereins 1:25 000, W258 Titisee-Neustadt

Informationen
Hotzenwald Tourismus, Tel. 07764/92 00 40, www.hotzenwald-schwarzwald.de

Der Krai-Woog-Gumpen ist in Zusammenhang mit der letzten Eiszeit entstanden. Als geologische Besonderheit finden wir dort eine Gletschermühle. Wir verbinden die Wanderung mit dem Sieben-Moore-Weg. Er gibt uns Einblicke in die Moortypen im oberen Hotzenwald.

Brunnmättle- und Sonnmättlemoos Der Erlebnispfad beginnt direkt an der L151 beim **Steinernen Kreuz**. Wir bleiben auf der westlichen Seite der Landstraße und folgen der Beschilderung »7-Moore-Weg« über den Wehrhaldergrenzweg in den Wald. Nach einem Kilometer zweigen wir beim Kindskreuzle rechts Richtung Sonnenmatt ab. Damit gelangen wir zurück zur Landstraße und darüber hinweg zum **Brunnmättlemoos**. Geprägt wird dieses erste Moor der Runde von Moorkiefern, den Spirken. Der Weg führt um den Nordwesten des Moors herum, wo zwei Bereiche als Hochmoor ausgeprägt sind. Ansonsten besitzt das Moor weitgehend den Charakter eines Niedermoors. Nachdem wir östlich vom Moor einen alten Steinbruch passiert haben, biegen wir beim Wegweiser Sonnenmatt rechts zum **Sonnmättlemoos** ab. Es ist weitgehend mit Heidelbeeren und Fichten sowie hochstämmigen Kiefern bestanden und wie das Brunnmättlemoos überwiegend als Niedermoor ausgeprägt, wenn auch weniger mächtig.

Silberbrunnenmoos und Schwarze-Säge-Moos Beim Wegweiser Sonnenmattmoos trifft der 7-Moore-Weg auf die schwach befahrene Kreisstraße. Auf dieser geht es rechts Richtung Gletschermühle. Der Weg dorthin führt (links) über einen Pfad durch das **Silberbrunnenmoos** und – wieder auf der Straße – am **Schwarze-Säge-Moos** vorbei. Unter dem Namen Silberbrunnenmoos wird eine Hangmoorgruppe mit Nieder- und Übergangsmoorvegetation im Silberbrunnentälchen zusammengefasst. Das Torfvolumen der Gruppe wird auf rund 110 000 Kubikmeter geschätzt. Dieses Torfvorkommen wurde in früheren Zeiten genutzt. Zu erkennen ist dies an einem alten Torfstich, der sich an den Rändern einer Rauschbeerenflur im mittleren Teil des Silberbrunnenmooses befindet. Das Schwarze-Säge-Moos besteht ebenfalls aus einer Gruppe räumlich getrennter Moore. Diese befinden sich nördlich und südlich der Schwarzen Säge und sind weitgehend unbewaldet. Dadurch können wir hier unseren Blick über Braunseggen- und Pfeifengrasbestände schweifen lassen. Auf einer kleinen Torfschlammschlenke ist außerdem der Sonnentau zu finden.

Gletschermühle und Krai-Woog-Gumpen Bei der Schwarzen Säge nehmen wir den Abstecher zur Gletschermühle und dem **Krai-Woog-Gumpen**. Der Begriff Krai-Woog-Gumpen stammt aus dem Alemannischen. »Krai« bedeutet im Allgemeinen laut sein oder schreien und steht hier für lautes Rauschen. »Woog« heißt Wasserfall und unter »gumpen« versteht der Alemanne springen und hüpfen. So heißt es zum Beispiel, dass Frösche ins Wasser gumpen. Spricht man von einem Gumpen, ist hingegen ein Becken gemeint. In so einem Fall gumpen die Frösche also in einen Gumpen. Beim Krai-Woog-Gumpen passen beide Deutungen. Denn hier springt ein laut rauschender Wasserfall in ein Becken. Direkt unterhalb des Wasserfalls befindet sich die Gletschermühle. Sie wurde 1952 entdeckt und freigelegt. Die Hintergründe ihrer Entstehung sind ungewiss.

Entstehung der Gletschermühle Eine Theorie geht davon aus, dass hier ein Stein durch Gletschereis so lange im Kreis bewegt

Das Schwarzenbächle vor seinem »Gump« in den Krai-Woog-Gumpen

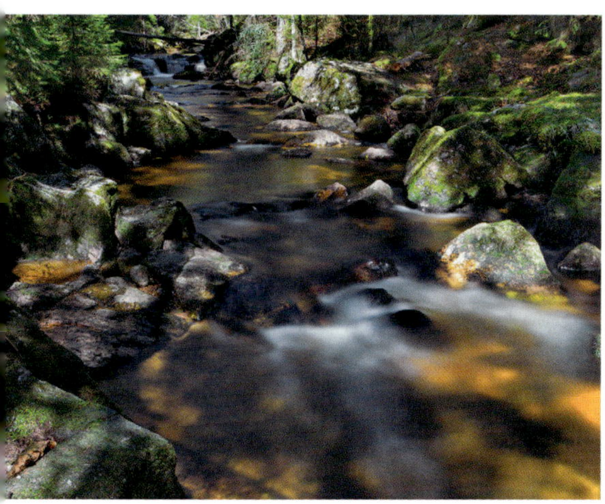

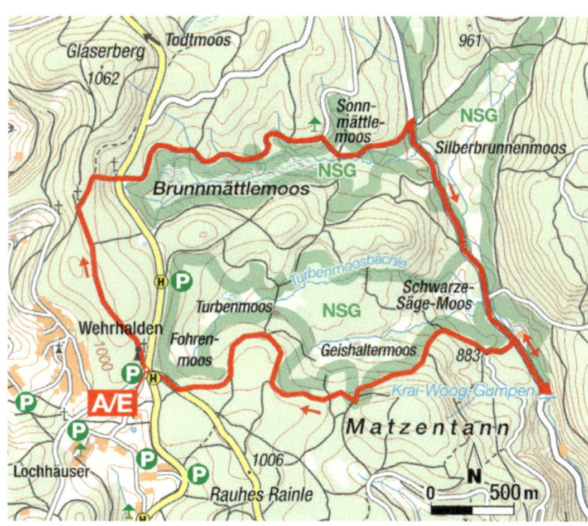

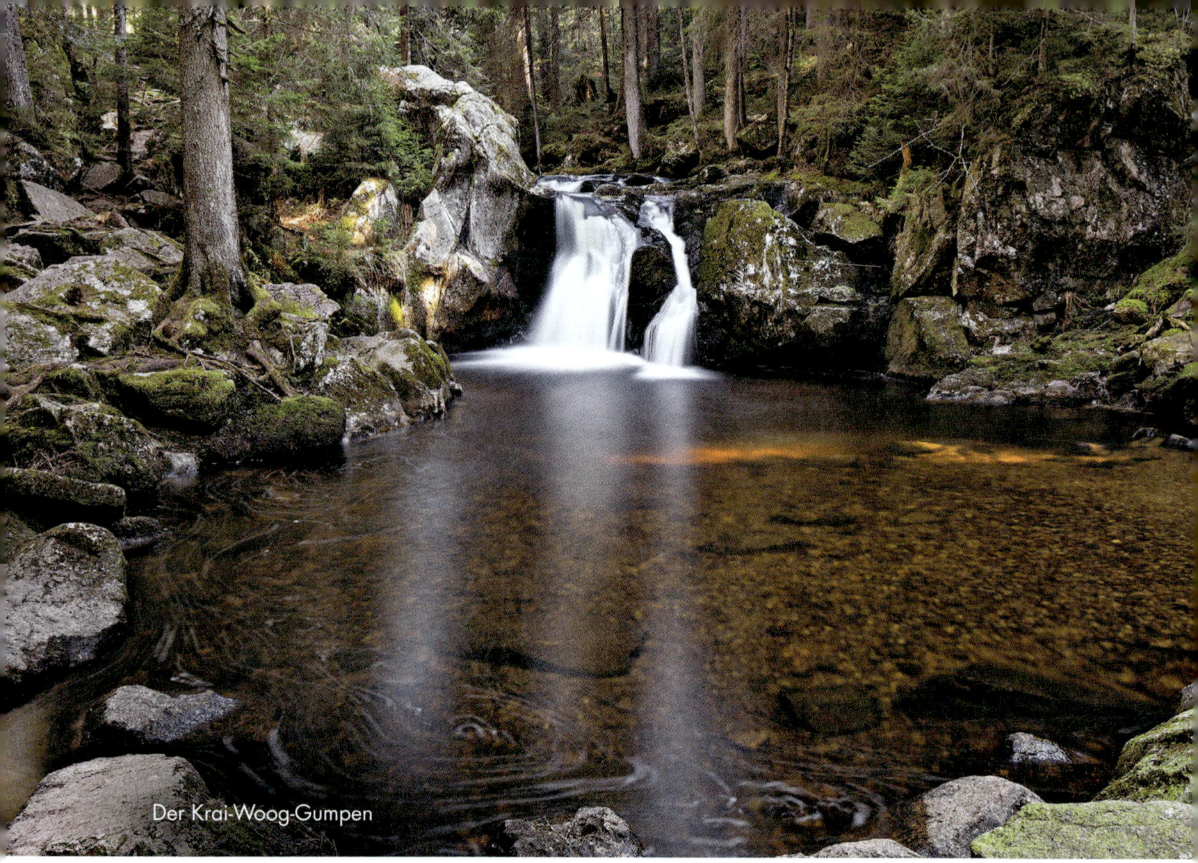
Der Krai-Woog-Gumpen

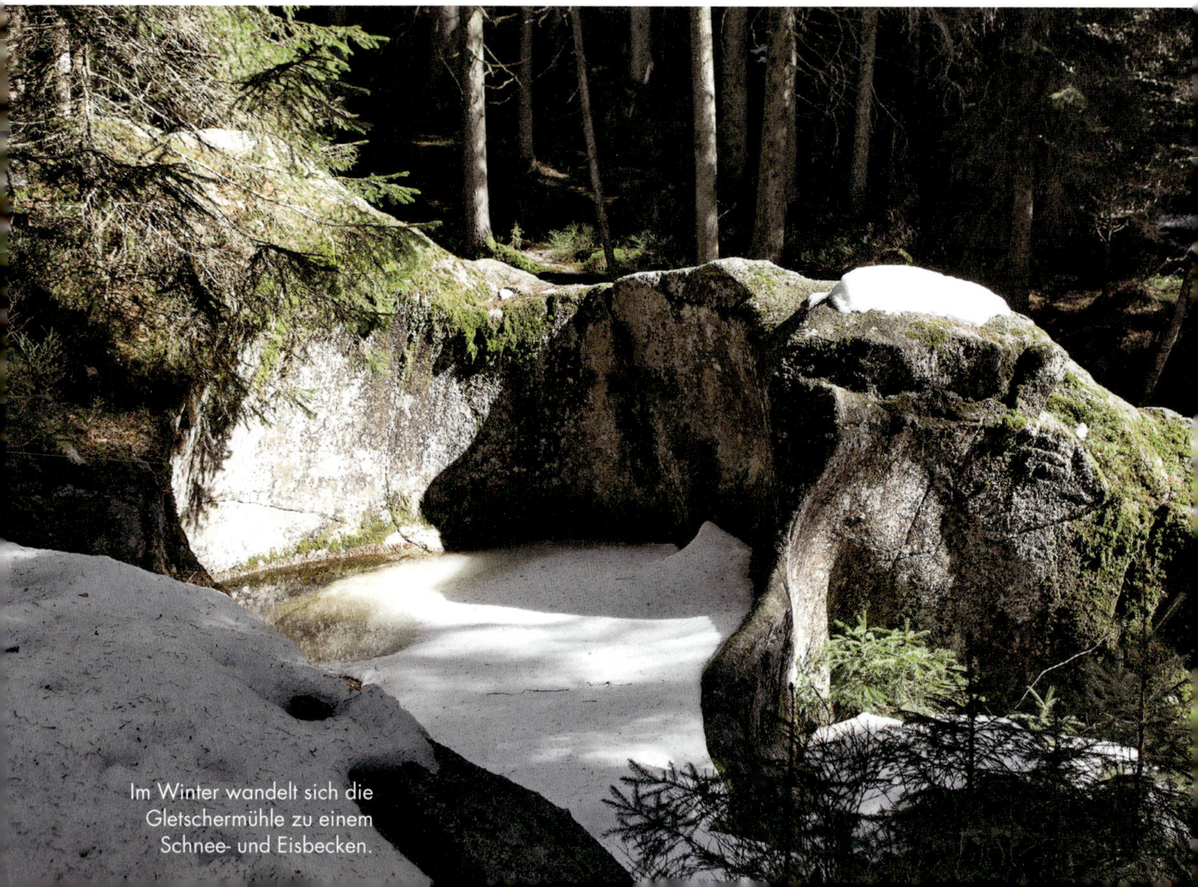
Im Winter wandelt sich die Gletschermühle zu einem Schnee- und Eisbecken.

wurde, bis er ein rundliches Loch in den Fels gemahlen hatte. Ein ähnliches rundes Gebilde entsteht, wenn ein Stein hinter einem Felsriegel eingeklemmt wird, sodass die Schubkräfte des Gletschers in kreisende Bewegungen umgelenkt werden. Einer zweiten Theorie zufolge könnte es sich bei der Gletschermühle um ein Strudelloch handeln, das durch einen harten Wasserstrahl herabfallender Wassermassen oder schleifende Steine, die im Bachbett lagen, gebildet wurde. Laut einer dritten Theorie könnte auch eine Kombination der beiden anderen Vorgänge am Werk gewesen sein. So wird angenommen, dass sich beim Rückzug des Gletschers im Bereich der Gletschermühle längere Zeit eine Eiswand oder Gletscherspalte befand.

Die Autorin auf Motivjagd

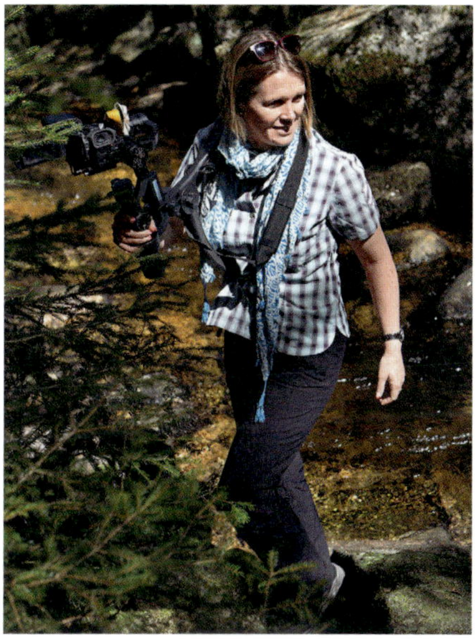

Geishalter-, Turben- und Fohrenmoos Anschließend kehren wir zurück zur Schwarzen Säge, wo wir nun links zum nahen Schwarzwasen abbiegen. Auf den letzten drei Kilometern des Rundwegs passieren wir die noch fehlenden Moore des 7-Moore-Wegs. Das **Geishaltermoos** wird von offenen Gräben durchzogen, welche die Hangmoorbereiche zum Teil entwässert haben. Das zentrale **Turbenmoos** – nach ihm ist diese Moorgruppe benannt – wird durch vier Spirkenhanghochmoore mit Rausch- und Heidelbeeren charakterisiert. Nach Westen geht das Turbenmoos in das **Wehrhalder Moos** über. Dieses besteht aus einem Mosaik verschiedener Moortypen und Vegetationen. Kennzeichnend für das letzte Moor des Erlebnispfads sind Seggen- und Borstgrasbestände, die sich mit Fichtenwaldinseln abwechseln. Mit einem wahren Fundus an neuem Wissen treffen wir beim Wegweiser »Lochhäuser Heitere Grube« auf die Kreisstraße, auf der wir links zurück zum **Steinernen Kreuz** finden.

Moortypen

Im Schwarzwald werden die Moore in sechs Haupttypen gegliedert. Die bekanntesten sind die Niedermoore und die Hochmoore. Sie unterscheiden sich darin, dass das Niedermoor vom Grundwasser gespeist wird, während das Hochmoor den Kontakt zum Grundwasser verloren hat und damit allein durch die Niederschläge feucht gehalten wird. Von einem Anmoor ist die Rede, wenn der (mineralische) Boden durch Wasserüberschuss und Sauerstoffarmut einen hohen Anteil an organischer Masse besitzt. Weitere Haupttypen sind überdecktes Anmoor, überdecktes Niedermoor und seekreidehaltiger Boden.

5 Auf dem Lebküchlerweg

Todtmooser Wasserfall und Rabenschlucht

Mittel | 13 km | 470 Hm | 4 Std.

Tourencharakter
Zunächst waldreiche, dann aussichtsreiche Tour auf Pfaden und Waldwegen, bei wenig Schnee auch im Winter reizvoll

Ausgangspunkt/Endpunkt
Parkplatz beim Aquatreff in Todtmoos
GPS: 47.74497, 8.0043

Anfahrt
Bahn & Bus: Ab Bad Säckingen, Todtnau und St. Blasien zum Busbahnhof Todtmoos
Auto: Von der B500 Titisee–Waldshut den Kreisverkehr in Häusern zur L149 verlassen, weiter über St. Blasien bis Todtmoos; alternativ von der B317 Lörrach–Todtnau bei Mambach nach Todtmoos abbiegen. Die Zufahrt zum Parkplatz erfolgt über L150 und den Schwimmbadweg.

Einkehr
Hotel Rößle, täglich 7–20.30 Uhr, www.hotel-roessle.de; Waldhotel Auerhahn, Di–So 10–20 Uhr, www.waldhotel-auerhahn.com

Karte
Karte des Schwarzwaldvereins 1:25 000, W257 Schönau

Informationen
Touristinformation Todtmoos, Tel. 07652/12060, www.hochschwarzwald.de

Die Gemeinde Todtmoos beschreibt diese Wanderung selbst als »das Schönste, was die Lebküchler rund um ihren Ort zu bieten haben«. Tatsächlich können wir auf dieser Runde eine ganze Reihe schöner Eindrücke sammeln. Und das selbst im Winter.

Aufstieg zum Rüttebach-Wasserfall Ab dem **Parkplatz vom Aquatreff** nutzen wir den Fußweg am Rüttebach nach Todtmoos-Höfle. Dort ist der Lebküchlerweg zu beiden Seiten beschildert. Wir persönlich finden die als Genießerpfad ausgewiesene Runde entgegen dem Uhrzeigersinn geschickter. Dadurch kommen wir auf der ersten Hälfte zu schön gelegenen Rastplätzen und auf der zweiten Hälfte zu einem Gasthaus. Somit orientieren wir uns bei der Verzweigung in Höfle rechts und nehmen den Anstieg nach Strick. Sowie wir die **Josefskapelle** passiert haben, zweigen

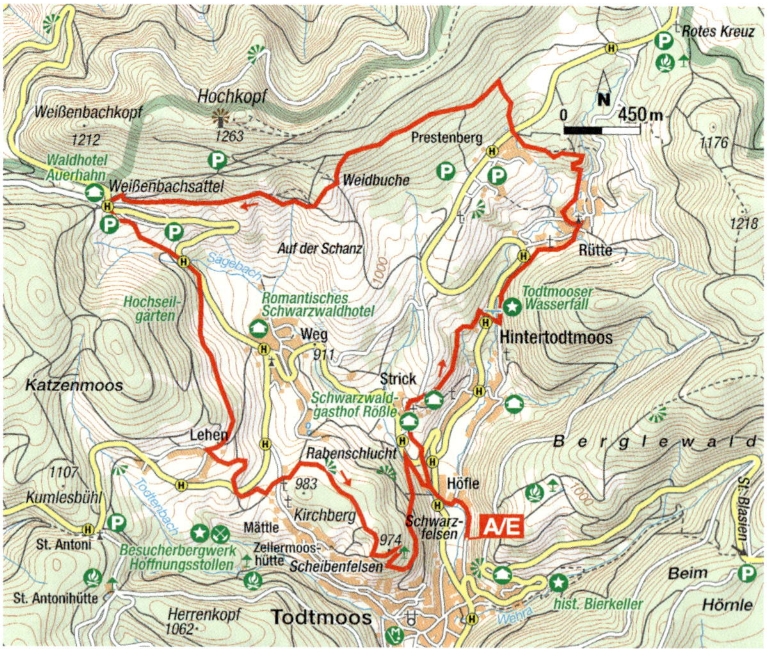

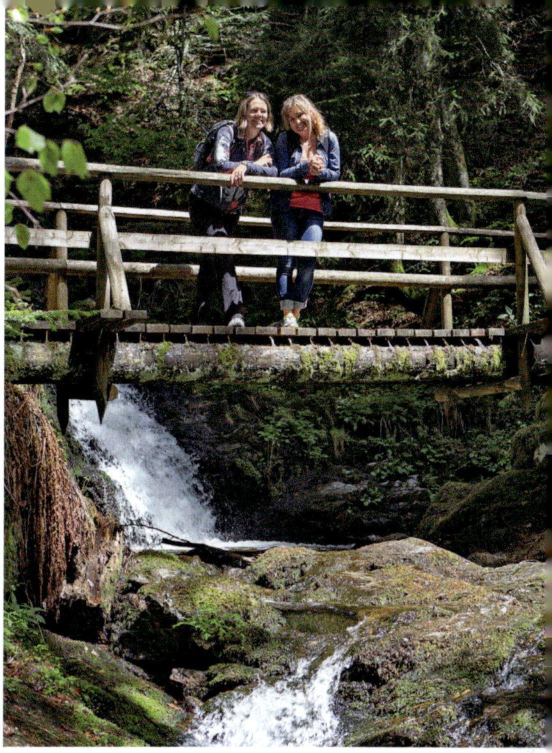

Natur genießen beim Todtmooser Wasserfall

wir beim Wegweiser oberhalb erst scharf rechts auf den Weg zwischen zwei Häusern, dann links ab und folgen dem Wanderweg entlang einer Baumreihe in den Wald. Wo der Weg endet, überqueren wir die L146 und steigen auf der rechten Seite zum **Todtmooser Wasserfall** des Rüttebächles hinunter.

Aufstieg zum Rüttepark-Pavillon Auf der anderen Seite des Bachs biegen wir links in die Forststraße ein und folgen der gelben Raute beziehungsweise der Beschilderung des Lebküchlerwegs über Todtmoos-Rütte und den Wegweiser »Am Beerenbühl« in Richtung Rüttepark-Pavillon. Vor einer offenen Felspartie zweigen wir dann links zum **Rüttepark-Pavillon** ab. Neben einer hübschen Aussicht überrascht er mit einem Grill, der sich inmitten des Holzbaus befindet. Sowie wir auf den nächsten Forstweg treffen, biegen wir links ab und folgen der gelben Raute durch den Wald zurück an die L146.

Weißenbachsattel und Wolfsschlucht Jenseits der Straße passieren wir den Liebfrauenbrunnen. 400 Meter weiter biegen wir erst links zum Weißenbachsattel ab, nehmen ab dem Wegweiser »Unterer Langwaldweg« aber den Umweg über eine markante **Weidbuche**. Bei der Buche orientieren wir uns rechts, eh wir »Auf der Schanz« auf den Panoramaweg wechseln und über den **Weißenbachsattel** zum Waldhotel Auerhahn wandern. Zwei Drittel der Tour liegen dort hinter uns, womit das Gasthaus wie gerufen für eine Einkehr kommt. Beim späteren Rückweg folgen wir dem Westweg am **Tor zum Wehratal** vorbei bis nach **Todtmoos-Lehen** und ab dort der Beschilderung über den Wegweiser »Beim Tannenhof« und den **Scheibenfelsen** zurück nach Todtmoos-Höfle. Kurz bevor wir den Ort erreichen, durchqueren wir die **Rabenschlucht** als letzten Höhepunkt dieser gelungenen Runde.

Lebküchler

Die Todtmooser werden »Läbküechl'r« genannt, da der Lebkuchen eine Spezialität der Gemeinde ist. In früheren Zeiten wurde dieser gerne von Wallfahrern als lange haltbare und selbst beim Laufen einfach zu essende Wegzehrung mitgenommen.

6 Wasserspiele am Hohspirn

Falkauer Wasserfall, Raitenbuch und Windgfällweiher

Mittel | 11,5 km | 250 Hm | 3.30–4 Std.

Ausgangspunkt/Endpunkt
Parkplatz beim Minigolf in Falkau
GPS: 47.8679, 8.1254

Anfahrt
Bahn & Bus: Ab Altglashütten-Falkau mit der Linie 9007 zur Bushaltestelle Falkau Floriansstüble
Auto: Von der B500 Waldshut–Titisee bei Altglashütten abfahren, der Beschilderung nach Falkau folgen, dort rechts in die Haslachstraße abbiegen

Einkehr
Kiosk beim Minigolf Falkau, Schlehdorns Seehof, ab 11.30 Uhr, Tel. 07655/91050, www.schlehdorns-seehof.de

Karte
Karte des Schwarzwaldvereins 1:25000, W258 Titisee-Neustadt

Informationen
Touristinformation Feldberg, Tel. 07652/12060, www.hochschwarzwald.de

Diese Runde ließe sich auch gut als Falkauer und Lenzkircher Dreierlei bezeichnen. Nach dem Auftakt an der Haslach führt der Weg ins benachbarte Hochtal von Raitenbuch. Ein Abstecher bringt uns schließlich an den Windgfällweiher.

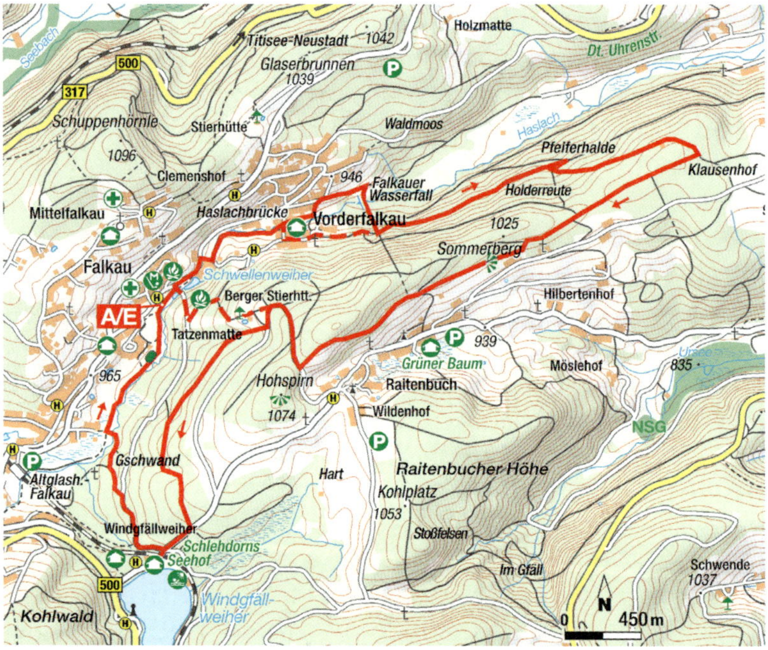

Auf den Kopf gestelltes Flussprofil Für gewöhnlich weisen Bäche in ihrem Oberlauf ein hohes Gefälle aus, das sich talwärts zusehends abschwächt. Durch den Feldberggletscher hat sich dieses während der letzten Eiszeit jedoch gewandelt. Er hat die umliegenden Täler derart breit überformt, dass die Bäche in ihrem Oberlauf mäandrieren, um erst später an Fahrt aufzunehmen. So beschreibt auch die Haslach oberhalb von Falkau einige Schlaufen. So eingestimmt, führen uns die ersten Schritte vom Parkplatz hinunter an den Bach und den **Minigolfplatz** von Falkau.

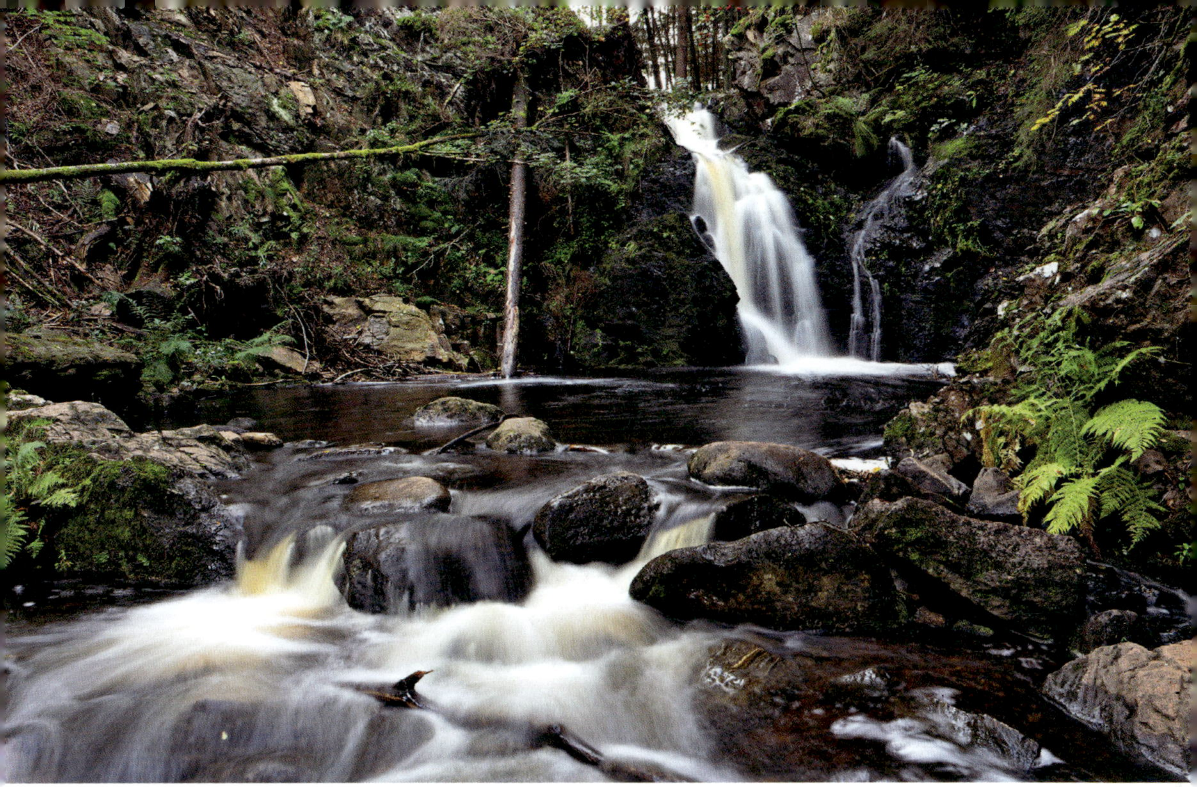

Beim Falkauer Wasserfall stürzt die Haslach in ein typisches Becken.

Gegenüber dem Kiosk eröffnet eine Wassertretanlage die erste Möglichkeit für ein kühlendes Fußbad.

Falkauer Wasserfall Auf dem Erich-Fink-Weg folgen wir dem Bachlauf an den beiden Becken des **Schwellenweihers** vorbei. Wo der Weg beim Gemsennest in die Haslachstraße mündet, orientieren wir uns halbrechts, um 100 Meter weiter beim **Haus Wehrle** rechts abzubiegen. Sowie wir die Haslach das erste Mal überquert haben, wechseln wir links auf den Schwarzbachweg. Flussabwärts quert dieser zweimal den Bach, ehe wir bei der **Haslachbrücke** den Falkauer Wasserfall zu beiden Seiten angeschrieben sehen. Links gelangen wir nochmals an den Ortsrand von Falkau und folgen dem Tal über den Wegweiser **Wasserfallweg**, um dann rechts auf den örtlichen Rundweg zum Wasserfall zu wechseln. Dieser führt uns über eine relativ steile Kurve hinunter zum **Falkauer Wasserfall**.

Tourencharakter

Der Abstieg zum Wasserfall kann rutschig sein. Die Brücke und der Pfad am Gegenhang wurden 2018 zerstört. 2021 existierte eine Entwurfsplanung, die zeitliche Umsetzung war bei Drucklegung ungewiss. Ansonsten ist es eine waldreiche Runde auf zumeist breiten Wanderwegen.

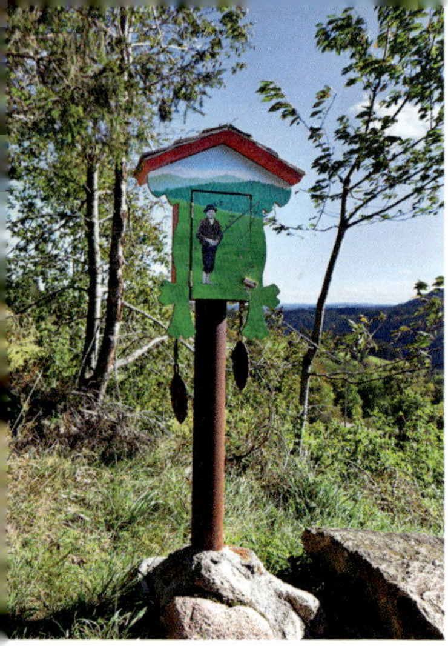

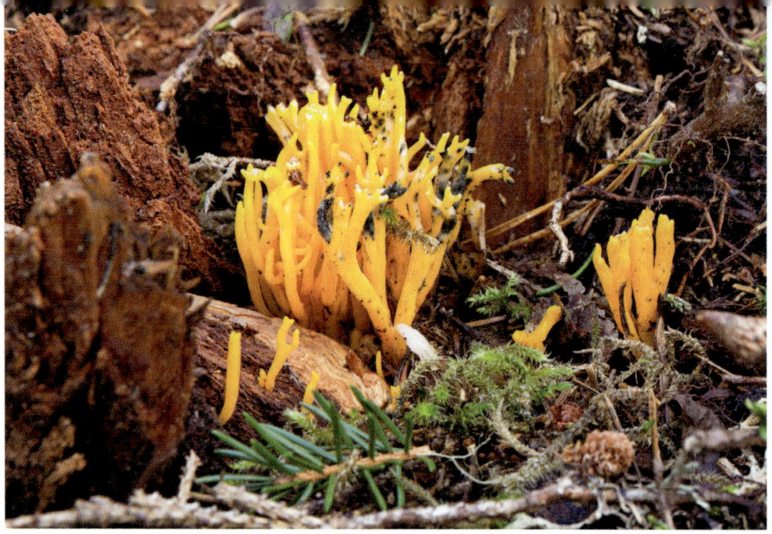

Stempelbox am Hochschwarzwälder Hirtenpfad

Die Goldgelbe Koralle ist auch als Goldgelber Ziegenbart bekannt und essbar.

Unterbrochener Rundweg Bis 2018 bestand hier der Wasserfall-Rundweg. Bei einem Unwetter stürzten jedoch mehrere Bäume den Steilhang hinunter, zerstörten die Holzbrücke und rissen Teile des gegenüberliegenden Pfads mit in die Tiefe. Pläne zur Wiederherstellung dieses an sich nur kleinen Abschnitts sind bereits gefasst, wurden vom Gemeinderat aber vorerst zurückgestellt. Bis ausreichend Mittel vorhanden sind und die Durchgängigkeit wieder hergestellt ist, müssen wir damit zurück bis zur **Haslachbrücke** laufen. Von dort geht es dann auf dem Lenzkircher Weg in den Wald. Dort angekommen, führt links ein Pfad an den südlichen Zugang des Wasserfalls. Wer den Abstecher mitnimmt, kann von oben in den Kessel der Haslach schauen, sollte seine Erwartungen allerdings dämpfen. Mit der Sicht von unten kann der Ausblick nicht konkurrieren.

Gletscherhochtal Raitenbuch Weiter geht es auf dem sachte ansteigenden Prinz-Max-Weg bis zur **Pfeifferhalde**. Dort biegen wir scharf rechts ab, nehmen sogleich die Linkskehre und wandern etwas steiler bergauf an einer liebevoll gestalteten Hütte und Rastmöglichkeit vorbei bis zum **Wegweiser Klausenhof**. Auf dem Bergrücken biegen wir rechts auf den Hochschwarzwälder Hirtenpfad ein. Bei unserer ersten Begehung verlief der Forstweg entlang eines Zauns. Dieser hinderte das Wild daran, vom Fürstenbergischen Jagdrevier ins angrenzende Revier zu wechseln. Inzwischen haben sich die Verantwortlichen eines Besseren besonnen und lassen das Wild wieder ungestört durch die Wälder streifen. Wo uns der Hirtenpfad wieder aus dem Wald hinausführt, können wir bei einem **Schnapsschränkle** einen Gruß eintragen. Bei den nahen Himmelsliegen lohnt sich zudem der

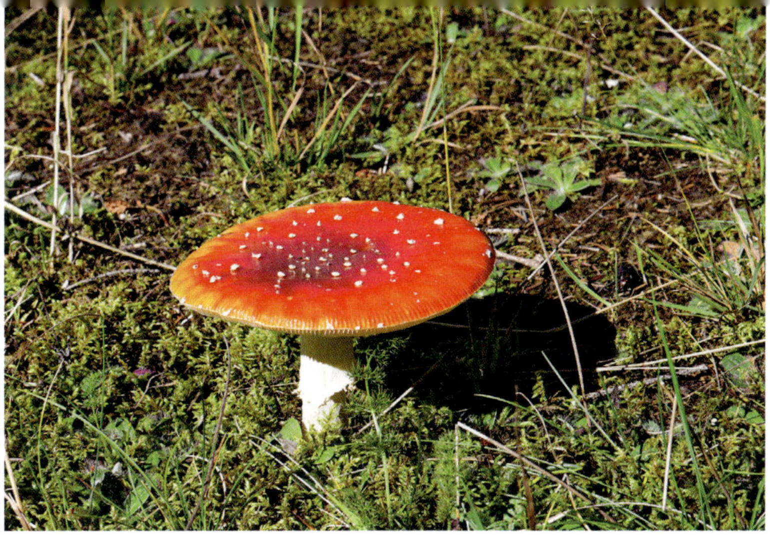

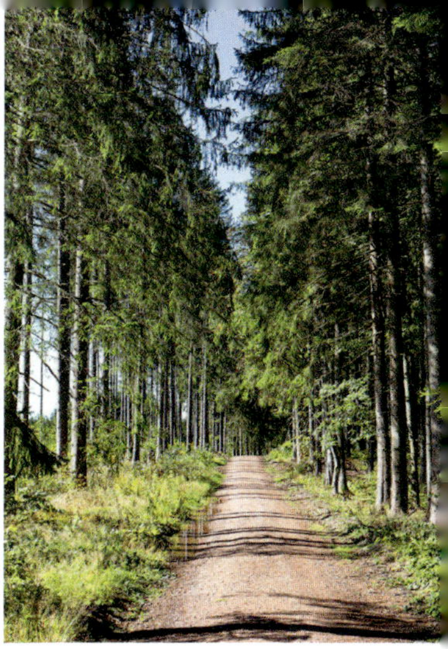

Fliegenpilze auf gar keinen Fall essen!

Oberhalb von Raitenbuch erwarten uns bequem zu laufende Wege.

Blick talwärts bis zum weit entfernten Horizont. Mit Glück sind dort die Allgäuer Alpen bei Oberstdorf mit der 2645 Meter hohen Mädelegabel zu sehen.

Um den Hohspirn zum Windgfällweiher Beim Wegweiser **Am Hohspirn** trennen sich die Wege wieder. Während der Hirtenpfad links nach Raitenbuch führt, wählen wir mit dem Hohspirnweg die entgegengesetzte Richtung. Wo der Weg oberhalb der **Berger Stierhütte** über eine Linkskurve in den Hans-Dietsche-Weg übergeht, haben wir die Wahl: Wer genug gewandert ist, kommt an der Hütte vorbei direkt zurück nach Falkau. Alle anderen bleiben auf dem bequem zu laufenden Hans-Dietsche-Weg. Dieser führt uns im Wald um den Hohspirn herum sowie im weiteren Verlauf hinunter zur Raitenbucher Straße und (rechts) zur Trasse der Dreiseenbahn. Jenseits der Bahnlinie erreichen wir den **Windgfällweiher**, einen der beliebtesten Badeseen im Hochschwarzwald. Wer möchte, kann die Extrarunde um den See gerne mitnehmen oder auch eine Pause im Strandbad einlegen. Für freundliche Wanderer ist der Zugang auf die Terrasse frei. Anschließend kehren wir zum Wegweiser nördlich der Gleise zurück und folgen der gelben Raute über die Wegweiser **Lochert** und **Gschwand** zurück zu unserem Ausgangspunkt beim Minigolfplatz von Falkau.

Hochschwarzwälder Hirtenpfad

Der Hochschwarzwälder Hirtenpfad eröffnet Wanderern einige schöne Ausblicke über das Raitenbucher Hochtal. Auf der Strecke informieren mehrere Tafeln über das schwere Los der Hirtenkinder, die unter erbärmlichen Bedingungen auf fremden Höfen schuften mussten. Die als Genießerpfad eingerichtete Runde stellen wir als eine von 35 aussichtsreichen Touren im Bruckmann Wanderführer »Panoramawege Schwarzwald« vor.

7 Versteckte Miniklamm

Haslachschlucht bei Lenzkirch

Mittel | 13 km | 280 Hm | 4 Std.

Ausgangspunkt/Endpunkt
Kurhaus Lenzkirch
GPS: 47.8677, 8.2043

Anfahrt
Bahn & Bus: Ab Titisee und Seebrugg mit dem Bus zur Haltestelle Kurpark, Lenzkirch
Auto: Von der B315 Titisee–Bonndorf in Lenzkirch zum Kirchplatz oder auf die Testostraße abbiegen, weiter geradeaus bis zu den Parkmöglichkeiten beim Kurhaus fahren

Einkehr
Gasthaus Löffelschmiede, Mo, Do und Fr ab 16 Uhr, Sa und So ab 11.30 Uhr, Tel. 07653/279; Brauereigasthof Rogg, So 11–14 Uhr und 17–22 Uhr, Tel. 07653/700, www.brauerei-rogg.de; Gasthaus Kreuzhof, Fr–Di 11–14 Uhr und 17–21 Uhr, Tel. 07653/964 1799

Karte
Karte des Schwarzwaldvereins 1:25 000, W258 Titisee-Neustadt

Informationen
Touristinformation Lenzkirch, Tel. 07652/120 60, www.hochschwarzwald.de

Die zweite Tour entlang der Haslach nutzt bis zum Zusammenfluss mit der Gutach den Schluchtensteig. Nach dem Anstieg über die Schleifhalde geht es durch ruhige Wälder bis zum Wasserfall an der Schleifensäge.

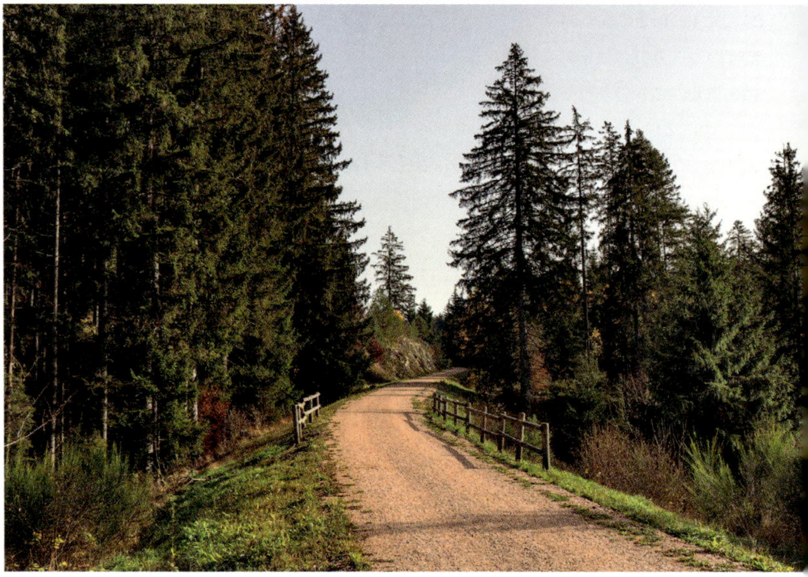

Auf dem Schluchtensteig Als Ausgangspunkt haben wir das **Kurhaus in Lenzkirch** gewählt. Nach wenigen Schritten entlang des Kurparks überqueren wir die Haslach und biegen mit dem Schluchtensteig rechts in die Ludwig-Kegel-Straße ein. Nachdem diese nochmals kurz den Bach tangiert hat, gelangen wir über die Straße Im Niederdorf in die offene Landschaft. Beim **Wegweiser Lochmühle** teilt sich der Wanderweg. Von rechts werden wir nachher wieder hierherkommen. Wir laufen also geradeaus weiter bis an den Waldrand, um erst dort mit dem bekannten Fernwanderweg rechts abzuzweigen. Alternativ dazu wäre es auch möglich, bereits zuvor im Bereich der Kläranlage auf den Bähnle-Radweg zu wechseln.

Weglein wechsel Dich Nach 250 Metern im Wald zweigen wir mit dem Schluchtensteig rechts ab, kreuzen den Radweg und gelangen erstmals direkt ans Wasser des Wildbachs. Anschließend biegen wir beim Wegweiser Am Mühlenweg beziehungsweise bei der Mündung des Rootbachs links ab. Früher musste man den Rootbach erst überqueren, eh es steil hinauf zum Bähnle-Radweg ging. Nach einem Erdrutsch aber wurde der Pfad auf die andere Seite des Bachs verlegt. Wir biegen also noch vor der Furt auf den Mühlenweg ab, versuchen im Anstieg einen einigermaßen guten Blick auf den **Rootbach-Wasserfall** zu erhaschen und haben die frühere Bahntrasse dann auch schon erreicht. An der Kreuzung der beiden wichtigen touristischen Verbindungen finden wir einen großen Rastplatz. Von dort erfolgt der weitere Aufstieg bis zum Wegweiser **Am Rootbach**, wo wir rechts abbiegen und nun endlich den Bach überqueren.

Tourencharakter

Die Aufstiege entlang des Rootbachs und über den Hölllochfelsen auf den Rechenfelsen erfordern Trittsicherheit. Bei der Infotafel zur Schleifensäge kann zum Rootbach abgekürzt werden.

Hölllochfelsen und Haslachklamm Bei der **Rauhalde** öffnet sich die Sicht über eine Lichtung zu den wenigen Häusern von Grünwald. In diesem Bereich nutzen wir kurz die Grünwälder Straße, eh wir mit dem mittlerweile vertrauten Symbol des Schluchtensteigs auf den Haslachhaldenweg abzweigen. Nachdem wir ent-

Linke Seite: Abschnitt der ehemaligen Bahnlinie nach Lenzkirch

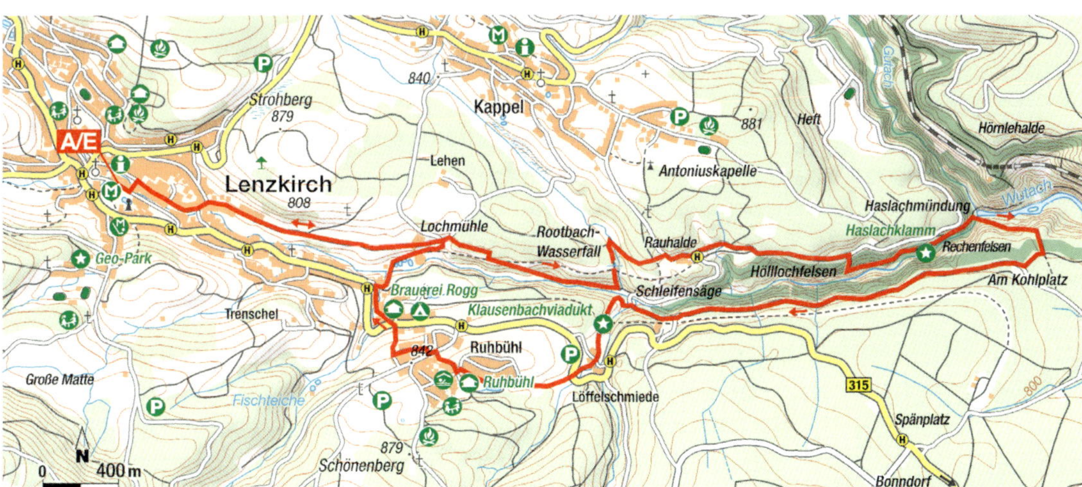

lang des Bahndamms den Durchgang nach Kappel passiert haben, nutzen wir rechts den Pfad zum **Hölllochfelsen**. Er markiert den Einstieg in den wildesten Teil dieser Runde. Der Tritt vor an den Rand des Felsens will entsprechend gut überlegt sein. Das Gelände fällt abrupt in die Tiefe ab. Über mehrere Kehren geht es anschließend hinunter ans Ufer, wo wir unseren Blick nun über die turbulent rauschende Haslach schweifen lassen können. Direkt vor dem nächsten Aufstieg ermöglichen mehrere Trampelpfade den Blick in die nur wenige Meter lange und sonst kaum einsehbare **Haslachklamm**.

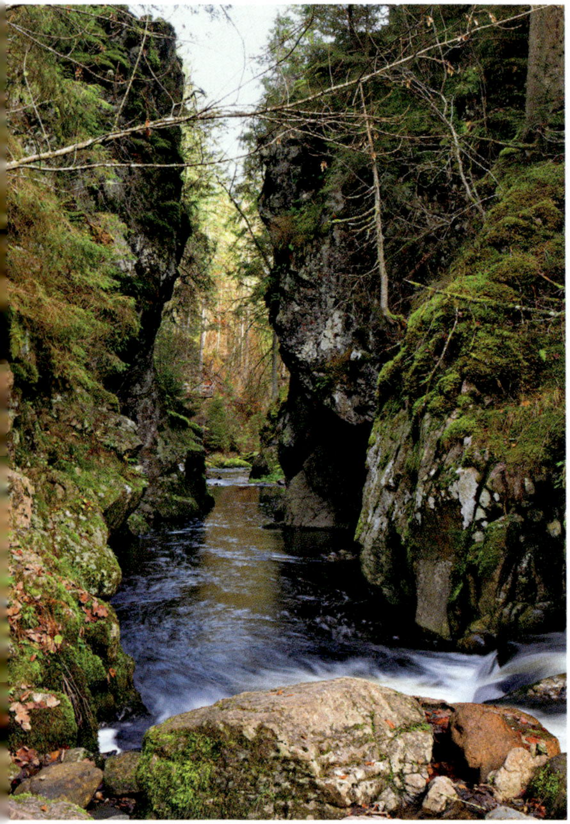

Beim Rechenfelsen verengt sich die Haslach zu einer echten Klamm.

Über den Rechenfelsen zur Haslachmündung Sowie wir uns von der malerischen Kulisse losreißen können, nehmen wir als Nächstes den Aufstieg auf den **Rechenfelsen** in Angriff. Die gegenüberliegende Felswand ist so nah, dass flussabwärts zwar die Haslach, nicht aber die Klamm einsehbar wäre. Wie wild die Natur ist, erkennen wir daran, dass auch hier der ursprüngliche Verlauf des Schluchtensteigs modifiziert wurde und der Abstieg etwas weiter vom Bach entfernt als früher erfolgt. Unten angelangt, erreichen wir als Nächstes die **Haslachmündung**.

Auf dem Schleifhaldenweg Während die Haslach mit der Gutach zur Wutach verschmilzt, wechseln wir rechts auf den mit gelber Raute markierten Nebenwanderweg zum **Kohlplatz**. Nach dem recht steilen Anstieg durch den Wald biegen wir oben (direkt bei dem auffallenden Jägerstand) rechts auf den Schleifhaldenweg ab. Bei der nachfolgenden T-Kreuzung orientieren wir uns erneut rechts und folgen der gelben Raute in etwa parallel zum Bahndamm bis zur Grünwälder Straße. Leicht bergab führt uns diese über das Großmoosbächle und am kaum nennenswerten Schleifenbach-Wasserfall vorbei zum Wegweiser **Ehemalige Schleifensäge**. Genug gewandert? Dann können wir geradeaus die Haslach überqueren, um dann links abzubiegen. Wer dies so macht, trifft nach 120 Metern auf den bereits bekannten Abschnitt des Schluchtensteigs.

Verlängerung über Ruhbühl Lust auf mehr? Dann biegen wir links zur Löffelschmiede ab. Der Weg führt durch einen Gehölzstreifen auf eine Lichtung zum Klausenbachviadukt, einer 47 Meter langen Untergurtbrücke. Sowie wir beim **Gasthaus Löffelschmiede** die Zufahrt gekreuzt haben, halten wir uns bei der Gabelung rechts, überqueren einen Steinwurf weiter die B315 und folgen dem Wanderweg bergan nach **Ruhbühl**. In der Siedlung passieren wir das Schwarzwaldhotel samt Parkplatz, ehe wir durch die Straßen Am Schönenberg sowie Bei der Ziegelhütte wieder hinunter an die Bundesstraße kommen. Jenseits der wichtigen Verkehrsverbindung bietet die **Brauerei Rogg** eine weitere Einkehrmöglichkeit. Von dem Gasthaus geht es auf dem Lochmühleweg zum Wegweiser **Lochmühle** sowie links auf dem Schluchtensteig wieder zurück nach Lenzkirch.

Bähnle-Radweg

Der Bähnle-Radweg verläuft in weiten Teilen auf der 1977 stillgelegten Nebenbahnstrecke von Lenzkirch nach Bonndorf. Die heute (ab Neustadt) gut 27 Kilometer lange Strecke besticht mit geringen Steigungen und großen Kurvenradien, weshalb der Radweg insbesondere bei Familien beliebt ist.

Herbststimmung an der Haslach

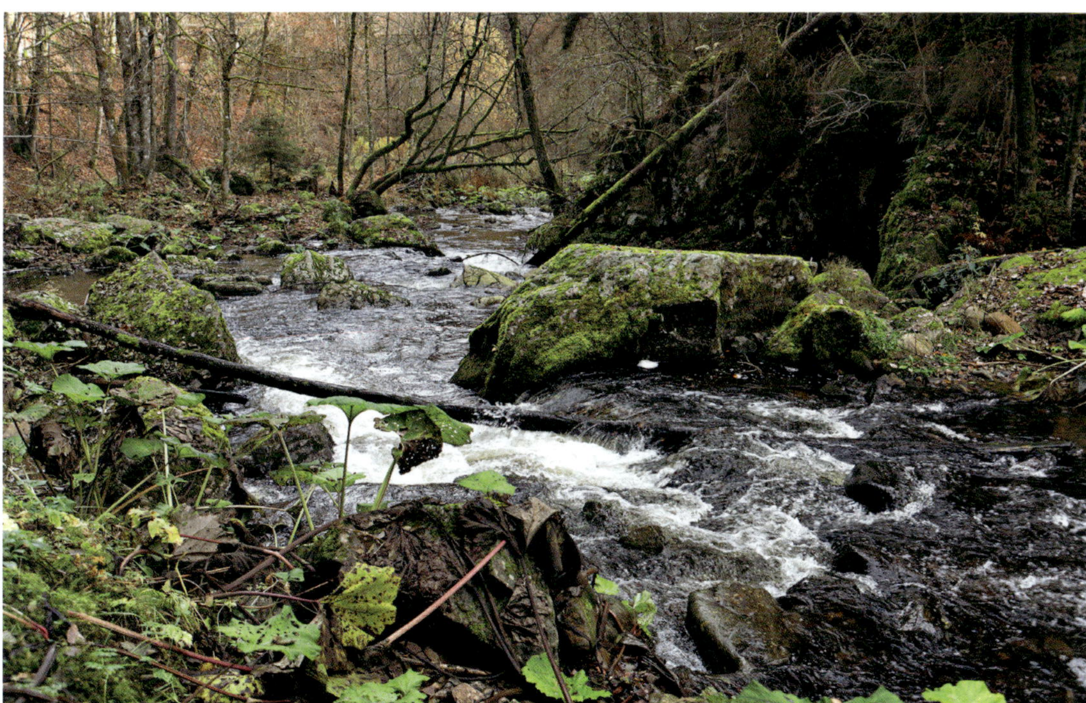

8 Mit Genuss an die Wutach

In der Rötenbachschlucht

Mittel	10,3 km	260 Hm	3–3.30 Std.

Tourencharakter
Seit der Einrichtung als Genießerpfad beliebte Rundwanderung auf Waldwegen und Pfaden, die auf kurzen Abschnitten etwas Trittsicherheit erfordert

Ausgangspunkt/Endpunkt
Wanderparkplatz »Auf dem Hardt« bei Rötenbach
GPS: 47.8888, 8.2916

Anfahrt
Bahn & Bus: Ab Löffingen, Donaueschingen und Neustadt zum Bahnhof Rötenbach, der Zugang erfolgt über die Hauptstraße bzw. ab dem Rathaus mit der blauen Raute
Auto: Von der B31 zwischen Neustadt und Löffingen auf die L182 nach Rötenbach abfahren, beim Bürgermeisteramt auf den Sportplatzweg abbiegen und den Schildern zum Wanderparkplatz folgen.

Einkehr
Auf der Strecke keine

Karte
Karte des Schwarzwaldvereins 1:25000, W259 Blumberg

Informationen
Touristinfo Friedenweiler, Tel. 07654/91190, www.friedenweiler.de

Lange Zeit galten die Wege entlang des Rötenbachs als Geheimtipp, nur wenige Wanderer verirrten sich in dieses Naturidyll. Das änderte sich im Mai 2018 mit der Eröffnung des Genießerpfads Rötenbachschlucht. Ein Juwel ist die Schlucht aber geblieben.

Abstieg an den Rötenbach Gleich zu Beginn haben wir die Wahl: Wer ein paar Meter abkürzen möchte, kann ab dem **Wanderparkplatz auf dem Hardt** auf dem Sportplatzweg direkt zum Einstieg in die Rötenbachschlucht laufen. Für den Genießerpfad nehmen wir indes den Umweg durch und um die Waldinsel zu einer T-Kreuzung. Von links werden wir später zurückkommen. Für die empfohlene Laufrichtung biegen wir also rechts ab und treffen erneut auf den Sportplatzweg, dem wir nun links in den Wald hinein folgen. 150 Meter weiter halten wir uns bei der Gabelung wiederum rechts, sodass wir nach gut einem Kilometer ab

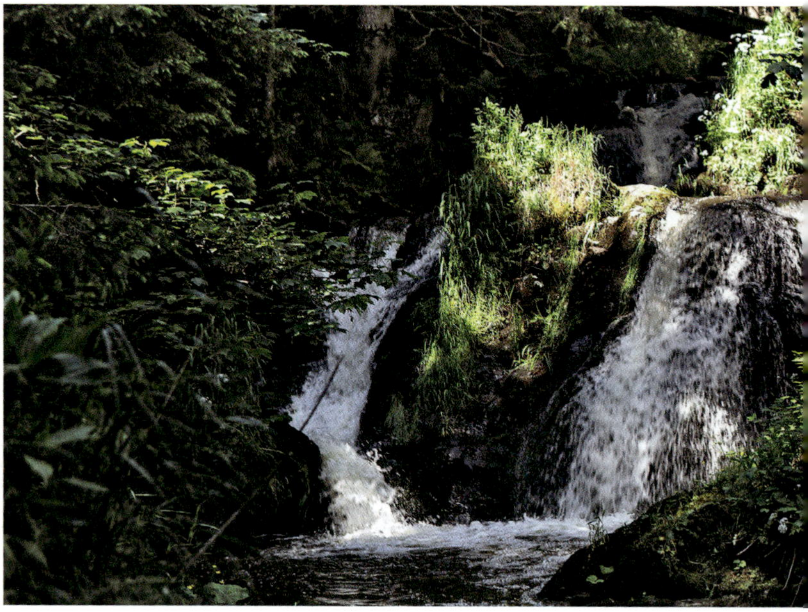

dem Start an den Rötenbach gelangen. Zu Beginn des Sommers können wir uns über zahlreich blühende Lupinen – ein Leckerbissen für Rehe – freuen. Sowie der Wald wieder dichter wird, wechseln wir 200 Meter weiter mit der blauen Raute auf die rechte Bachseite. In diesem Bereich fließt der Rötenbach eher träge, sodass sich an mehreren Stellen am Ufer Pestwurzfluren breitmachen. Nachdem wir die **Talwiesenhütte** passiert haben, kreuzt sich der Genießerpfad bei der **Rossgrabenbrücke**.

Rötenbacher Wiesen

Das Naturschutzgebiet besteht aus einem Mosaik unterschiedlicher extensiv genutzter Grünlandtypen. Dazu zählen Niedermoore, Pfeifengraswiesen, Halbtrockenrasen, Bachkratzdistel- und Goldhafer-Wiesen. Damit bieten die Rötenbacher Wiesen einer Vielzahl seltener und gefährdeter bzw. vom Aussterben bedrohter Tier- und Pflanzenarten einen geeigneten Lebensraum. Neben den oben genannten Arten sind hier einige weitere Vogelarten wie Neuntöter, Wiesenpieper, Dorn- und Klappergrasmücke zu finden.

In der Rötenbachschlucht In etwa geradeaus folgen wir dem Wasser in die wildromantische Schlucht. Das Gefälle wird steiler, die Anforderungen werden höher. Steinschläge, Erdrutsche und auch Wegabbrüche sind in der Enge keine Seltenheit. So mahnt ein Schild, dass festes Schuhwerk und Trittsicherheit für einen sicheren Abstieg unablässig sind. Das gilt insbesondere nach einem heftigen Gewitterschauer

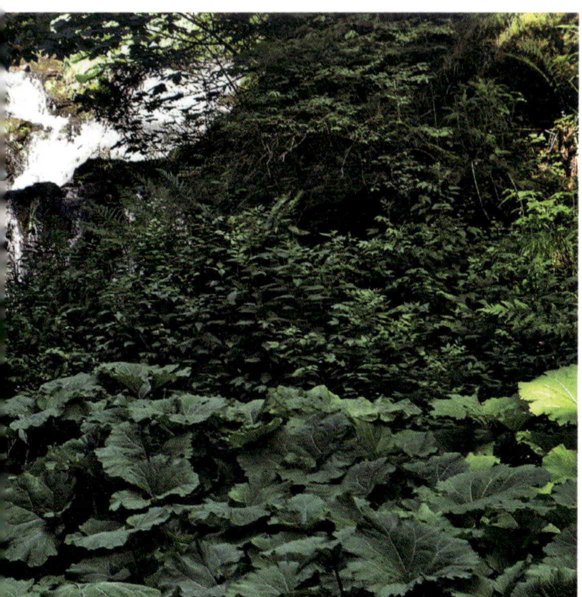

Blick auf den Rötenbach-Wasserfall

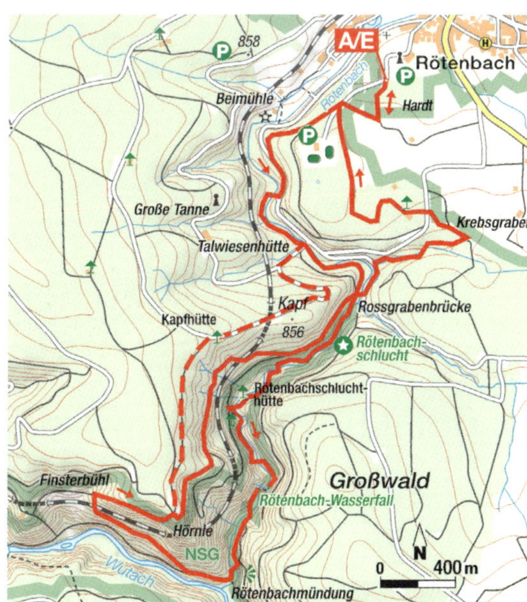

oder ergiebigen Regenfällen. Im Normalfall aber ist die Schlucht gut begehbar, sodass wir sicher an der **Rötenbachschluchthütte** vorbei zum **Großen Rötenbach-Wasserfall** gelangen sollten. »Groß« ist natürlich relativ. Tatsächlich rauscht der Bach über eine nur wenige Meter hohe gefächerte Kaskade. An weiteren, kleineren Kaskaden und Wasserrutschen vorbei gelangen wir schließlich zur **Rötenbachmündung** in die Wutach.

Ameisenpfad

Diese Wanderung beinhaltet den knapp fünf Kilometer langen Rötenbacher Ameisenpfad. Auf diesem warten zehn Stationen, an denen die Kinder verschiedene Aufgaben meistern bzw. lösen müssen. Auch für diesen Weg wird festes Schuhwerk empfohlen.

Aufstieg auf das Hörnle Am tiefsten Punkt der Wanderung biegen wir rechts auf den Schluchtensteig ein. Wir befinden uns damit außerdem auf dem Querweg von Freiburg zum Bodensee und dem Europäischen Fernwanderweg E1. Entlang der Wutach kann es also durchaus lebhaft zugehen. Beim Wegweiser **Wutachhalde** verlassen wir die drei Fernwanderwege jedoch schon wieder und folgen der Beschilderung steil bergan über die Halde sowie unter der Hinteren Höllentalbahn hin-

Pestwurzfluren breiten sich regelmäßig auch im Bachbett aus.

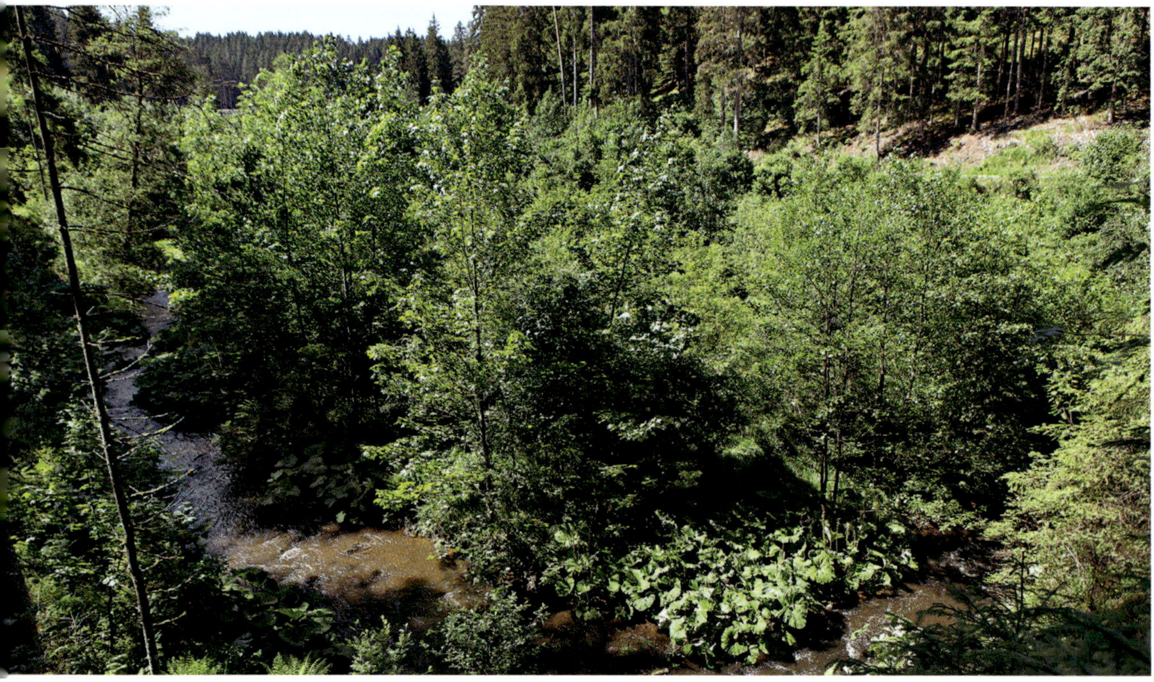

durch zum Wegweiser **Finsterbühl**. Dort orientieren wir uns erneut rechts und steigen oberhalb der Bahntrasse weiter hinauf auf das **Hörnle**. Der Aussichtspunkt befindet sich genau 900 Meter über dem Meer. Das reicht, um uns eine beeindruckende Sicht über die Schluchtenlandschaft sowie nach Westen zum Feldberg zu eröffnen. Anschließend haben wir erneut die Wahl: Bei allzu viel Betrieb können wir gerne auf den mit gelber Raute gekennzeichneten Weg wechseln. Er führt durch den Wald an der **Kapfhütte** vorbei zurück zur Talwiesenhütte.

Rückweg über die Rötenbacher Wiesen Alle anderen halten sich beim Wegweiser oberhalb vom Hörnle rechts. Der Genießerpfad verläuft etwas weiter unten am Wald, passiert die ESV-Hütte Rötenbach und führt uns ein zweites Mal unter der Bahntrasse hindurch zurück zur **Rossgrabenbrücke**. Jenseits der Brücke nutzt der Genießerpfad zunächst den Lochweg, biegt dann aber rechts ab und verläuft entlang des Lochgrabens durch den Wald. Wo wir ihn weiter oben beim Wegweiser **Krebsgraben** wieder verlassen, öffnet sich die Sicht über das Naturschutzgebiet Rötenbacher Wiesen. Mit etwas Glück – oder viel Geduld – sind Braunkehlchen, Wachtelkönige, Feldschwirle oder Rohrammern zu sehen. Da es sich um bodenbrütende Arten handelt, dürfen die Wiesen ab April bis Ende August nicht betreten werden. Hunde sind in diesem Bereich anzuleinen.

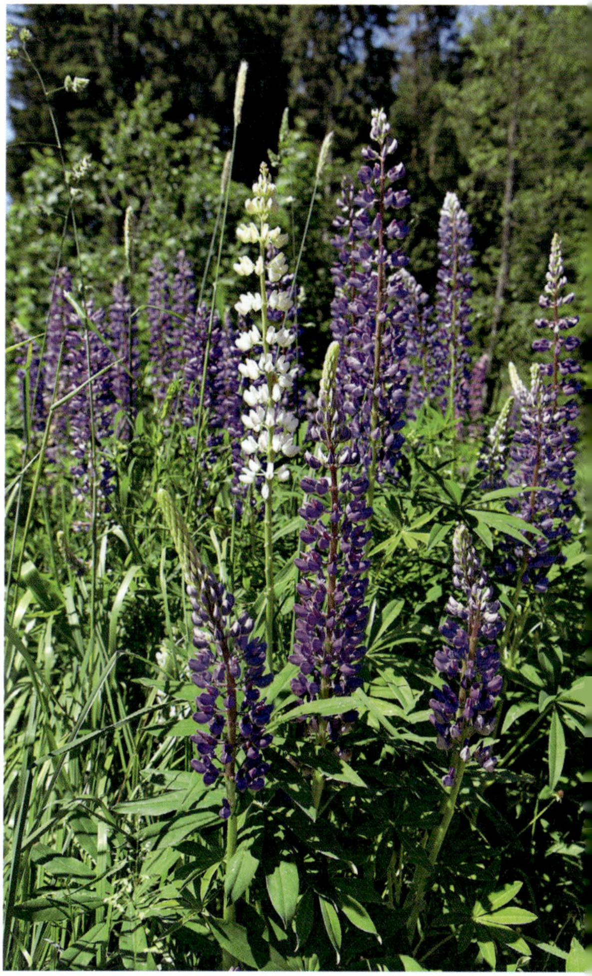

Lupinen sind ein Leckerbissen für Rehe.

Auf dem Krummackerweg Der weitere Rückweg erfolgt zunächst links auf dem Mühlwangenweg, dann am Wald bis zu einem **Rastplatz** sowie ab dort auf dem Krummackerweg. Nach einem weiteren Abschnitt im Wald passieren wir den Sportplatz Hardtschachen. Gleich danach sind wir wieder bei der T-Kreuzung vom Beginn der Tour, von wo wir auf dem bereits bekannten Weg zurück zum Wanderparkplatz finden.

9 Herz des Schluchtensteigs

Durch die Wutachschlucht

Mittel	13 km	300/210 Hm	3.30–4 Std.

Tourencharakter
Technisch mittelschwere Tour, die kniffligen Passagen sind mit Drahtseilen gesichert. Bei Regen und Gewitter ist sie nicht zu empfehlen. Auch können Erdrutsche die Wege zeitweise verschütten.

Ausgangspunkt/Endpunkt
Kiosk Wutachmühle
GPS: 47.8487, 8.4505
Parkplatz Schattenmühle
GPS: 47.8427, 8.3190

Anfahrt
Bahn & Bus: Busverbindungen ab Löffingen und Bonndorf nach Ewattingen Wutachmühle und Göschweiler Wanderparkplatz Schattenmühle
Auto: Auf der B315 Lenzkirch–Bonndorf bei der Lotenbachbrücke auf die L170 abbiegen und der Straße zur Schattenmühle folgen

Einkehr
Schattenmühle, Do–Di ab 12 Uhr, www.schattenmuehle.de; Kiosk Wutachmühle, Do–So ab 11 Uhr, Tel. 07709/919705

Karte
Karte des Schwarzwaldvereins 1:25000, W259 Blumberg

Informationen
Touristinformation Bonndorf, Tel. 07703/37607, www.bonndorf.de

Bis in die 1990er-Jahre war ein hohes Maß an Trittsicherheit vonnöten, um die Wutachschlucht zu meistern. Mit der Einrichtung des Schluchtensteigs wurden die Schlüsselstellen entschärft. Auf die leichte Schippe sollten wir die bei Nässe glitschigen Pfade aber nicht nehmen.

Das Pferd von hinten aufgezäumt Den Ausflug beginnen wir am besten mit einer Busfahrt: Von Mai bis Oktober fährt der Wanderbus Wutachschlucht vom Wanderparkplatz bei der Schattenmühle zur Wutachmühle am unteren Zugang der Schlucht. Unter der Woche ist die Fahrt mit dem normalen Linienverkehr möglich. Den Zeitraum Mai bis Oktober sollten wir uns dennoch merken, denn in der schattigen Schlucht halten sich Eis und Schneereste oft bis in den April hinein. Die felsigen Pfade im mittleren Abschnitt der Schlucht bergen dann ein erhöhtes Risiko.

Der Schlucht den Zahn gezogen Den Schrecken aus früheren Jahrzehnten aber hat die Schlucht verloren. Die Quote der

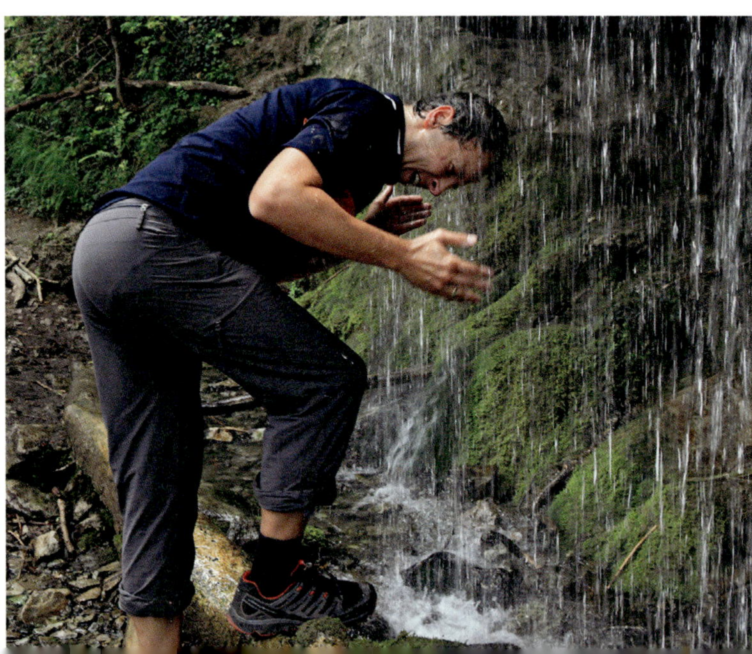

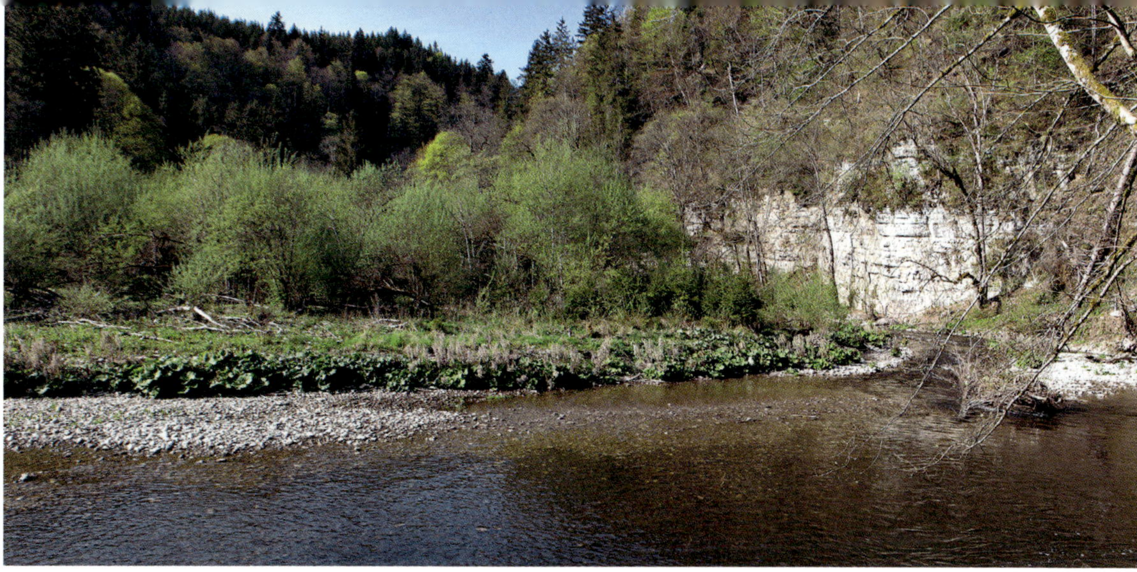

schlecht begehbaren Wege liegt seit der ersten Zertifizierung als Qualitätswanderweg im Jahr 2008 bei 0,0 Prozent. Damit dies so bleibt, werden Schäden meist rasch behoben. Als Folge tummeln sich in den Sommermonaten ganze Heerscharen an Wanderern zwischen dem **Kiosk Wutachmühle** und der Schattenmühle. Um dem Trubel zu entfliehen, sollten wir nach der Ankunft bei der Wutachmühle unverzüglich aufbrechen.

Einer der ruhigen Abschnitte in der Wutachschlucht

Zugang oberhalb des Kanadierstegs Nach der ersten Orientierung folgen wir dem Symbol des Schluchtensteigs über das Gelände eines Sägewerks. Wenige Schritte weiter führt der breite Bülertälerweg in den Wald. Sowie der erste kurze Anstieg hinter uns liegt, ebbt der Lärm der Landstraße merklich ab. Nach

Linke Seite: Eiskalte Erfrischung bei der Moosdusche

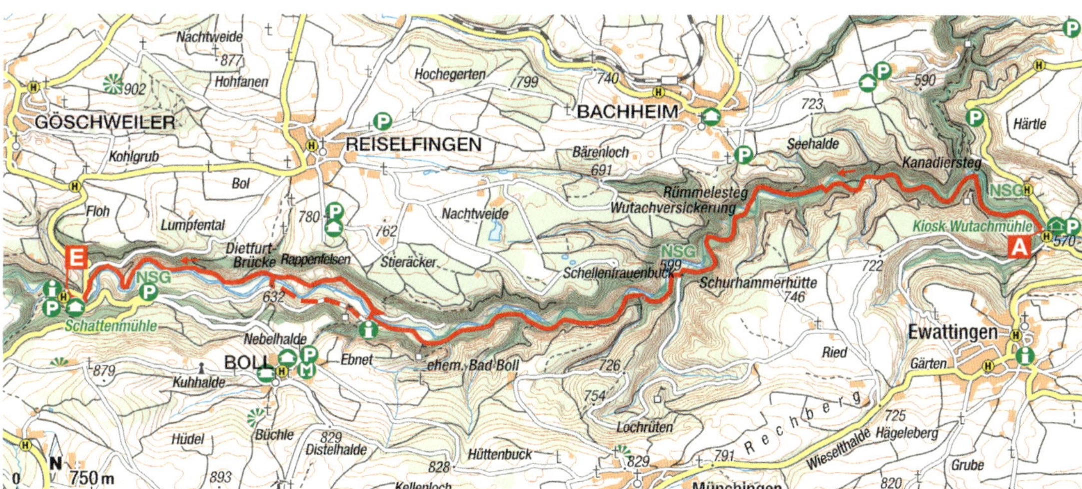

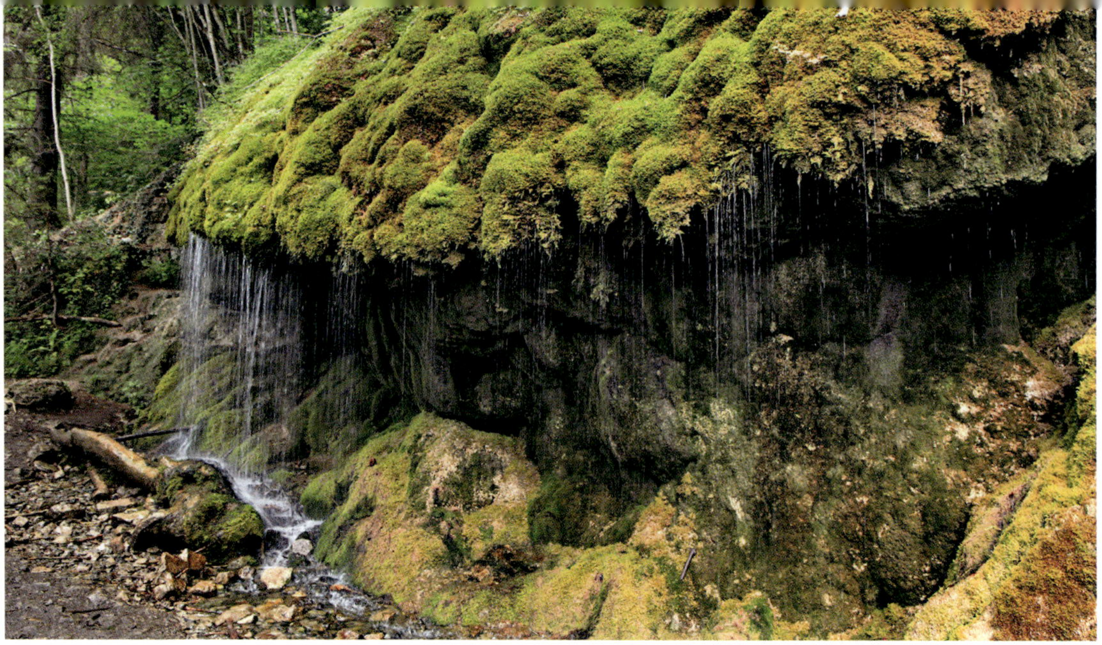

Nahe der Dietfurtbrücke finden wir die wohl bekannteste Moosdusche im Schwarzwald.

1200 Metern ist der **Kanadiersteg** bei der Gauchachmündung erreicht. Wer die Holzbrücke überquert, gelangt in die Gauchachschlucht, die wir bei Tour 10 kennenlernen.

Felsaustritt der Wutach Wir laufen geradeaus weiter und kommen bald an den Rand der Wutachschlucht. Eine geologische Besonderheit ist der Felsaustritt der Wutach. Das aus dem Fels strömende Wasser ist anderthalb Kilometer flussaufwärts im Bereich der Muschelkalkschlucht versickert. Das an den Muschelkalk angrenzende Grundgebirge aus Granit und Gneis hindert das Wasser allerdings daran, unterirdisch zum Rhein abzufließen. Nach einer Runde durch die Höhlen und Kluften im Muschelkalk ist das Wasser daher gezwungen, in das Bett der Wutach zurückzuströmen. Dieser Bereich ist zugleich einer der wenigen, die bis heute Trittsicherheit erfordern.

Lotenbachklamm

Nahe der Schattenmühle mündet der Lotenbach in die Wutach. Auf einem rund 1200 Meter langen Abschnitt bildet er eine wildromantische Klamm. Am oberen Ausgang finden wir bei der Lotenbachbrücke einen weiteren Wanderparkplatz. Mit der Buslinie 7344 ist die direkte Fahrt runter zur Schattenmühle sowie auch zur Wutachmühle möglich.

Über den Rümmelesteg zur Versickerung Zwischen dem Felsaustritt und der Wutachversickerung wechseln wir zweimal die Flussseite. Einen besonders schönen Blick auf die in diesem Bereich oft gemächlich fließende Wutach bietet der

Rümmelesteg. Bleibt es im Sommer längere Zeit trocken, kann es sein, dass hier gar kein Wasser zu sehen ist. Anschließend kürzt der Schluchtensteig über einen mit Drahtseilen gesicherten Pfad eine Flussbiegung ab. Dazu steigt der Pfad zunächst einige Meter entlang der überhängenden Felswand an, ehe er auf der anderen Seite hinab zur **Wutachversickerung** führt.

Zur Schurhammerhütte Nachdem die Passage überwunden ist, lohnt es sich, einige Zeit im Bereich der Wutachversickerung zu verweilen. Die Kiesbänke zwischen den Muschelkalkfelsen erlauben für gewöhnlich, in der Wutach zu spazieren, ohne dass dies nasse Füße nach sich zieht. Weiter geht es entlang der Felsen zur **Schurhammerhütte**. Nach rund der Hälfte der Wanderung kommt der auf einer Lichtung gelegene Rast- und Grillplatz wie gerufen für ein Vesper.

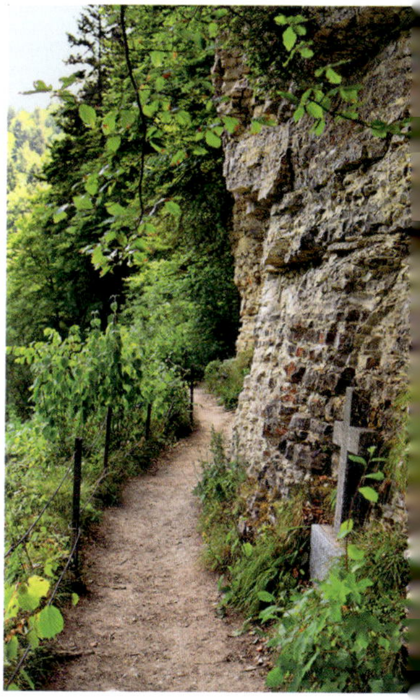

So ruhig ist es nur selten auf den Wegen der Wutachschlucht.

Spuren der Engländer Anschließend kürzt der Wanderweg zwei Flussschlaufen ab, um dann entlang der nächsten Felswand anzusteigen. Dies ermöglicht uns, aus der **Vogelperspektive** auf die Wutachschlucht hinabzublicken. Drei Kilometer nach der Schurhammerhütte bietet der Rastplatz beim **ehemaligen Bad Boll** die nächste Gelegenheit für eine Pause. Eines der wenigen Zeugnisse des Kurbads ist die Kapelle Bad Boll am Rand der Lichtung. Ansonsten erinnern nur die aufgestellten Tafeln an die wechselhafte Geschichte des Kurbads, dessen Anfänge eng mit den Engländern verbunden sind: 1894 erwarb der »Bad Boll Fishing Club Limited London« den Kurbetrieb. Die englischen Sportangler beteiligten sich maßgeblich an der Erschließung der Wutachschlucht für Wanderer.

Umleitung über den Münzlochweg Oberhalb von Bad Boll verlief der Wanderweg ursprünglich südlich der Wutach. Anfang März 2017 ereignete sich hier jedoch ein massiver Erdrutsch. Um den seitdem gesperrten Bereich zu umgehen, nutzen wir die Brücke und biegen jenseits der Wutach auf den Münzlochweg ein. Der bequem zu wandernde Weg führt uns an der **Dietfurtbrücke** vorbei zu einer natürlichen **Moosdusche**. Das Wasser fühlt sich eiskalt an und ist eine tolle Erfrischung an heißen Sommertagen. Auf den letzten zweieinhalb Kilometern können wir dann wieder gut trocknen, bis wir das Ziel bei der **Schattenmühle** erreicht haben.

10 Wilde Schwester der Wutach

In der Gauchachschlucht

Mittel | 5,6 km | 200 Hm | 2 Std.

Tourencharakter
Die Pfade in der Gauchachschlucht erfordern Trittsicherheit, ansonsten ist es eine einfache Runde auf reizvollen Wegen und Pfaden.

Ausgangspunkt/Endpunkt
Wanderparkplatz Mundelfingen
GPS: 47.8706, 8.4534

Anfahrt
Bahn & Bus: Ab Donaueschingen zur Haltestelle Hüfingen Mundelfingen. Von dort sind es über die Wutachstraße und den Burgmühlenweg 900 m zum Ausgangspunkt.
Auto: Der L171 Hüfingen–Bonndorf nach Mundelfingen folgen. Die Zufahrt zum Wanderparkplatz erfolgt über den Burgmühlenweg.

Einkehr
Wanderheim Burgmühle,
Di–Fr 11–17 Uhr,
Sa & So 10–18 Uhr,
www.gauchachschlucht.de

Karte
Karte des Schwarzwaldvereins 1:25 000, W259 Blumberg

Informationen
Touristinfo Hüfingen,
Tel. 0771/600924,
www.huefingen.de

Die Gauchachschlucht wurde bereits 1939 unter Naturschutz gestellt. Damit ist sie eines der ältesten Naturschutzgebiete im Schwarzwald und blieb dieser einzigartige Naturraum bis dato intakt.

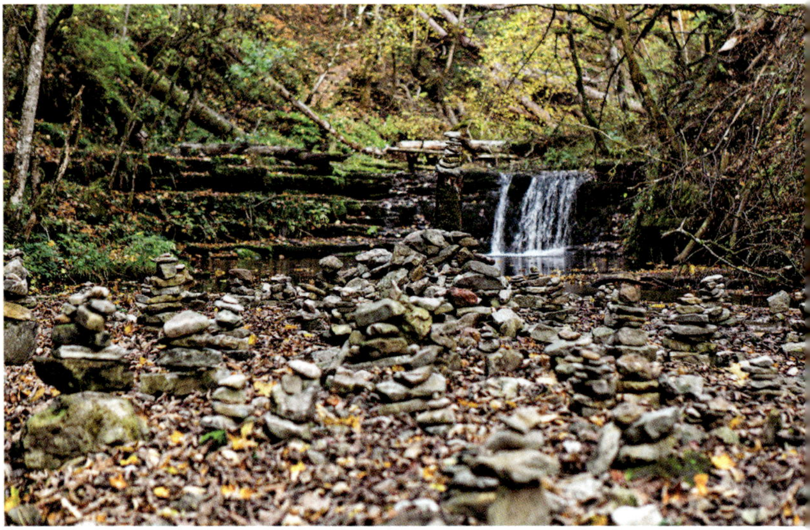

Dem Strom entgegen Beim **Wanderparkplatz von Mundelfingen** ist der Verlauf der als Genießerpfad zertifizierten Wanderung auf einer Tafel dargestellt. Die offizielle Wegbeschreibung verläuft dabei gegen den Uhrzeigersinn. Persönlich reizvoller finden wir es jedoch, die Runde im Uhrzeigersinn zu laufen. Dies birgt den Vorteil, dass wir innerhalb der Schlucht der Gauchach entgegenlaufen. Somit folgen wir dem breiten und im oberen Bereich asphaltierten Weg vom Parkplatz über den Wegweiser **Hardeck** an den nahen Wald.

Abstieg zur Gauchach Bald geht der Weg in einen Schotterweg über und tauchen wir auf dem Burgmühleweg in den Wald ein. Oberhalb vom Sandloch, einem nur wenig Wasser führenden

Rinnsal, fällt der Wanderweg zunächst flach ab. Sowie rechts geschichtete Muschelkalkwände erscheinen, wird das Gefälle größer. Gleich danach haben wir die Gauchach auch schon erreicht. Hier biegen wir rechts ab und kommen einen Steinwurf weiter zur **Burgmühle**. Der Weg zum Wanderheim führt über eine Holzbrücke. Wie stabil sie ist, wissen wir nicht. Laut den Schildern vor Ort dürfen sich höchstens drei Menschen gleichzeitig auf dem Steg aufhalten.

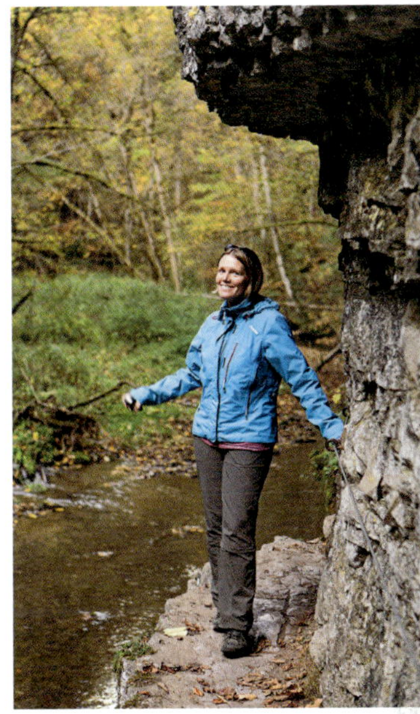

Oberhalb der Burgmühle verläuft der Wanderweg direkt an der Felswand.

Naturparadies Gauchachschlucht Direkt hinter der Burgmühle ändert sich der Charakter der Wanderung. Waren wir bisher auf bequem zu laufenden Wegen unterwegs, so erfordern die Pfade in der Schlucht griffiges Schuhwerk. Auch müssen wir bei Nässe vor glitschigen Stellen gefeit sein. Es ist zugleich der schönste Abschnitt dieser Runde, der uns mal entlang der Muschelkalkwände, dann wieder an breiteren Flussabschnitten tolle Einblicke in die einzigartige Wildnis eröffnet. An einigen Stellen liegen Baumstämme im Bachbett. Zudem passieren wir etliche Wasserrutschen und Minikaskaden.

Am Balgenbächle Nachdem wir den Standort der abgegangenen Grünburg passiert haben, biegen wir beim Wegweiser **Lochmühle** scharf rechts ab. Der Pfad führt uns nun flussaufwärts entlang des Balgenbächles, das wir beim Wegweiser **Am Balgenbächle** überqueren. Auf dem letzten Abschnitt gewinnen wir wieder deutlich an Höhe, bis wir die ersten Wiesen auf der Baar erreichen. Hier folgen wir der Beschilderung des Genießerpfads über zwei kurze Stichwege bis auf eine **Anhöhe** westlich von Mundelfingen. Rechts ab trennen uns noch gut 400 Meter entlang einer Weide vom Wanderparkplatz, wo diese kurzweilige Tour endet.

Linke Seite: Das Bachbett der Gauchach wird bisweilen von Steinmännle besiedelt.

Nebenprodukt der Wutach

Die Gauchachschlucht ist eine typische Nebenschlucht der Wutachschlucht. Weil die Wutach deutlich mehr Wasser führt, konnte sie sich rasch in den Muschelkalk einschneiden. In den Seitentälern schreitet die Tiefenerosion langsamer voran, wodurch diese steiler ausgeprägt sind.

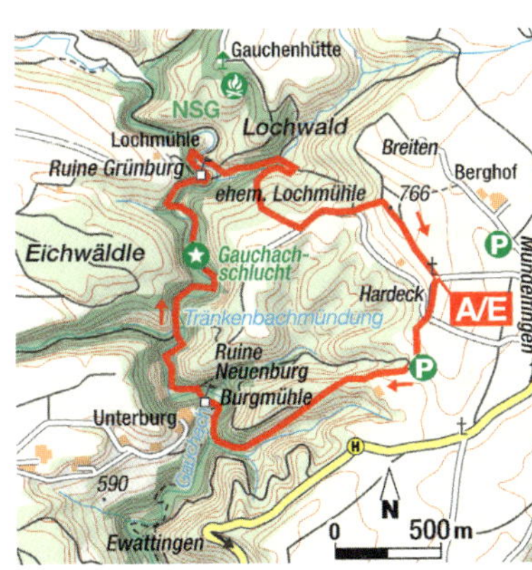

11 Zwischen den Großlandschaften

Kleinod Schleifenbachwasserfälle

Schwer | 7 km | 230 Hm | 2.15 Std.

Tourencharakter
Im Bereich des Schleifenbachwasserfalls besteht bei häufiger Nässe ein erhöhtes Ausrutsch- und Absturzrisiko. Über die beschilderte Umgehung kann der Wasserfall ausgespart werden.

Ausgangspunkt/Endpunkt
Wanderparkplatz Achdorf
GPS: 47.8384, 8.4982

Anfahrt
Bahn & Bus: Ab Donaueschingen bestehen Busverbindungen mit Umstieg in Blumberg zur Haltestelle Achdorf, Blumberg.
Auto: Von der B27 bei Blumberg oder der B314 bei Fützen abfahren und der Beschilderung über die K5747 bzw. K5742 nach Achdorf folgen. Im Ort erfolgt die Zufahrt zum Parkplatz über die Lindenstraße.

Einkehr
Einkehrmöglichkeiten bestehen in Blumberg und in Achdorf.

Karte
Karte des Schwarzwaldvereins 1:25 000, W259 Blumberg

Informationen
Touristinfo Blumberg, Tel. 07702/51200, www.stadt-blumberg.de

Selbst in den Orten entlang der Wutach sind die Schleifenbachwasserfälle eher unbekannt. Sie werden zwar durch den Schluchtensteig erfasst, befinden sich aber abseits der bekannten Wandergebiete.

Dem Schluchtensteig entgegen Die zweite Etappe des Schluchtensteigs führt von Blumberg hinunter an die Wutach und direkt am **Wanderparkplatz Achdorf** vorbei. Von dort verläuft der Fernwanderweg flussaufwärts durch die Wutachschlucht zur Schattenmühle. Wir hingegen wählen die entgegengesetzte Richtung. Damit passieren wir auf den ersten Metern am Mühlkanal eine Wassertretstelle, das Haus des Gastes und ein marodes Wasserrad. Es erinnert an eine historische Sägerei und soll, sobald sich ausreichend Spenden zusammenfinden, restauriert werden. Einen Steinwurf weiter biegen wir beim Landgasthaus Scheffellinde sowie beim Wegweiser **Uferweg** jeweils links zur Dorfmitte ab. Dort orientieren wir uns rechts, passieren als Nächstes den Wegweiser **Kreuzgasse** und biegen bei den letzten Häusern des Orts zum **Kalenäcker** ab.

Aufstieg auf den Randen Direkt vor der Kapelle biegen wir erneut links ab und folgen wahlweise den Schildern des Schluchtensteigs oder alternativ dem einfachen Schotterweg an den Wald. Gerne können wir nochmals zurück nach Achdorf schauen. Die Wiesen und Wälder unter uns sind Teil des Alb-Wutach-Gebiets, das zur Großlandschaft der Neckar- und Tauber-Gäuplatten zählt. Im Aufstieg queren wir die Grenze zur Baaralb und dem Oberen Donautal, einer Unterordnung der Schwäbischen Alb. Deren Südwestrand wird durch den Randen gebildet, der weit in den Kanton Schaffhausen hineinreicht.

Tückische Schleifenbachwasserfälle Beim nächsten Wegweiser müssen wir uns entscheiden. War die Witterung zuletzt nass, ist es sicherer, auf die Umgehung nach Blumberg zu wechseln.

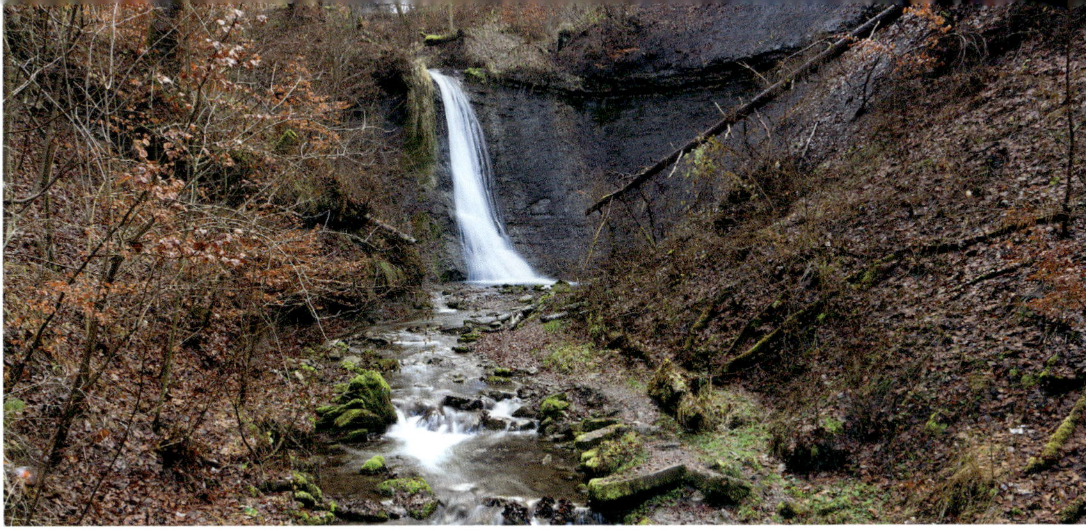

Sind die Bedingungen okay, halten wir uns links. Die **Schleifenbachwasserfälle** sind bald erreicht, allerdings mit Vorsicht zu genießen. Nach dem steilen Abstieg erfolgt der anschließende Aufstieg jenseits des Bachs über eine anspruchsvolle Stufenleiter. Wo wir oberhalb den Wald wieder verlassen, gelangen wir auf die Hauptstraße von Blumberg, der wir zum Brunnen der **Gänseliesel** folgen.

Vorsicht: Die Schleifenbachwasserfälle befinden sich in einem geologisch instabilen Gebiet.

Auf dem Querweg Freiburg–Bodensee

Noch vor dem Brunnen zweigen wir links in die Vogtgasse ab, passieren den Bauhof und biegen beim Kreuz links ab. Der Rückweg erfolgt damit auf dem Querweg Freiburg–Bodensee, der uns am Ortsrand zum Wegweiser **Scheibenrain** und (links) über die offene Hochfläche zum **Fohlenstall** führt. Dort halten wir uns erneut links, sodass wir wieder in den Wald eintauchen und der an Erdrutsche angepassten Beschilderung an den unteren Waldrand sowie über die **Krottenbachbrücke** zurück nach Achdorf folgen.

Ankunft beim Rastplatz oberhalb der Wasserfälle

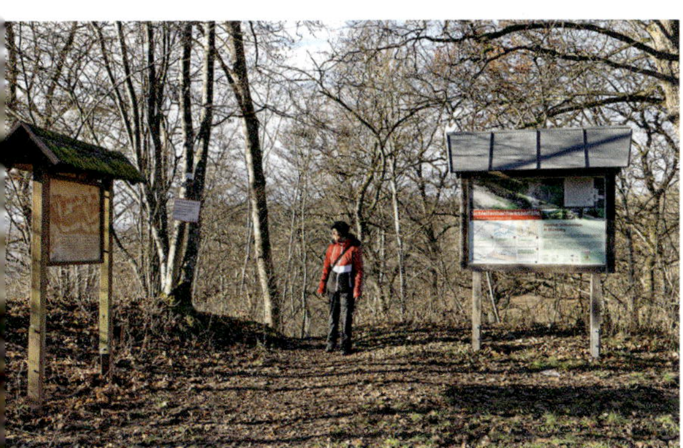

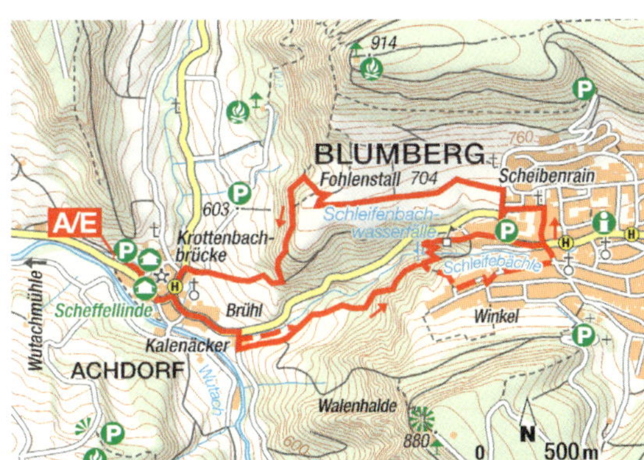

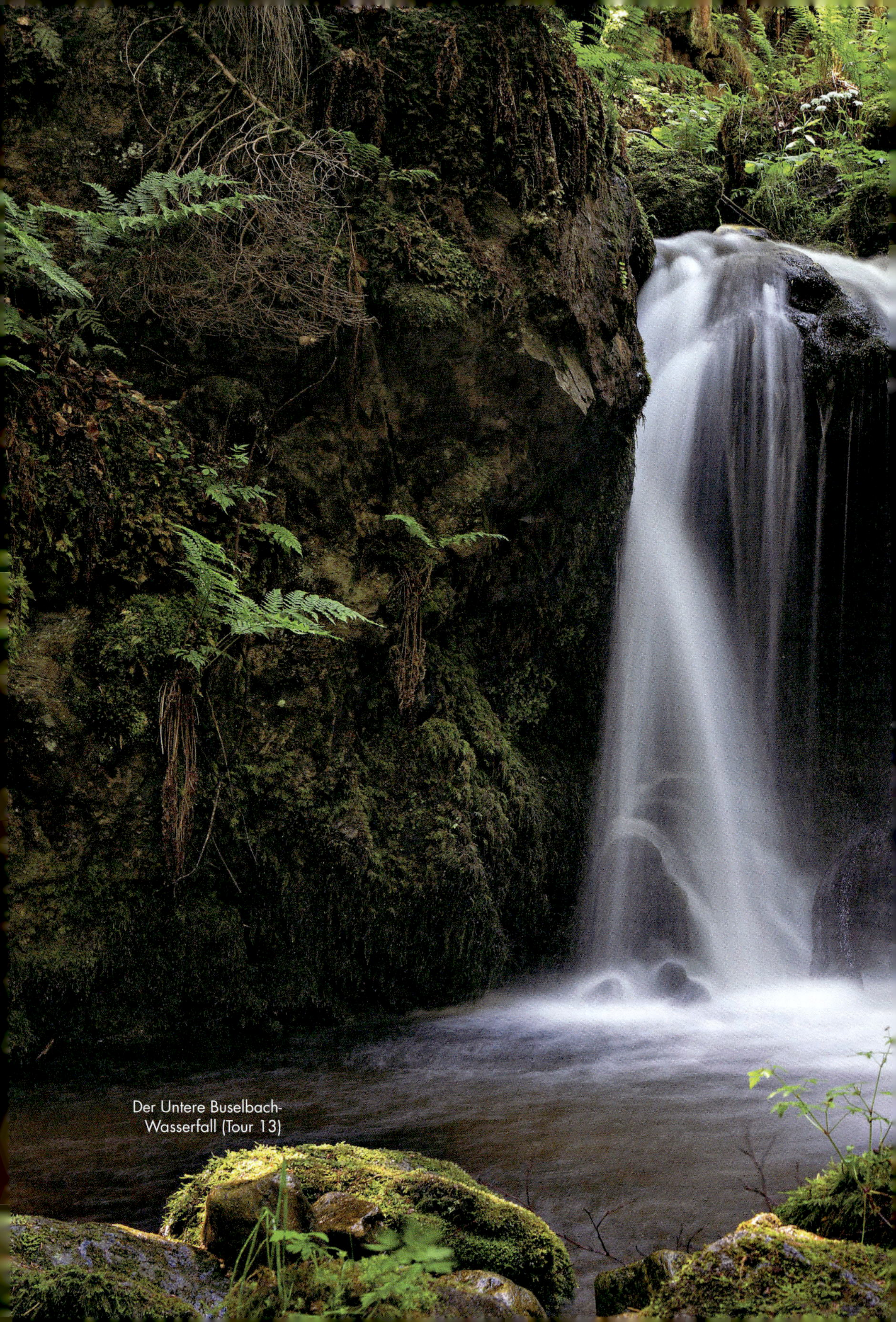

Der Untere Buselbach-
Wasserfall (Tour 13)

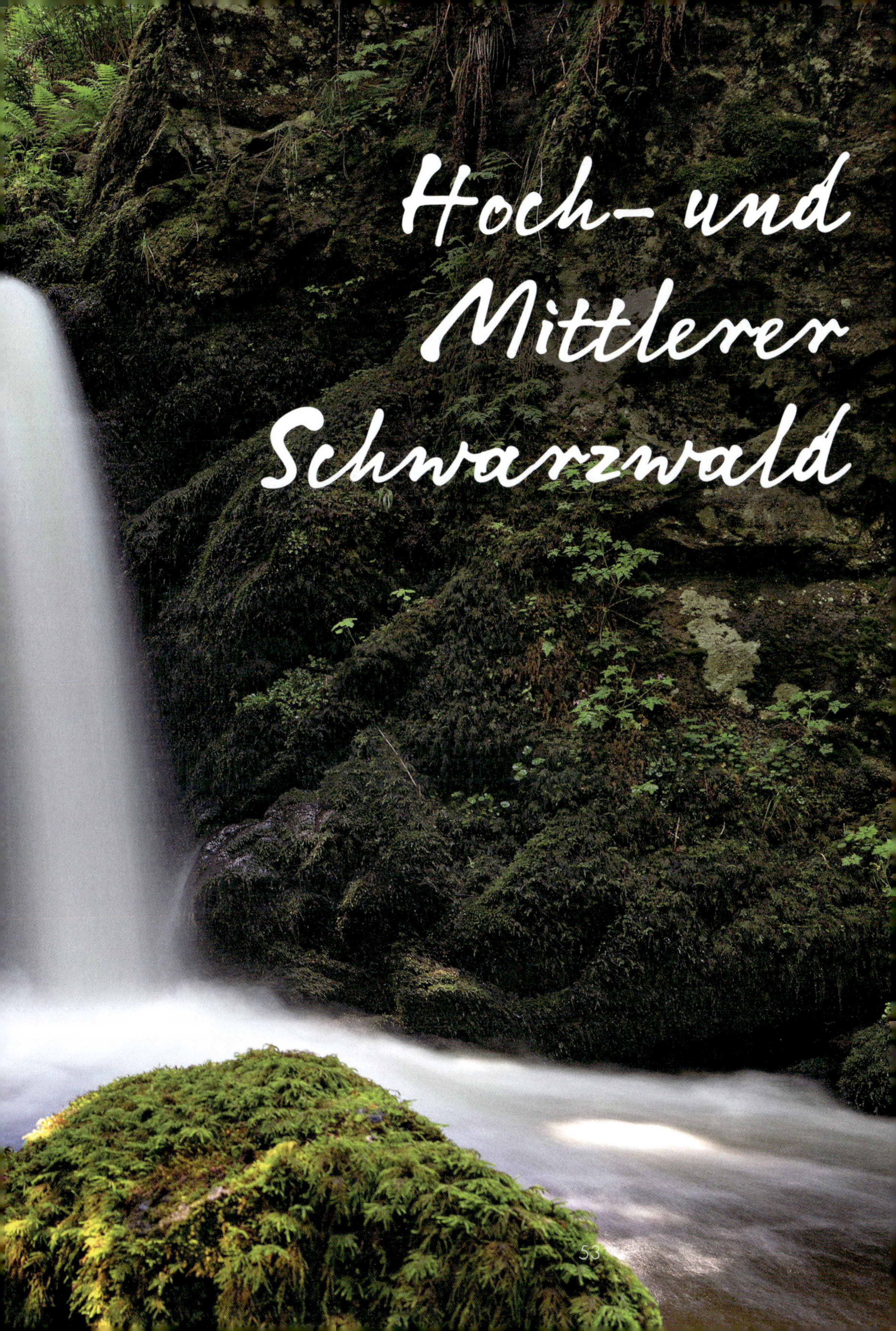

Hoch- und Mittlerer Schwarzwald

12 Zeuge der Eiszeit

Todtnauer Wasserfälle und Holzschlagbachtal

Leicht/Mittel	8 km	370 Hm	2.45 Std.

Tourencharakter
Der Weg zu den Wasserfällen ist barrierefrei, der Aufstieg entlang der Wasserfälle erfolgt über Treppen. Ab Todtnauberg nutzt die Runde gut ausgebaute Waldwege und Pfade.

Ausgangspunkt/Endpunkt
Kiosk am Wasserfall an der L126
GPS: 47.8424, 7.9329

Anfahrt
Bahn & Bus: Es bestehen Busverbindungen ab Kirchzarten und Todtnau zur Haltestelle Aftersteg, Wasserfall Todtnau.
Auto: Von Todtnau oder Freiburg über die L126 bis nach Aftersteg. Parkmöglichkeiten befinden sich oberhalb vom Ort entlang der Landstraße. Vorsicht beim späteren Ausparken!

Einkehr
Kiosk am Wasserfall, in Todtnauberg, Grüner Baum in Muggenbrunn

Karte
Karte des Schwarzwaldvereins 1:25 000, W257 Schönau

Informationen
Touristinformation Todtnau, Tel. 07652/12068523, www.hochschwarzwald.de

Mit einer Gesamthöhe von 97 Metern gehören die Todtnauer Wasserfälle zu den höchsten deutschen Wasserfällen außerhalb der Alpen. Die Hauptkaskade ist 60 Meter hoch, im Schwarzwald ist dies spitze. Obendrein ist der Wasserfall leicht zu erreichen.

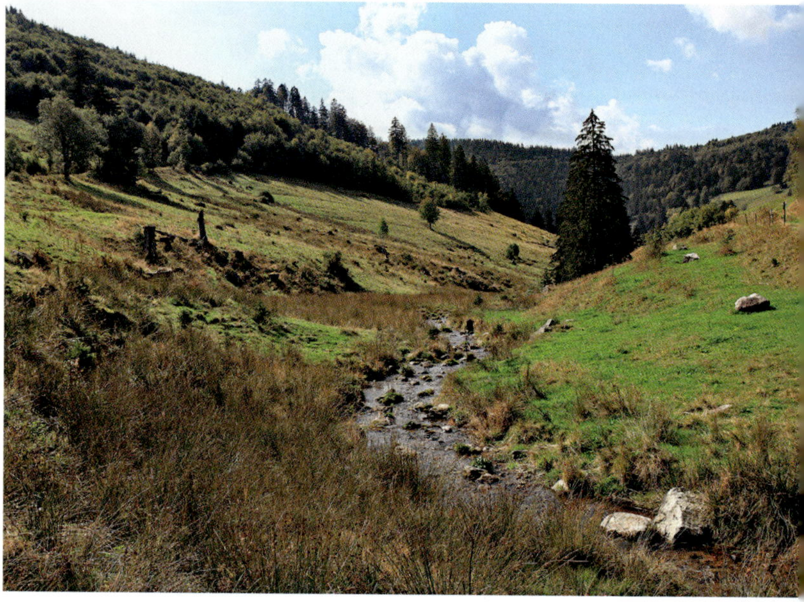

Taubenschlag der Ausflügler Für die Todtnauer Wasserfälle empfiehlt sich eine frühe Anreise. Wem es möglich ist, sollte die Wochenenden – insbesondere während der Ferien – meiden. Andernfalls gilt das Prinzip Zufall. Denn auf dem Parkstreifen entlang der Landstraße herrscht ein ständiges Kommen und Gehen. Neben etwas Glück bei der Ankunft erfordert dies somit auch eine erhöhte Aufmerksamkeit beim späteren Ausparken. Ansonsten aber sollte einer schönen Wanderung nichts im Wege stehen und können wir uns über ganz unterschiedliche Eindrücke freuen. Der Einstieg erfolgt beim **Kiosk am Wasserfall** in der

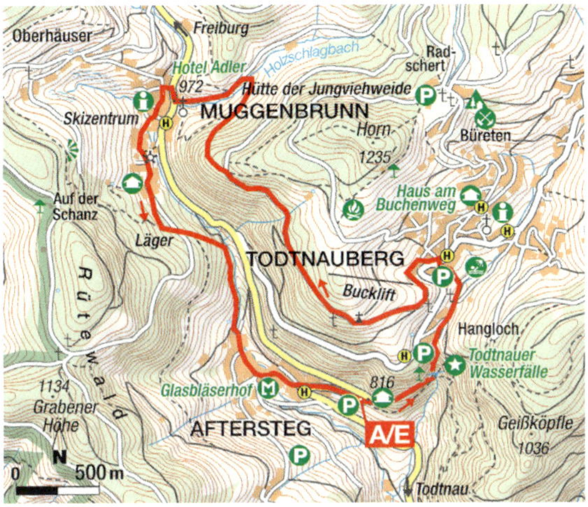

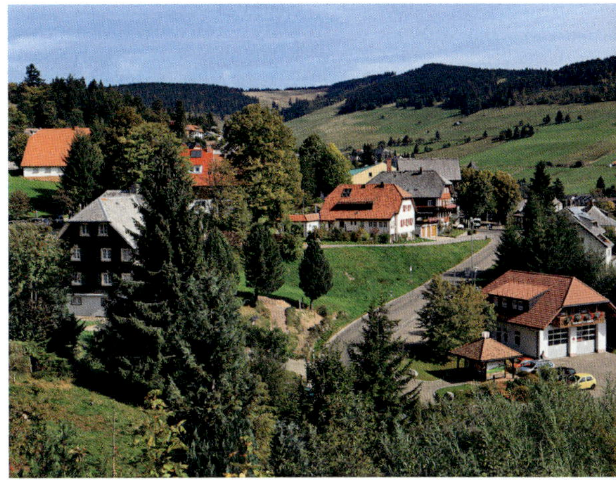

Aussicht über Todtnauberg zum Stübenwasen

Linke Seite: Blick über das Holzschlagbachtal

Haarnadelkurve. Sowie dieser hinter uns liegt, wird am Eingang zu den Wasserfällen um ein geringes Entgelt zum Unterhalt der Wege gebeten. Für Einheimische und Übernachtungsgäste der Bergwelt Todtnau ist der Eintritt frei.

Fulminanter Auftakt Schon in der nächsten Linkskurve wird es deutlich ruhiger. Zwar müssen wir uns den Weg mitunter mit einigen anderen teilen, doch ebbt der Verkehrslärm im Wald deutlich ab, um dem Gezwitscher von Buchfinken und Meisen Platz zu machen. Vorbei an alten Weidbuchen öffnet sich dann auch schon die Sicht auf die **Todtnauer Wasserfälle**. Durch die Ausrichtung nach Südsüdwest wird die Hauptkaskade bereits am frühen Vormittag von der Sonne angestrahlt. Am Fuß der Fallstufe laden Bänke, zwei nur selten freie Liegen und ein Pavillon zum Verweilen und Bewundern des Naturschauspiels ein. Der Aufstieg erfolgt anschließend auf der linken Seite zum oberen Aussichtspunkt. Erst dort ist dann auch die oberste der fünf Kaskaden zu sehen.

Zeuge der Eiszeit

Die Todtnauer Wasserfälle entstanden vor 11 000 Jahren durch Eismassen, die sich vom Todtnauberger Hochtal hinunter in den Gletscher des Schönenbachs und weiter zum Hauptgletscher im Wiesental schoben. Weil die Eismassen im Schönenbachtal deutlich mächtiger als die von Todtnauberg waren, bildete sich ein Hängetal. Zurück blieb eine Stufe aus widerstandsfähigem Metatexitgestein, über die heute der Stübenbach in die Tiefe rauscht. Die Todtnauer Wasserfälle werden auch Todtnauberger Wasserfälle genannt. Eine dritte Benennung als Hanglochwasserfall leitet sich von einem nahen Bergwerksstollen ab. Todtnau erlebte während des Mittelalters eine wirtschaftliche Blüte als Bergwerksort für den Abbau von Blei und Silber.

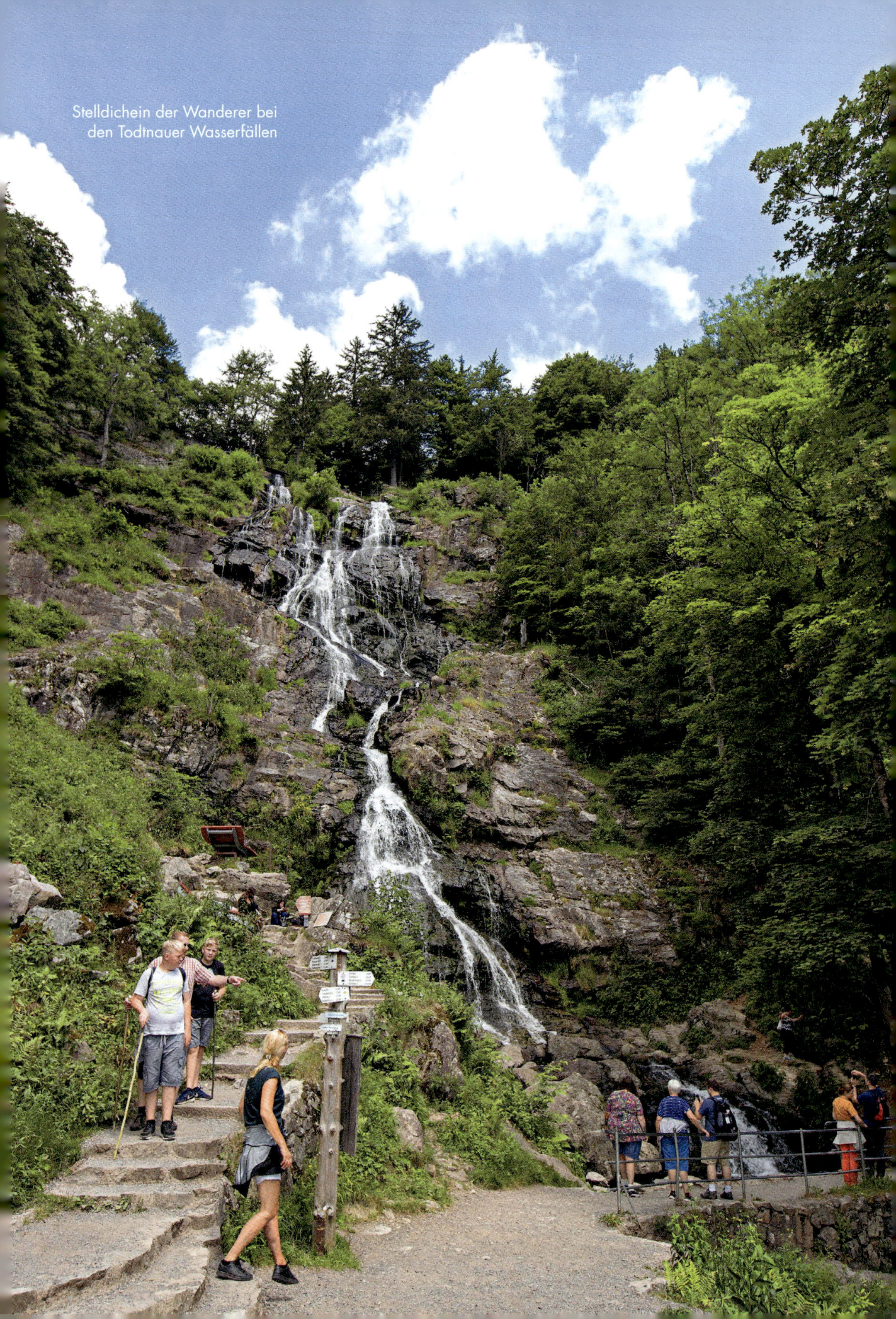

Stelldichein der Wanderer bei den Todtnauer Wasserfällen

Um das Horn ins Holzschlagbachtal Oberhalb der Wasserfälle geht es auf dem Wasserfallsteig beziehungsweise mit der blauen Raute am **Freibad** vorbei nach Todtnauberg. Sowie wir beim Hotel Sternen die Kurhausstraße überquert haben, biegen wir links in die Straße Allee nach Muggenbrunn ab. Wir wechseln damit auf die gelbe Raute, passieren die Talstation des **Bucklifts** und halten uns bei der folgenden Gabelung rechts. Wir befinden uns hier auf dem asphaltierten Kreuzweg, der uns im Blick zurück eine malerische Sicht über die Häuser von Todtnauberg zu den umliegenden Bergen mit der Berger Höhe und dem Stübenwasen bietet. Bei der **Kapelle** laufen wir in etwa geradeaus weiter, sodass wir nun den Unteren Hornweg nutzen. Der Wanderweg verläuft jetzt vornehmlich in nördlicher Richtung im Westhang des Horns. Nachdem wir das Schindelbächle gekreuzt haben, zweigen wir mit der gelben Raute links zum **Holzschlagbachtal** ab. Wer möchte, kann im Tal rechts einen Abstecher zur **Hütte der Jungviehweide Holzschlag** mitnehmen. Bis zu dieser sind es etwa 450 Meter. Ansonsten biegen wir sogleich links nach **Muggenbrunn** ab.

Blick von oben über die Hauptkaskade ins Schönenbachtal

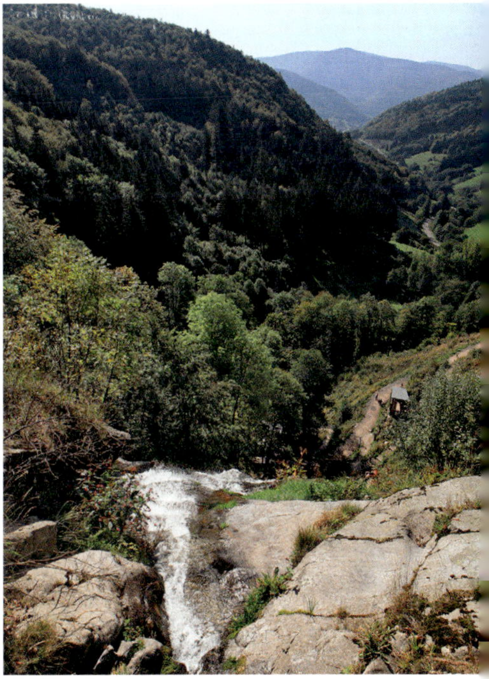

Im Schönenbachtal Im Ort laufen wir zunächst rechts entlang der Landstraße bis zum ehemaligen Hotel Adler, um dort den Weg links über den Langenbach zu nehmen. Etwas unterhalb vereint sich dieser übrigens mit dem Holzschlagbach zum Schönenbach. Wir selbst nehmen jenseits des Bachs links den Belchenweg zum Parkplatz beim Skizentrum, wo wir bereits zum zweiten Mal auf Muggs Erlebnisweg Muggenbrunn treffen. Ihm können wir nun einfach talwärts bis zum südlichen Ortsende folgen, orientieren uns dann aber wieder an der gelben Raute. Beim Wegweiser **Läger** halten wir uns anschließend links, sodass wir zurück nach **Aftersteg** und zu unserem Ausgangspunkt nahe dem Kiosk beim Wasserfall kommen.

Erlebnisrundweg Muggenbrunn

Der Themenweg macht auf elf Stationen die Geschichte, das Dorfleben sowie die Natur rund um Muggenbrunn greifbar. Die gut sieben Kilometer lange Strecke startet beim Skizentrum und führt nach einem Schlenker durch den Wald hoch auf den Franzosenberg. Von dort geht es über das Trubelsbachtal zum Camping Hochschwarzwald sowie jenseits der Landstraße ins idyllische Holzschlagbachtal. Die Runde eignet sich für die ganze Familie.

13 Von Notschrei durch das Buselbachtal

Buselbach- und Steinwasenwasserfälle

Mittel	4,6 km	20/480 Hm	1.45 Std.

Ausgangspunkt
Passhöhe Notschrei an der L126
GPS: 47.8755, 7.9120

Endpunkt
Sankt Wilhelm Hohe Brücke an der L126
GPS: 47.9033, 7.9318

Anfahrt
Bahn & Bus: Es bestehen Busverbindungen ab Kirchzarten und Todtnau zu den Haltestellen Notschrei und Sankt Wilhelm Hohe Brücke.
Auto: Von der B317 in Todtnau auf die L126 Richtung Freiburg oder von der B31 bei Freiburg oder Kirchzarten auf die L124/126 nach Todtnau abbiegen und bis Notschrei fahren.

Einkehr
Auf der Strecke keine, Holzfällerstube Herbert Disch bei Sankt Wilhelm, Di ab 15 Uhr, Mi–So ab 10.30 Uhr, Tel. 07602/920854, www.holzfaeller-stube.de

Karte
Karte des Schwarzwaldvereins 1:25000, W257 Schönau

Informationen
Touristinfo Dreisamtal, Tel. 07661/907980, www.dreisamtal.de

Das Buselbachtal erstreckt sich zwischen der Passhöhe Notschrei und der Hohen Brücke zum Sankt Wilhelmer Tal. Auch den bei Familien beliebten Freizeitpark Steinwasen passiert der Wildbach. Dennoch geht es auf den Wegen entlang des Bachlaufs eher beschaulich zu.

Start auf der Passhöhe Um auf der Passhöhe am **Notschrei** nicht die Straße queren zu müssen, wählen wir am sichersten den Parkplatz beim Loipenhaus mit dem Bauerncafé. Von dort erfolgen die ersten Schritte links am Waldhotel und – wo der Westweg zum Wiedener Eck abbiegt – geradeaus weiter entlang der Landstraße. Erst nach der Halle für Einsatzfahrzeuge orientieren wir uns rechts, um anschließend bei der Gabelung links auf den Schotterweg abzubiegen (gelbe Raute). Wo der Weg nach 900 Metern nahe der Landstraße endet, wechseln wir halbrechts auf den Pfad. Nach einem abschüssigen Bereich überqueren wir die L126, halten uns kurz links, um dann zu einem Bach mit der offiziellen Bezeichnung NN-BI8 hinunterzusteigen.

Obere Buselbach-Wasserfälle Sowie wir die Straße erneut gekreuzt haben, folgt ein Abschnitt, der im Sommer gerne zuwächst. Dann aber haben wir die **Oberen Buselbach-Wasserfälle** erreicht und eröffnet uns ein Steg den ersten schönen Blick auf den Gebirgsbach. Während bachaufwärts zwei Fallstufen zu sehen sind, rauscht der Buselbach unterhalb der Brücke durch eine wenige Meter lange Klamm. Auf dem nächsten Abschnitt ist mit austretendem Hangwasser zu rechnen. Wo sich der Pfad links zur Straße senkt, wechseln wir rechts auf den nächsten Pfad. Dieser führt über den Grummenbach auf eine Lichtung.

Untere Buselbach-Wasserfälle Vor uns sehen wir mehrere Gebäude am **Schmelzplatz**. Der Wanderweg führt hier links an den Buselbach und in nördlicher Richtung zurück in den Wald. Hier sind es noch 200 Meter bis zu den **Unteren Buselbach-Wasserfäl-**

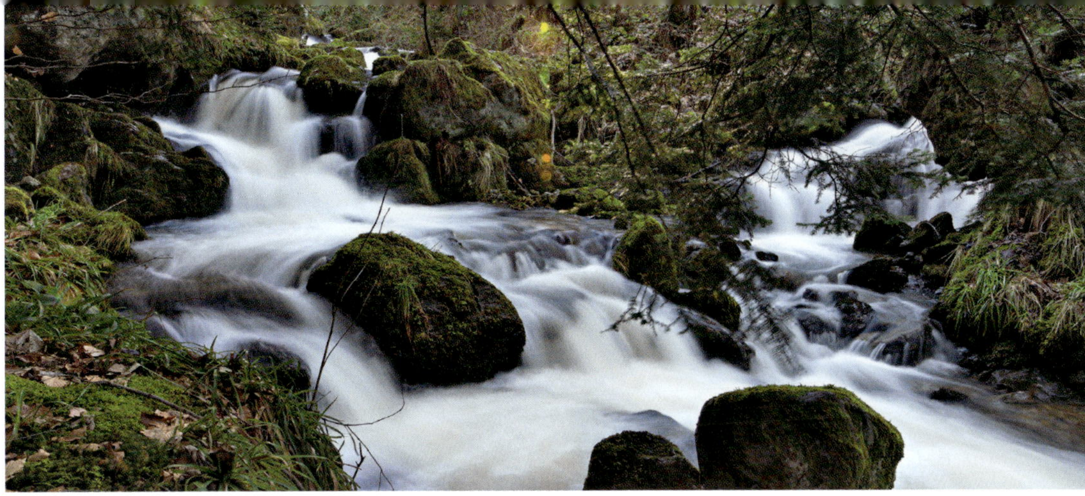

Die Steinwasen-Wasserfälle

len. Der Zugang erfolgt über einen abschüssigen Pfad, der Trittsicherheit erfordert. Mit etwas Geschick lässt sich das versteckte Naturidyll aber doch erreichen. Anschließend folgen wir der gelben Raute weiter bergab bis zum **Wegweiser Steinwasenpark**. Während sich der Freizeitpark jenseits der Straße erstreckt, kommen wir geradeaus zu den nur schwer einsehbaren **Steinwasen-Wasserfällen**. Neben einigen Minikaskaden passieren wir zumindest einen weiteren größeren **Wasserfall**. Weiter bergab kreuzt der Wanderweg abermals die L126 beziehungsweise setzt sich nach links versetzt fort. Gleich danach vereint sich der Buselbach mit dem Sankt Wilhelmer Talbach zur Brugga und erreichen wir unser Ziel bei der **Hohen Brücke**.

Steinwasenpark

Der Steinwasenpark ist eine Kombination aus Erlebnis-, Spiel- und Tierpark. Zu den Hauptattraktionen zählen der Alpine Coaster, die Bergrodelbahn und die Erlebnisseilbrücke sowie der RiverSplash, eine Wasserfahrt im Rundboot. Weitere Infos gibt es unter www.steinwasen-park.de.

Tourencharakter

Die Pfade entlang des Buselbachs können im Sommer zuwuchern, der Zugang zu den unteren Buselbach-Wasserfällen sowie auch zu den Steinwasen-Wasserfällen erfordert Geschick.

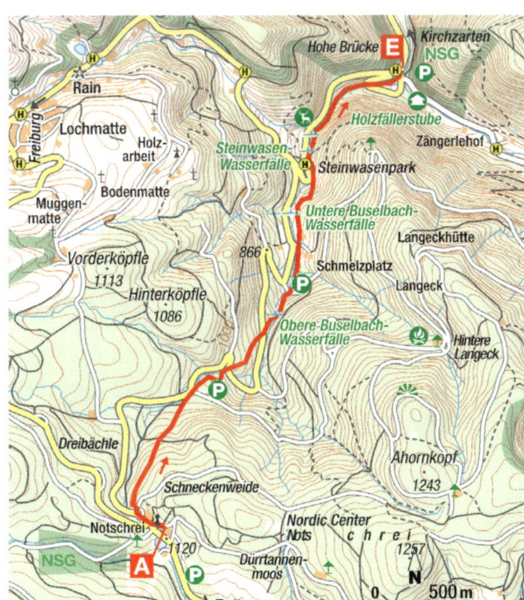

14 Zwischen Rotenbach und Wiese

Spaziergang zum Fahler Wasserfall

Leicht | 2,7 km | 180 Hm | 1 Std.

Tourencharakter
Die kürzeste Runde erfordert im Bereich der Wasserfälle etwas Trittsicherheit, ist aber mit Stufen und Brücken gut gesichert.

Ausgangspunkt/Endpunkt
Parkplatz Fahler Wasserfall an der B317
GPS: 47.8585, 7.9971

Anfahrt
Bahn & Bus: Es bestehen Busverbindungen ab Zell im Wiesental über Todtnau und Titisee zur Haltestelle Fahl Abzweig Todtnauer Hütte.
Auto: Über die B31 Freiburg–Donaueschingen bei Titisee auf die B317 Richtung Lörrach fahren. Der Parkplatz befindet sich an der Bundesstraße zwischen Feldberg-Passhöhe und Todtnau-Fahl.

Einkehr
Abseits des Wegs Restaurant Lawine in Fahl, bei Drucklegung nur sporadisch geöffnet, Tel. 07676/93330, www.lawine.de

Karte
Karte des Schwarzwaldvereins 1:25000, W257 Schönau

Informationen
Touristinformation Todtnau, Tel. 07652/12068523, www.hochschwarzwald.de

Der Fahler Wasserfall ist auch als Kleiner Bruder der Todtnauer Wasserfälle bekannt. Auch er ist ein Nebenprodukt des Wiesentalgletschers und bis heute weitestgehend naturbelassen. Weil der Rotenbach nur wenig Wasser führt, geht es hier jedoch ruhiger zu.

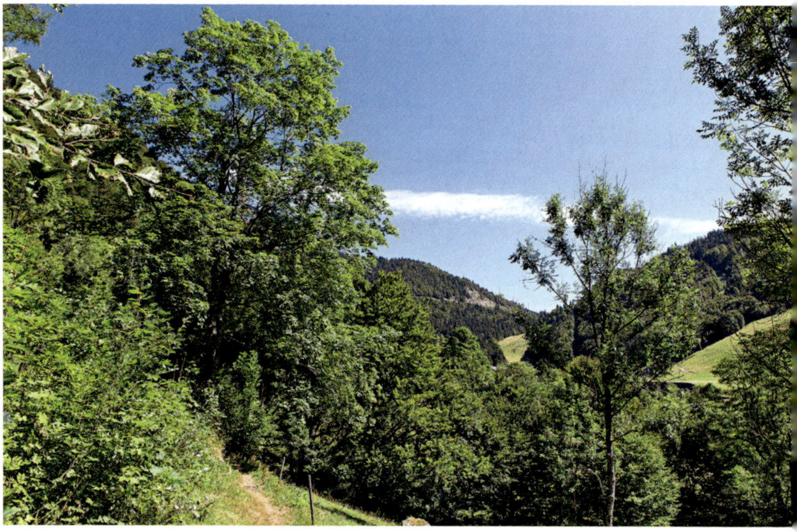

Ruhe am Rotenbach Bei besten Wanderbedingungen sind uns selbst nur eine Wandergruppe und zwei oder drei Familien begegnet. Die Gründe hierfür liegen im Umfeld. So befinden sich mit den Todtnauer Wasserfällen, dem Feldberg und dem ebenfalls nahen Herzogenhorn wenigstens drei bekannte Ausflugsziele in der näheren Umgebung. Zusammen sorgen sie dafür, dass am Rotenbach vergleichsweise wenig Betrieb herrscht. Einzig auf dem Wasserfallsteig passiert eine nennenswerte Anzahl Wanderer den idyllisch gelegenen Fahler Wasserfall.

Ideale Nachmittagstour Als weiterer Vorteil ist diese kurze Runde selbst dann gut möglich, wenn erst nachmittags schöne

Bedingungen zum Wandern herrschen. So eingestimmt, starten wir beim direkt an der B317 gelegenen **Parkplatz Fahler Wasserfall**. Auf der Talseite vom Parkplatz erreichen wir nach wenigen Schritten eine Übersichtstafel. Dort wechseln wir links auf einen Waldpfad, auf dem wir nach nur 200 Metern das obere Ende vom **Fahler Wasserfall** erreichen. Über zahlreiche Stufen und Wasserrutschen rauscht der Rotenbach hier insgesamt 45 Meter in die Tiefe.

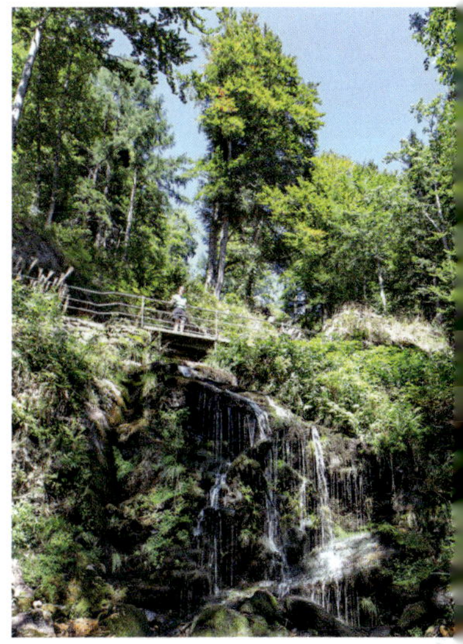

Beim Fahler Wasserfall rauscht meist nur wenig Wasser in die Tiefe.

Feldbergpfad und Restaurant Lawine Einen schöneren Blickwinkel auf die Wasserfälle bekommen wir, indem wir dem Wasserfallrundweg rechts über einen Zufluss des Rotenbachs folgen. Anschließend wandern wir durch den Wald bis nach Fahl. Wer unterwegs die Abkürzung auslässt, trifft etwa einen Kilometer weiter auf den **Feldbergpfad**. Hier biegen wir links auf den Wasserfallsteig ab und wandern auf dem nächsten Stück oberhalb der Wiese zurück zum Wasserfall. Auf dem Weg dorthin bietet sich ein Abstecher zum **Restaurant Lawine** an. Bei dem Gasthaus ermöglicht die Bushaltestelle Fahl-Lawine einen alternativen Einstiegspunkt zu diesem Spazierweg.

Wieder am Wasserfall Nahe dem **Wegweiser Fahler Wasserfall** queren wir erneut den Rotenbach. Beim folgenden Aufstieg sollten wir uns Zeit lassen. Mehrere Brücken und Felskanzeln ermöglichen einige reizvolle Blickwinkel auf die einzelnen Kaskaden des Rotenbachs. Besonders schön sind diese, wo immer das Wasser frei fällt und unzählige Tropfen im Sonnenlicht glitzern. Mit diesen wunderschönen Eindrücken steigen wir zum oberen Ende des Fahler Wasserfalls hinauf, von wo wir zum Ausgangspunkt an der Straße zurückkehren.

Linke Seite: Ausblick vom Wasserfall-Steig

Fahl

Für den Namen Fahl gibt es zwei Erklärungen. Die eine leitet sich vom Altgermanischen ab, wo »fahl« für bleich oder blass steht. Eine zweite Erklärung geht auf den in Todtnau betriebenen Bergbau zurück. Hier wurden mit Schwefel-, Kupferkies und anderen Mineralien besetzte bandförmige Zonen als Fahlbänder bezeichnet.

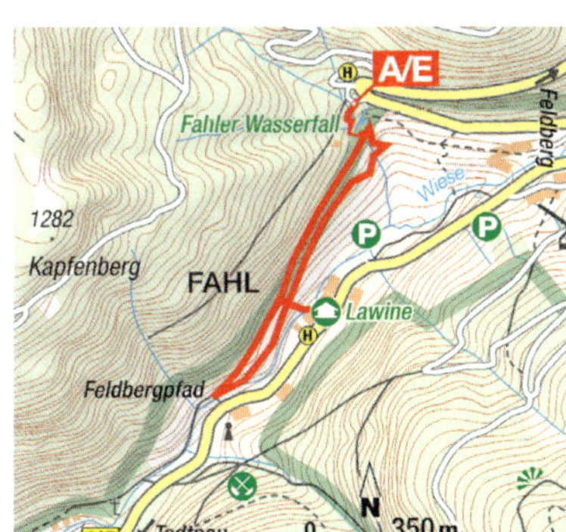

15 Über das Hochtal in die Albschlucht

Menzenschwander Wasserfälle

Mittel	7,6 km	300 Hm	2.30 Std.

Tourencharakter
Die Albschlucht mit den Wasserfällen ist durch Brücken und Treppen gesichert. Ansonsten ist dies eine technisch anspruchslose Runde auf bequem zu wandernden Wegen und Pfaden.

Ausgangspunkt/Endpunkt
Mösleparkplatz in Menzenschwand-Hinterdorf
GPS: 47.8330, 8.0664

Anfahrt
Bahn & Bus: Es bestehen Busverbindungen ab St. Blasien zur Bushaltestelle Menzenschwand-Hinterdorf.
Auto: B500 Waldshut–Titisee, in Häusern auf die L149, über St. Blasien nach Menzenschwand, dort über Hinterdorf zum Mösleparkplatz fahren

Einkehr
Bergbeizle Zum Kuckuck, Mi–So ab 12 Uhr, Tel. 07575/9297975, www.kuckuck-schwarzwald.de

Karte
Karte des Schwarzwaldvereins 1:25 000, W258 Titisee-Neustadt

Informationen
Touristinformation St. Blasien, Tel. 07652/12068550, www.hochschwarzwald.de

Das Hochtal der Menzenschwander Alb wird zu drei Seiten von hoch aufragenden Bergen umrahmt. Einzig nach Süden öffnet es sich, sodass die Sonne den Talboden schon früh erreicht. Im Norden schließen sich die wildromantische Albschlucht und ein alter Gletschersee an.

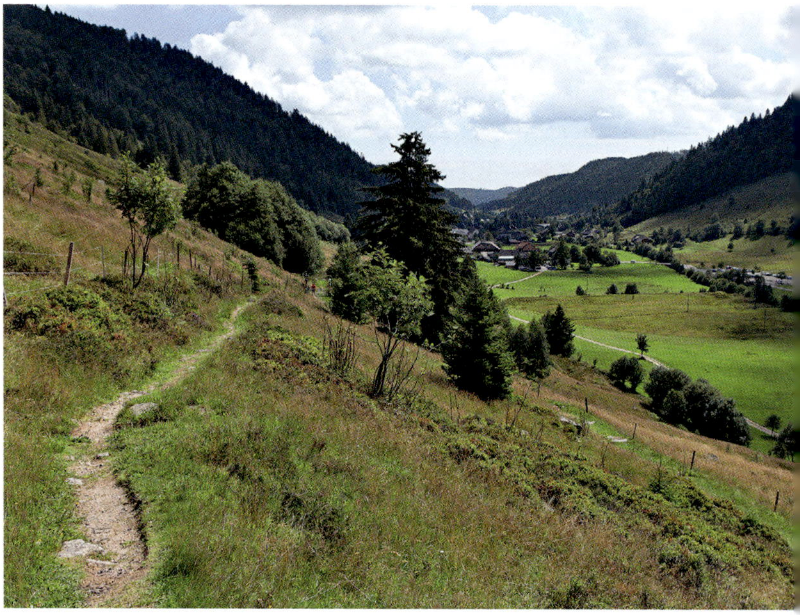

Auf dem Albsteig Die ersten Meter dieser Runde führen uns vom **Mösleparkplatz** über die Alb sowie entlang der Zufahrt zurück zum **Hinterdorf** von Menzenschwand. Bei den ersten Häusern biegen wir links auf die Ostvariante des Albsteigs ein und verlassen den Ort auch schon wieder. Trotz des kaum spürbaren Anstiegs können wir uns ruhig Zeit lassen und den Blick über den Feuchtbiotop auf der Tal- beziehungsweise die Zwergstrauchheiden und Magerrasen auf der Bergseite schweifen lassen. Letztere sind Teil des Naturschutzgebiets Feldberg. Es besteht seit 1937. Damit ist es das älteste und mit aktuell

4226 Hektar zugleich größte Naturschutzgebiet von Baden-Württemberg. Der Weg führt uns über den Oberen Großbach sowie an einem **Christuskreuz** vorbei zum **Albhof am Wasserfall**. Auf der Südseite der Pension lädt das Bergbeizle Zum Kuckuck ein. Schräg gegenüber befindet sich außerdem eine sogenannte Regiobox. Neben einer Auswahl an Säften, Speck- und Wurstwaren wird diese auch mit Kuchen bestückt.

Menzenschwander Wasserfälle Der Einstieg in die **Albschlucht** erfolgt direkt nördlich des Albhofs. Nach nur wenigen Schritten finden wir uns bereits in einer engen Klamm wieder. Nach mehreren Stromschnellen sehen wir von links einen Was-

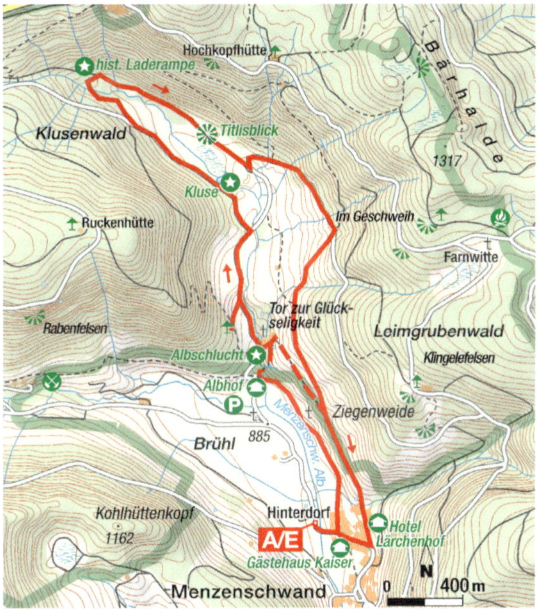

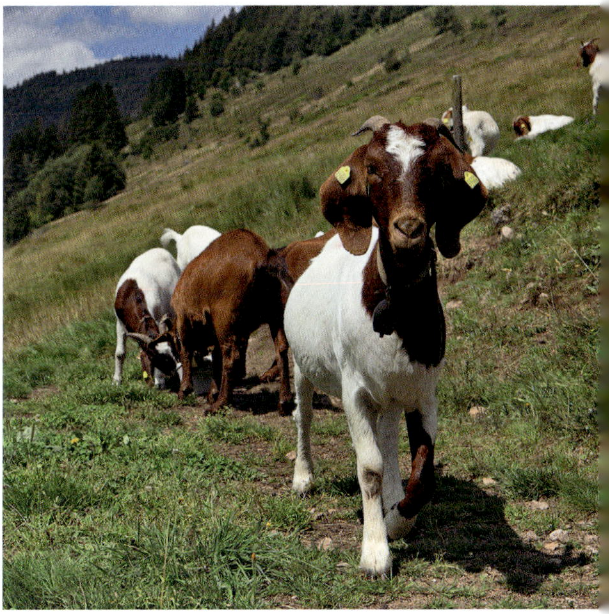

serfall malerisch ins Bachbett stürzen. Es handelt sich dabei um eine künstliche Kaskade, deren Wasser weiter oben in einen Kanal abgezwackt wird. Der Aufstieg durch die Schlucht erfolgt über Stege und Natursteintreppen und eröffnet uns einige schöne Eindrücke von dem Naturschauspiel. Sowie wir die Klamm beim oberen Wasserfall wieder verlassen, stehen wir vor der Wahl: Wer eine kurze Runde laufen möchte, biegt mit dem Albsteig dreimal kurz nacheinander rechts ab. Dieser führt über das **Tor zur Glückseligkeit** zum Wegweiser **Ziegenweide** und verkürzt die Wanderung auf einen rund drei Kilometer langen Spaziergang.

Ziegen lassen sich – anders als Schafe – bereitwillig fotografieren.

Linke Seite: Der Menzenschwander Geißenpfad

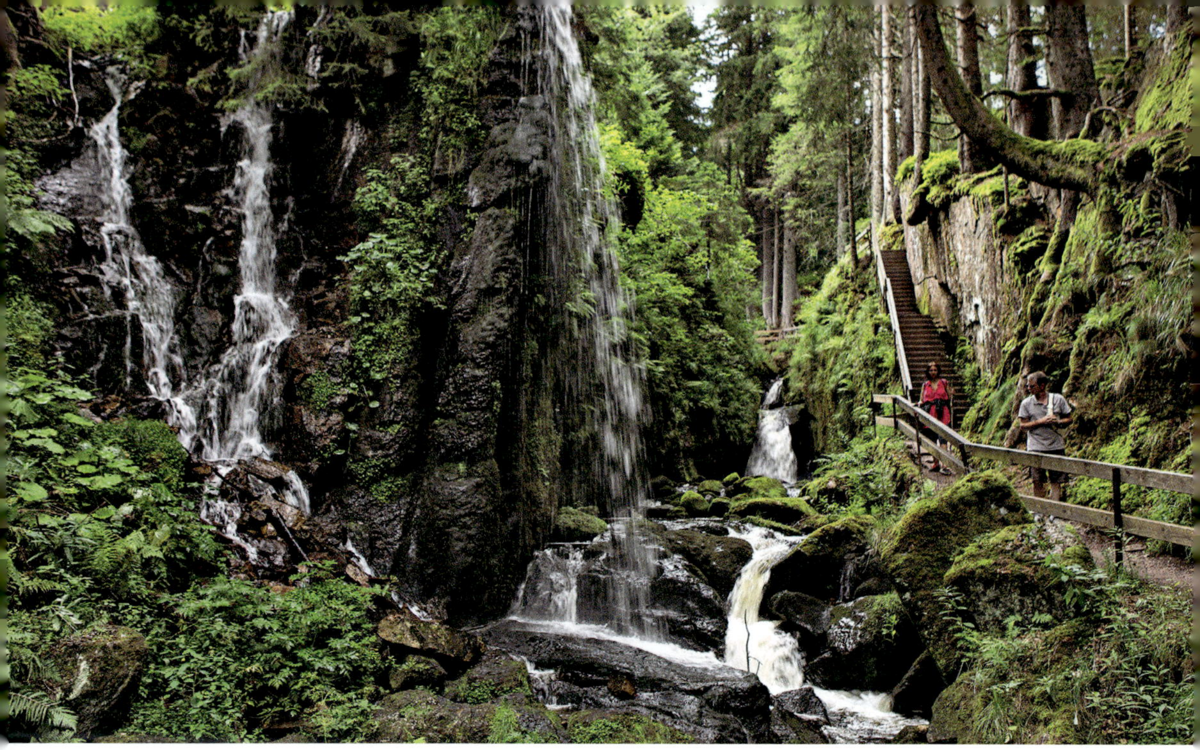

In die Albschlucht stürzen auch künstlich angelegte Wasserfälle.

Zur Menzenschwander Kluse Ansonsten biegen wir links ab und folgen der Beschilderung des Ziegenpfads erst auf einem Schotterweg, dann scharf rechts über den Wegweiser Schesslong dü Boah zur **Menzenschwander Kluse**. Bei dem Wall, der eine moorige Seefläche begrenzt, handelte es sich ursprünglich um eine Endmoräne aus der Würmeiszeit. Weil diese die Alb auf nur wenige Meter durchbrochen hatte, wurde hier 1779 die Menzenschwander Kluse gebaut, um das Wasser für die Holzflößerei aufzustauen. Ziel war es damals, das Eisenwerk in Albbruck mit Brennholz zu versorgen. Nach einem zwischenzeitlichen Verfall wurde die Klusenmauer im Jahr 2010 restauriert, zugleich aber auch die Durchgängigkeit der Alb durch eine Pendelrampe wiederhergestellt. Heute leben zahlreiche seltene Pflanzen und Tiere auf den Nasswiesen und Niedermooren rund um die Kluse.

Abstecher in den Klusenwald Weiter leicht bergan treffen wir beim Wegweiser **Klusenwald** erneut auf den Albsteig. Wir halten uns rechts, sodass wir als Nächstes einen (Schau-)Kohlenmeiler passieren. Oberhalb davon beschreibt der Wanderweg im Wald eine Rechtskurve. Wer genau hinsieht, erkennt auf der linken Seite eine **historische Laderampe**. Solche gemauerten Erhöhungen dienten einst dazu, das Verladen von Holzstämmen auf die Pferdefuhrwerke und Ochsenkarren zu erleichtern.

Über den Titlisblick … Jenseits der Menzenschwander Alb wandern wir wieder leicht bergab zur Flößers Rast und dem **Titlisblick**. Tatsächlich reicht der Blick von einem Punkt nur wenige Meter neben dem Pfad bis zum Titlis (3238 m) und, links davon, zum Sustenhorn (3503 m) – zwei der bekanntesten Berge der Urner Alpen. Um die beiden Gipfel deutlich zu erkennen, muss man allerdings Glück mit dem Wetter haben. Oft sind diese nur schemenhaft oder gar nicht zu sehen. Wo anschließend unser Weg mit einem anderen zusammentrifft, biegen wir scharf links ab und nehmen die Rechtskurve. Der Ziegenpfad beschreibt hier eine Rechtskurve an den Wald und steigt über den nur wenig Wasser führenden Geschweihbach bis zum Wegweiser **Im Geschweih** an.

Auf dem Menzenschwander Geißenpfad

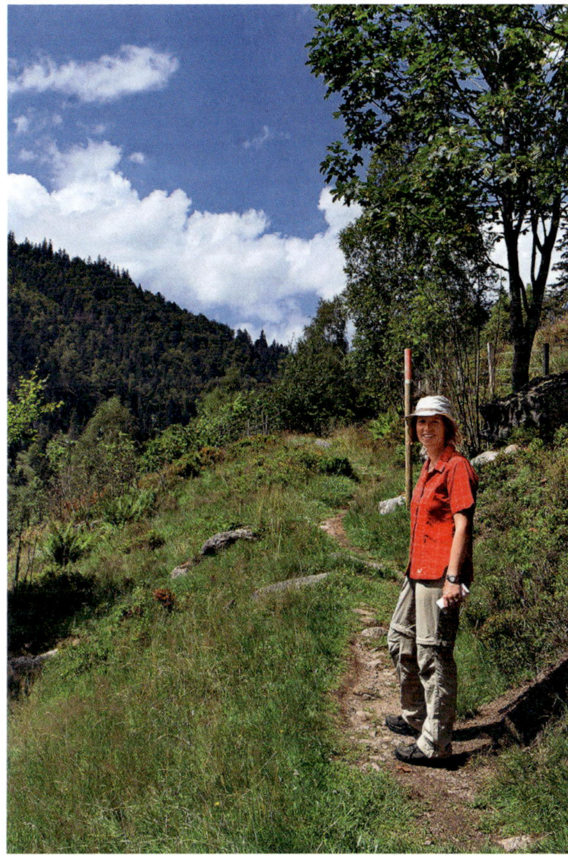

… zur Ziegenweide Beim höchsten Punkt der Runde halten wir uns rechts, entfernen uns wieder vom Wald und gelangen über den Farnwittebach und einen kreuzenden Wirtschaftsweg zum Wegweiser **Ziegenweide**. Weiter geradeaus geht es auf dem Ziegenpfad diesmal direkt durch die Zwergstrauchheide. An den offenen Flächen werden Botaniker ihre Freude haben. Neben der Wiesen- und Hain-Flockenblume blühen hier im Sommer Gefleckte Knabenkräuter, Flügelginster, die zierliche Berg-Sandrapunzel und vieles mehr. Die hier anzutreffenden Ziegen helfen, diesen Bereich offen und damit die Artenvielfalt zu erhalten. Mit diesen schönen Eindrücken kommen wir wieder zurück zum Hinterdorf und unserem Ausgangspunkt beim **Mösleparkplatz**.

Radon Revital Bad

Probebohrungen bis 240 Meter Tiefe führten zu der Annahme, dass sich im Krunkelbachtal die größte Lagerstätte von Uranerz in Europa befindet. Aus Umweltschutzgründen, heftigen Protesten in der Bevölkerung und der fehlenden Rentabilität wurde die Förderung 1989 gestoppt und die Stollen wurden geflutet. Das beim Zerfall von Uran entstehende Radon wird im Radon Revital Bad in Menzenschwand therapeutisch eingesetzt.

16 Auf dem Heimatpfad Hochschwarzwald

Ravennaschlucht und Löffeltal

Mittel	6,3 km	250 Hm	2–2.30 Std.

Tourencharakter
Die Wege in der Ravennaschlucht werden bei Nässe leicht glitschig. Bei längeren Regenperioden kann es zu kleineren Hangrutschen in der Schlucht kommen. Ansonsten werden die Wege gut gepflegt.

Ausgangspunkt/Endpunkt
Parkplatz Ravenna beim Hofgut Sternen
GPS: 47.9143, 8.0757

Anfahrt
Bahn & Bus: Ab dem Bahnhof Hinterzarten mit dem Anruf-Sammel-Taxi AST nach Höllsteig/Hofgut Sternen Breitnau, Tel. 07651/9899602
Auto: Von der B31 Freiburg–Donaueschingen bei Höllsteig zum Hofgut Sternen abfahren und der Beschilderung zum Pkw-Parkplatz folgen

Einkehr
Gastronomie beim Hofgut Sternen und in Hinterzarten

Karte
Karte des Schwarzwaldvereins 1:25 000, W258 Titisee-Neustadt

Informationen
Touristinformation Hinterzarten, Tel. 07652/12068200, www.hochschwarzwald.de

Die Ravennaschlucht zählt zu den bekanntesten Naturschätzen im Hochschwarzwald. Insbesondere zur Ferienzeit kann es hier recht voll werden. Wer sich Zeit lässt, wird aber dennoch einige schöne Momente in der Schlucht erleben.

Hofgut Sternen und Ravennabrücke Ab dem Parkplatz nahe der B31 nehmen wir zunächst den Fußweg entlang des Rotbachs bis zum **Hofgut Sternen**. Mit der Glasmanufaktur, dem Kuckucksuhr-Laden und dem SteigenHaus locken mehrere Gelegenheiten zum Zeitvertreib. Den Einstieg in die Ravennaschlucht finden wir anschließend links vom Hauptgebäude des heutigen Best Western Hotels. An einer Infotafel über die Entwicklung der Sägemaschinen im Schwarzwald ragt vor uns die Ravennabrücke steil in die Höhe. Die erste hier errichtete Brücke entstand 1885 als eine frühe Stahlkonstruktion. Erst bei der zweiten, 1926/27 gebauten Brücke entstanden die markanten Steinbögen. Nachdem die drei Mittelpfeiler 1945 von deutschen Truppen gesprengt worden waren, erfolgte 1947/48 der Wiederaufbau der 224 Meter langen und 36 Meter hohen Brücke. Rechts vor der Brücke führt ein Pfad hoch zu einem Aussichtspavillon über das beeindruckende Bauwerk.

Versteckter Wasserfall … Sowie wir das Bahnviadukt unterquert haben, kommen wir an den Ravennabach, nehmen dann aber sogleich den kurzen Umweg hoch zu einem Weiher. Von dem versteckt gelegenen Gewässer geht es zurück an die Ravenna. Bei unseren Begehungen haben wir wiederholt andere Wanderer beobachtet, die unnötig schnell über die Treppen und Stege der gut gesicherten Schlucht hasten. Sicherlich haben auch sie ein schönes Erlebnis. Nachhaltiger wird dies jedoch, wenn wir uns Zeit nehmen und auch mal ein paar Schritte in das Bachbett hineinwagen. Denn der **Große Ravenna-Wasserfall** befindet sich an einer Stelle, die vom Weg selbst kaum einzusehen ist.

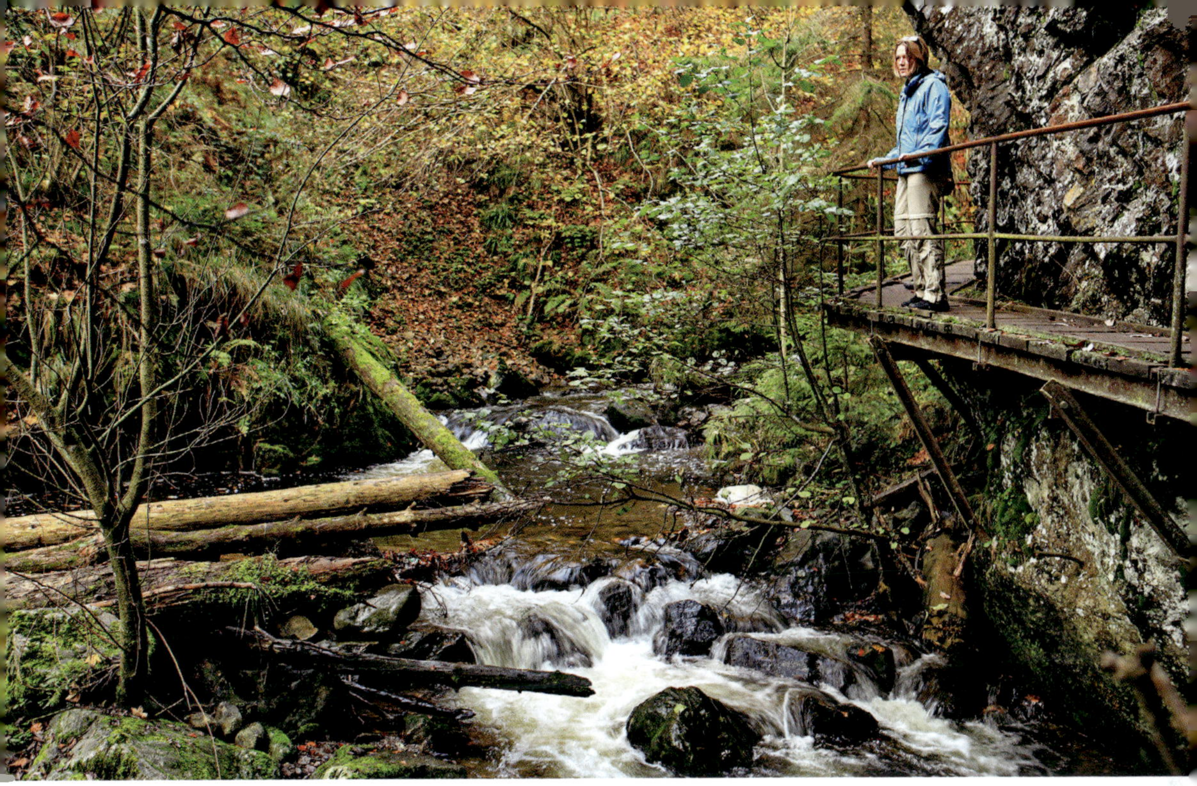

Gesicherte Stege ebnen uns den Weg durch die Ravennaschlucht.

... und gefährdete Mühle Nachdem wir von einer Brücke aus eine kleinere Kaskade erkennen, steigt der Weg zur **Großjockenmühle** an. Sie wurde 1883 errichtet und diente der Herstellung von Mehl, Schrot und Futterkleie. Sie wird gelegentlich zu Demonstrationszwecken betrieben, erfordert jedoch durch die Anfälligkeit gegenüber Hochwasser sowie auch Sturmschäden immer wieder aufwendige Reparaturen. Auf fortan gut zu wanderndem Terrain passieren wir oberhalb den Standort einer 1770 errichteten Löffelschmiede sowie das Haus Ketterer.

Auf dem Querweg Freiburg–Bodensee Beim Wegweiser **Mittlere Ravenna** lassen wir die Ravenna-Schlucht schließlich hinter uns und biegen rechts auf den Querweg Freiburg–Bodensee ein. Dieser führt auf der Zufahrtsstraße am **Schanzbirkleshäusle** vorbei. Am Ende der Zufahrt biegen wir links ab, um beim Wegweiser **Birklehof** rechts auf den Fußweg zu wechseln. Damit bleiben wir auf dem Querweg, der erst am Rand einer Wiese verläuft, dann Kurs auf die Bahnlinie nimmt und schließlich in den Löffeltalweg endet.

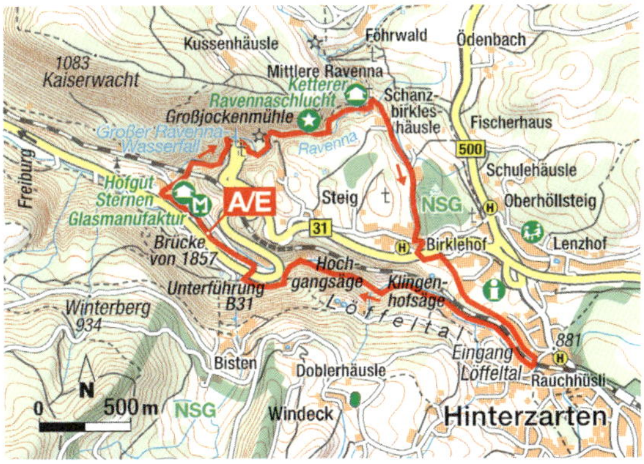

Die Klingenhofsäge ist bis dato betriebsfähig.

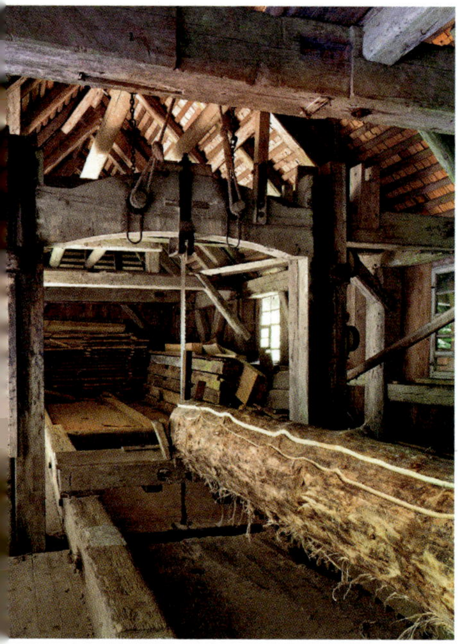

Abstecher nach Hinterzarten Rechts gelangen wir durch die Unterführung zum **Eingang Löffeltal**. Wer möchte, kann einen Abstecher ins touristische Zentrum von Hinterzarten mitnehmen. Für diesen laufen wir noch wenige Schritte weiter geradeaus, um dann links den Fußweg hoch zum **Rauchhüsli** zu nehmen. Ab dort gelangen wir über die Alpersbacher Straße zur Freiburger Straße. Rechts finden wir dort auf dem Weg zum Kurhaus Cafés und Restaurants sowie verschiedene Läden.

Sägen im Löffeltal Zurück beim Wegweiser Eingang Löffeltal folgen wir anschließend der gelben Raute am Standort der ehemaligen Löffelschmiede vorbei zur **Klingenhofsäge** beziehungsweise Klopfsäge. Über einige Jahrhunderte war diese Art Säge im Schwarzwald wie auch in der nördlichen Schweiz als Bauernsäge weit verbreitet. Von Mai bis Oktober führt der Verein des Heimatpfads am ersten und dritten Sonntag (11–16 Uhr) die Funktionsweise der Säge vor. Voraussetzung dafür sind gutes Wanderwetter und ausreichend Wasser im Rotbach.

Am unteren Ende der Alten Steige Weiter flussabwärts führt uns der Heimatpfad an einer **Einstelzer Hochgangsäge** vorbei, ehe wir am Waldrand rechts abbiegen und die Unterführung der **B31** nutzen. Jenseits der wichtigen Verkehrsverbindung erfahren wir, wie die Raststation am unteren Ende des Höllentals beziehungsweise der Alten Steige die Ansiedlung von Handwerksbetrieben begünstigt hat. Nachdem unser Weg die Zufahrt zum Hofgut Sternen gekreuzt hat, führt rechts ein Pfad hinunter an den Bach. Je nach Höhe der Vegetation hat man vom Ufer einen schönen Blick auf die 1857 gebaute **Bogenbrücke**. Hier haben wir dann auch unseren Ausgangspunkt wieder erreicht. Wer zu Beginn darauf verzichtet hat, bekommt damit ein zweites Mal die Möglichkeit, in der MarktScheune im SteigenHaus oder dem Restaurant vom Hofgut Sternen einzukehren.

Alte Steige im Falkensteiner Tal

Insbesondere im 18. Jahrhundert war die Alte Steige als Verbindungsweg zwischen dem Bodensee und dem Breisgau von Bedeutung. Neben Händlern zogen mehrere Heeresführer durch das Tal. Den Glanzpunkt setzte Marie-Antoinette, Herzogin von Österreich-Lothringen, als sie 1770 bei ihrer Brautfahrt nach Paris durch das Tal kam.

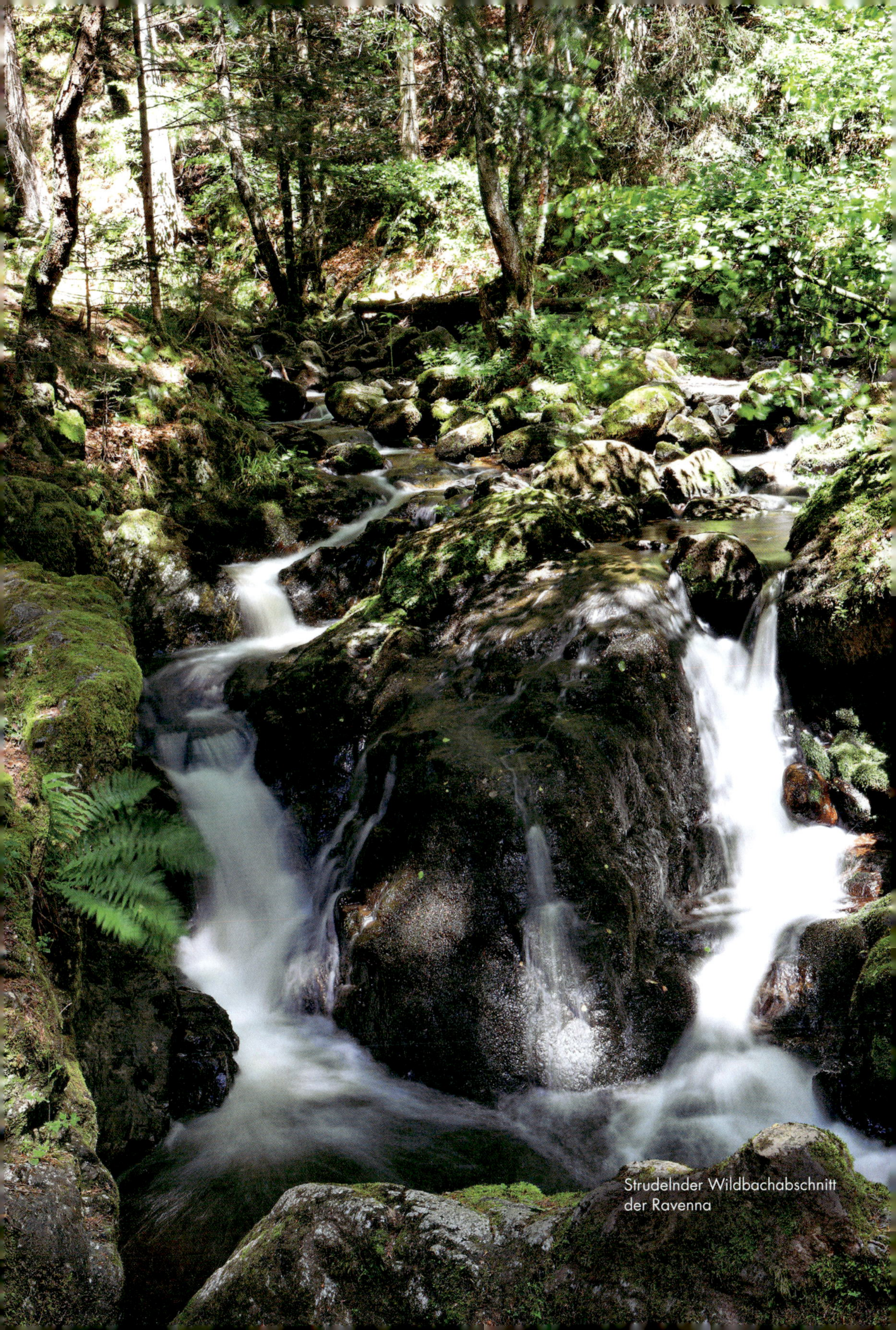

Strudelnder Wildbachabschnitt der Ravenna

17 Ein Wasserfall zum Verlieben

Zu den Hirsch- und Zweribachwasserfällen

Schwer | 10 km | 350 Hm | 3.30–4 Std.

Tourencharakter
Die Pfade im Bannwald und im Bereich der Zweribachwasserfälle setzen Trittsicherheit und griffiges Schuhwerk voraus. An heißen Sommertagen ist diese Runde besonders beliebt.

Ausgangspunkt/Endpunkt
Potsdamer Platz zwischen Schmittenbach und Plattenhof
GPS: 48.0379, 8.0636

Anfahrt
Bahn & Bus: –
Auto: Von der B294 Freiburg–Haslach bei Denzlingen auf die L112 abfahren und der Landstraße bis St. Peter folgen. Dort links in die Straße Schmittenbach abbiegen, der Straße in den Wald bis zum Parkplatz Potsdamer Platz folgen

Einkehr
Plattenhof, Mi–So ab 11 Uhr, Tel. 07660/864, www.plattenhof-ferienwohnung.de

Karte
Karte des Schwarzwaldvereins 1:25 000, W247 Freiburg

Informationen
Touristinformation St. Peter, Tel. 07652/12068370, www.hochschwarzwald.de

Diese Runde startet am Potsdamer Platz und führt am Plattensee vorbei – ja, wir befinden uns noch immer in der Ferienregion ZweiTälerLand. Mit den Zweribachwasserfällen lernen wir obendrein eines der schönsten Naturschauspiele vom Schwarzwald kennen.

Abkürzer sehen weniger Als Ausgangspunkt haben wir den Wanderparkplatz **Potsdamer Platz** gewählt. Außerdem laufen wir die Runde entgegen dem Uhrzeigersinn. Damit erfolgen die ersten Schritte mit der gelben Raute zum Wegweiser **Jockenweg**. Dort stehen wir vor der Wahl: Wer eine etwas kürzere Wanderung absolvieren möchte, biegt erst links, dann beim Wegweiser Jockenhof rechts auf den mit blauer Raute markierten Querweg Schwarzwald–Kaiserstuhl–Rhein ab. Nahe dem Gschwanderdobel trifft man dann bei der Hirschmatte wieder auf die komplette Runde. Bei sonnigem Wetter mit guter Sicht hat man dort allerdings ein beeindruckendes Panorama ausgelassen. Kurzum: Um bloß nichts zu verpassen, biegen wir beim Jockenweg besser halbrechts ab.

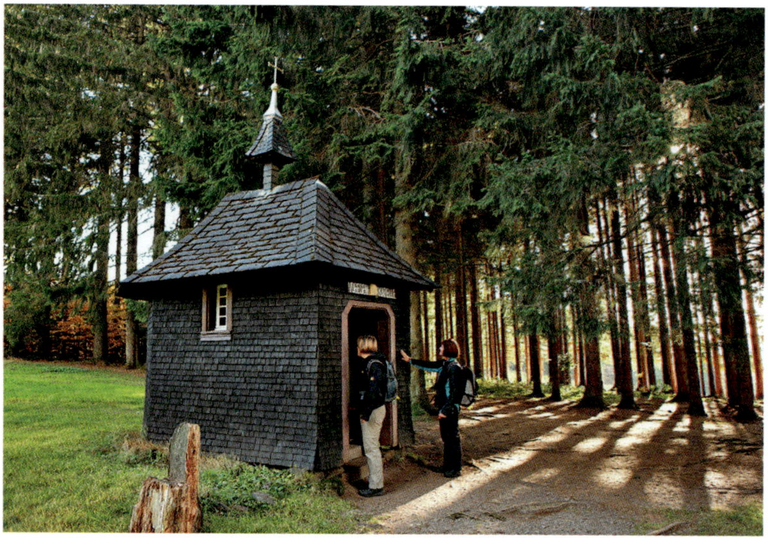

Kleinod Vogesenkapelle Auf breitem Weg gelangen wir somit über den **Vorderen Hochwald** zu einer trapezförmigen Lichtung. Am südlichen Eck steht dort die **Vogesenkapelle**. Sie ist zwar winzig, beinhaltet im Innern aber alles, was es für eine Andacht braucht. Ihre Errichtung geht auf den Soldaten Leopolt Hättich zurück. Als dieser am 16. Januar 1915 spätnachmittags im oberelsässischen Nieder-Aspach (heute Aspach-le-Bas) auf eine Anhöhe stieg, hatte er klare Sicht vom Kandel bis zum Kapfenberg. Selbst sein eigenes Haus konnte er erkennen. Als er hinab auf die brennenden Häuser im Tal blickte, gelobte er, eine Kapelle zu errichten, wenn der Schwarzwald und seine Menschen vom Krieg verschont blieben.

Den Hochschwarzwald im Blick Bei der Kapelle schwenkt unser Weg sowie auch der direkt an der Vogesenkapelle vorbeiführende Jakobsweg nach Osten. Nach einer kurzen Passage im Wald öffnet sich die Sicht nach Süden über das Ibental und das Höllental zu den Gipfeln im Hochschwarzwald. Leicht zu bestimmen ist der alles überragende Feldberg mit der Wetterstation sowie dem Bismarckdenkmal und dem (alten) Feldbergturm auf dem Seebuck. Rechts davon setzt sich der Höhenzug über den Toten Mann zum Schauinsland mit dem ebenfalls zu erkennenden Eugen-Keidel-Turm fort. Nach diesem schönen Eindruck biegen wir beim **Roten Kreuz** links ab und folgen dem blau markierten Querweg bis zur **Hirschmatte**.

Linke Seite: Blick in die Vogesenkapelle

Wohlverdiente Rast beim ehemaligen Brunnenhof

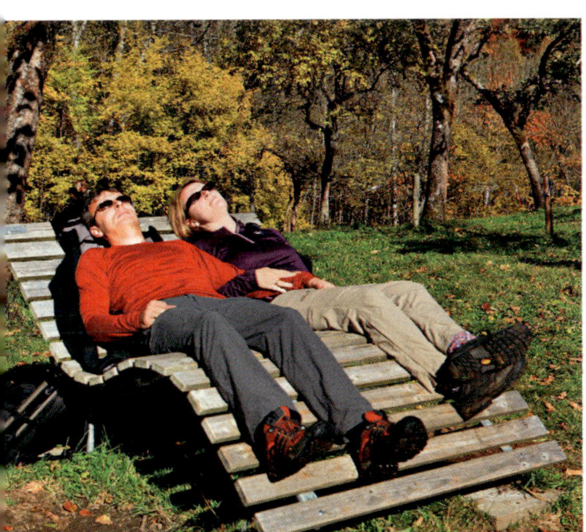

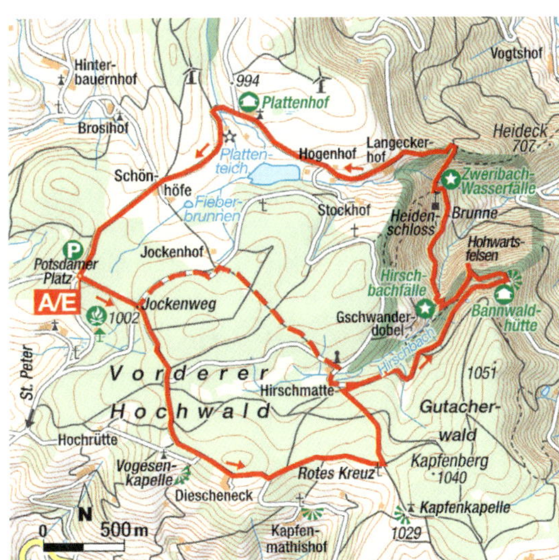

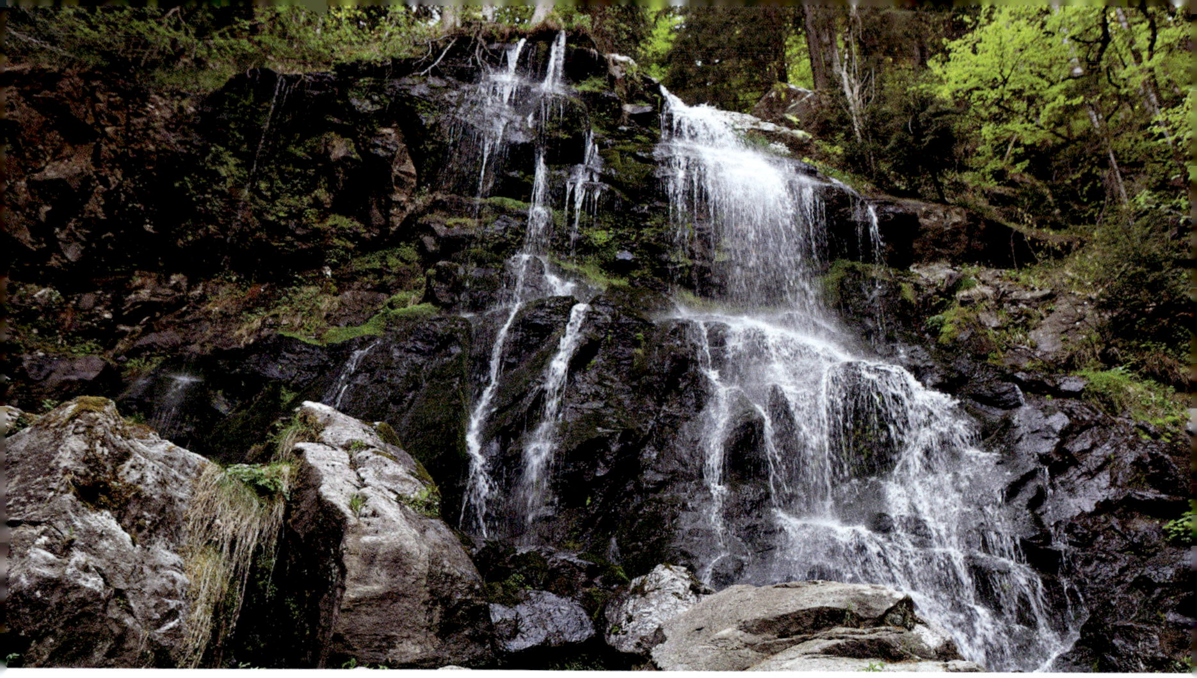

Bilderbuchkaskade der Zweribach-Wasserfälle

Hohwartsfelsen und Hirschbachfälle Wie die Abkürzer wechseln wir bei der Hirschmatte auf den mit gelber Raute gekennzeichneten Forstweg. Bis zur **Bannwaldhütte** besitzt dieser nur wenig Steigung und Gefälle. Direkt bei der Hütte zweigen wir jedoch scharf links auf einen stellenweise abschüssigen Pfad ab, der erstmals Trittsicherheit erfordert. Auf halbem Weg zu den Hirschbachfällen lohnt sich ein Abstecher auf den **Hohwartsfelsen**. Die Kanzel ermöglicht uns eine gute Sicht über das Wildgutachtal. Wer sich bis vor an den Felsrand traut, sollte wissen, dass das Gelände hier rund 150 Meter senkrecht abfällt. Die **Hirschbachfälle** selbst gleichen einem munter talwärts plätschernden Bächle, das sich zwischen moosbedeckten Steinen seinen Weg ins Tal sucht. Wir indes finden gut 600 Meter weiter bei **Brunne** zum ehemaligen Brunnenhof. Dieser entstand um das Jahr 1730 und besaß ein eigenes Backhaus sowie eine Getreidemühle. Der Ertrag der zuvor vom Wald gerodeten Flächen war jedoch so mager, dass die Bewohner außerdem als Waldarbeiter und Uhrengestellmacher arbeiteten. Am 4. März 1984 brannte der Hof ab. Heute finden wir hier einen Grillplatz mit Bänken und Schutzhütte sowie der erhalten gebliebenen Hofkapelle.

Auf dem Zweitälersteig Bei dem Rastplatz treffen wir den Zweitälersteig, der hier über einige Wurzeln und Felsbrocken zu den noch 400 Meter entfernten **Zweribach-Wasserfällen** führt. Der Zugang zur Hauptkaskade erfolgt über einen kurzen Abstecher und belohnt uns mit einem herrlichen Blick auf den hier breit gefächert herunterstürzenden Zweribach. Auch wenn bei dem Naturschauspiel Bänke fehlen, lässt es sich hier an heißen Sommertagen durchaus einige Zeit gut aushalten. Der anschließende Aufstieg erfolgt auf der linken Seite zur oberen Bilderbuch-Kaskade. Am Nachmittag, wenn die Sonne schräg auf die Felsen scheint, sind diese besonders schön anzusehen. Ab der Brücke folgen wir dem Zweitälersteig hoch auf den Bergrücken sowie links über den **Langeckerhof** und den **Hogenhof** zum Plattenhof. Bei der Bauernwirtschaft trennen sich die Wege: Während der Zweitälersteig rechts zum Kandel abzweigt, biegen wir links ab. Damit folgen wir auf dem letzten kurzen Abschnitt der gelben Raute über die **Schönhöfe** zurück in den Wald und zu unserem Ausgangspunkt am Potsdamer Platz, wo eine der schönsten Touren dieses Wanderführers endet.

Plattensee

Unterhalb des Plattenhofs durchfließt der Zweribach den Plattensee. Der Stausee mit dem Namen einer Urlaubsregion in Ungarn wurde 1924 errichtet, um ein 485 Meter tiefer gelegenes Wasserkraftwerk im oberen Simonswäldertal anzutreiben. Heute versorgt die Anlage 3270 Haushalte mit Strom.

Herbstlandschaft oberhalb der Wilden Gutach

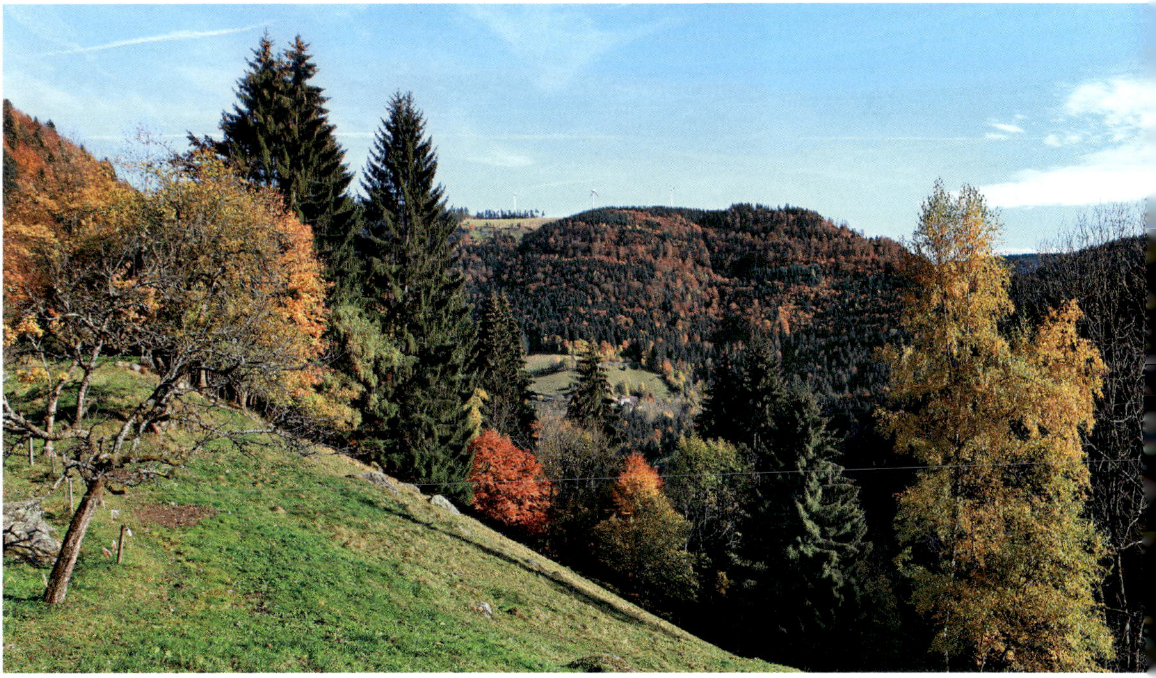

18 Mystik, Mörder und Wildbach

Vom Balzer Herrgott zur Teichschlucht

Mittel | 9,3 km | 480 Hm | 3–4 Std.

Tourencharakter
Der Abstieg vom Balzer Herrgott zum Mörderloch ist teils etwas unbequem. Ansonsten ist es eine angenehm zu wandernde und abwechslungsreiche Runde mit schönen Ausblicken.

Ausgangspunkt/Endpunkt
Wanderparkplatz Balzer Herrgott
GPS: 48.0295, 8.1333

Anfahrt
Bahn & Bus: Ab Bleibach und Furtwangen bestehen Busverbindungen zur Haltestelle Maierhof, Gütenbach. Der Zugang zur Runde erfolgt entlang des Teichbachs.
Auto: Von der B500 Hinterzarten–Furtwangen bei Neueck auf die L173 abfahren, sogleich links abbiegen und der Beschilderung zum Parkplatz Balzer Herrgott folgen

Einkehr
Auf der Strecke keine, wenige Rastplätze

Karte
Karte des Schwarzwaldvereins 1:25 000, W248 Furtwangen

Informationen
Touristinformation Furtwangen, Tel. 07723/929 50, www.hochschwarzwald.de

Der Teichbach bildet unterhalb Gütenbach eine anderthalb Kilometer lange Schlucht, die schnell durchwandert ist. Durch den Umweg über den Balzer Herrgott müssen wir lange auf dieses Idyll warten, können uns dafür aber auf eine abwechslungsreiche Tour freuen.

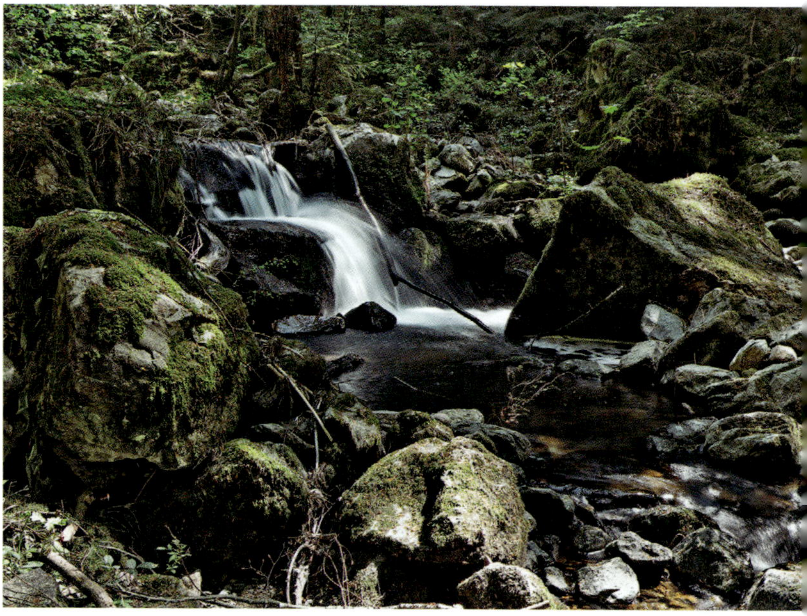

Balzer Herrgott Für das erste Ziel dieser Tour verlassen wir den **Wanderparkplatz Balzer Herrgott** in südlicher Richtung. Wir nutzen damit die Balzer-Herrgott-Runde, die uns zunächst am Waldrand, dann halbrechts über einen Forstweg auf die Lichtung beim **Balzer Herrgott** führt. Es handelt sich dabei um den Rest eines Bildstocks, der von einer Rotbuche fest umklammert wird. Nachdem der Torso der Christusfigur freigeschnitten wurde, hat sich die Lichtung vor dem mächtigen Laubbaum zu einem Ort der Besinnung gewandelt. Im Halbrund laden mehrere Bänke zum Verweilen ein. Diese werden natürlich rege genutzt. Insgesamt aber scheinen sich alle einig, dass es an diesem Ort ruhig zuzugehen hat. Während über uns die Buchfinken trillern, wird vor der Buche nur im Flüsterton gesprochen. Lassen wir uns auf die Stimmung ein, bevor wir die Runde fortsetzen.

Abstieg zum Mörderloch Wanderer der Balzer-Herrgott-Runde biegen bei der Lichtung links ab. Für den Abstieg zum Mörderloch verlassen wir die Lichtung indes geradeaus in südlicher Richtung. Somit folgen wir der gelben Raute an einer Windwurffläche vorbei relativ steil bergab durch den Wald. Wo wir auf eine gut ausgebaute Forststraße treffen, setzt sich unser Weg um wenige Schritte nach links versetzt fort. Sobald wir den Wald

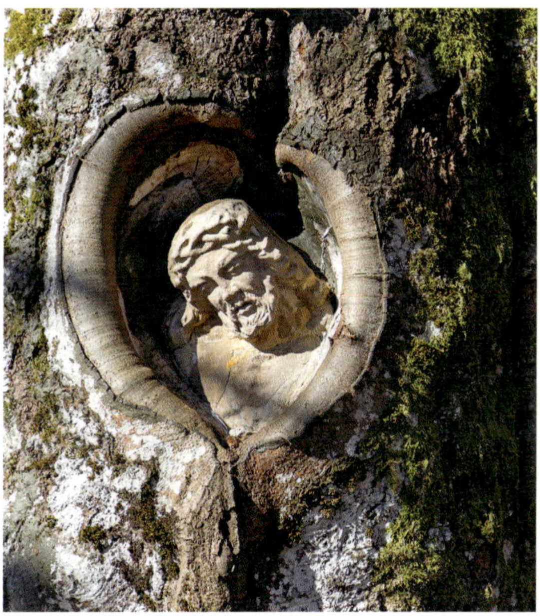

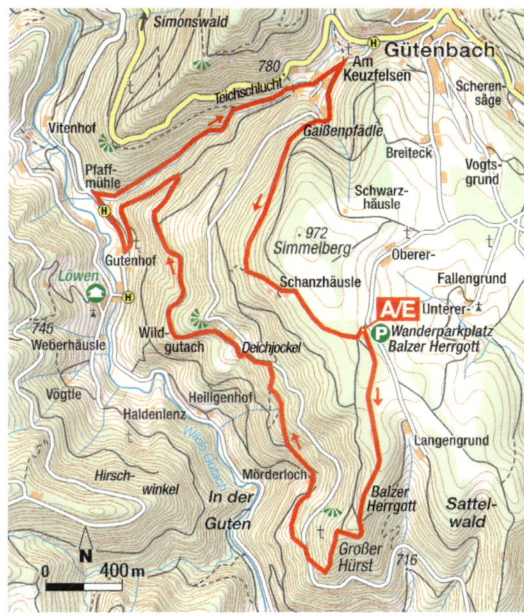

wieder verlassen, öffnet sich die Sicht über das enge Tal der Wilden Gutach. Wenige Minuten weiter haben wir das **Mörderloch** erreicht.

Linke Seite: Kleine Kaskaden und Gumpen prägen die Teichschlucht

Der Balzer Herrgott wird von einer Rotbuche fest umklammert.

Ungeklärte Geschehnisse Welchem Ereignis das Mörderloch seinen Namen verdankt, ist ungewiss. Als wahrscheinlich gilt, dass es sich hierbei um eine ehemalige Schanze handelt, welche die Menschen von Neukirch und Gütenbach 1677/78 zur Abwehr französischer Soldaten angelegt hatten. Von hier aus soll ein französischer Trupp bei seinem Raubzug im Abwehrfeuer

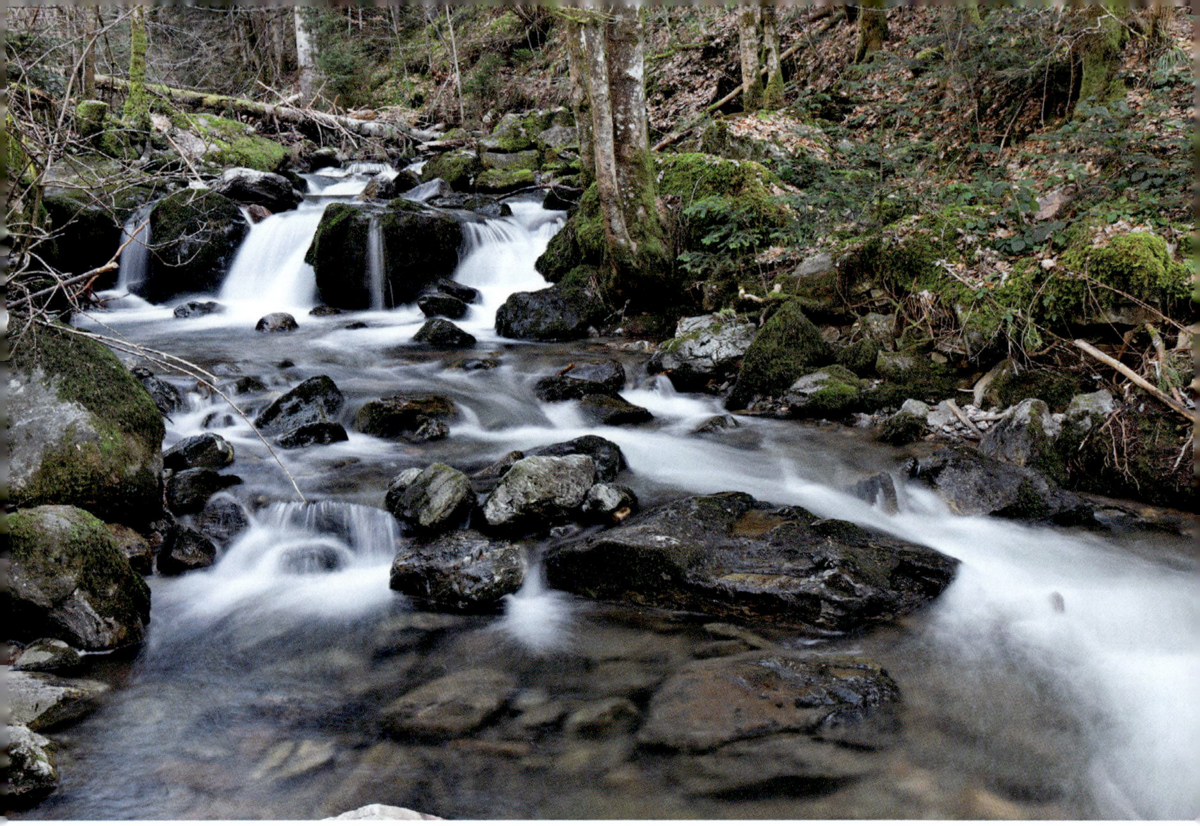

Mittlerer Abschnitt der Teichschlucht

der Bauern aufgerieben worden sein. Eine zweite Überlieferung handelt von Glas- und Uhrenträgern, die hier erschlagen worden sein sollen. Heute steht ein Bauernhof am nördlichen Ende dieser idyllischen Lichtung, den der TSV Alemannia Freiburg-Zähringen zu einem Ferienheim ausgebaut hat.

Balzer Herrgott

Laut der Überlieferung stammt der Balzer Herrgott vom Köningenhof im Wagnerstal. Als eine Schneelawine den Hof 1844 zerstörte, sollen auch die Arme der Kreuzfigur abgebrochen sein. Junge Burschen haben den Torso durch den Wald getragen und am heutigen Standort abgelegt. Um 1900 befestigten zwei Uhrmacher den Torso an der Buche. Mit der Zeit umfing der Baum die Christusfigur immer weiter, bis nur noch der Kopf sichtbar war. Schließlich legte der Schnitzer Josef Rombach den Kopf wieder frei, sodass Wanderer dieses Naturdenkmal auch heute noch bewundern können. Der Name »Balzer Herrgott« weist auf einen alten Balzplatz der Auerhähne hin, den es bei der Buche einst gegeben haben soll.

Abstieg an die Wilde Gutach

Wir passieren den alten Hof auf der Bergseite. Wo der hier breite Weg gut 300 Meter weiter erst eine Linkskurve beschreibt, um dann wieder nach Norden zu schwenken, müssen wir aufpassen. Denn hier wechselt die gelbe Raute rechts auf einen leicht zu übersehenden Pfad. Auf diesem geht es wieder leicht bergan bis zum Rastplatz beim **Deichjockel**. Außer einer Tisch-

Bank-Kombination am Waldrand finden wir dort eine Hütte samt Brunnen. Mit etwas Glück stehen dort Getränke für Wanderer bereit. Für den nächsten Abschnitt folgen wir der Beschilderung sowie der gelben Raute nach **Gutenhof** an der Wilden Gutach. Auf den letzten Metern dorthin befinden wir uns bereits oberhalb des Teichbachs, allerdings auf der weniger attraktiven Seite der Schlucht. Auf der Talsohle angelangt, geht es auf der nur schwach befahrenen Gutenstraße zur **Pfaffmühle** am unteren Ausgang der Teichschlucht.

In der Teichschlucht Beim anschließenden Aufstieg durch die Teichschlucht könnte es lebhaft werden. Denn außer unserer Runde führen auch der Zweitälersteig, die Wildbachtour und der Querweg Schwarzwald–Kaiserstuhl–Rhein durch den engen Geländeeinschnitt. Umso mehr lohnt es sich, beim Aufstieg ab und an stehen zu bleiben und den Blick über den Wildbach schweifen zu lassen. Mit etwas Glück entdeckt man eine Wasseramsel, die im Bach jagt. Ebenfalls schön anzuschauen ist im Frühling der Sauerklee. Die anspruchslosen Pflanzen bilden Teppiche auf und zwischen den Felsen der Teichschlucht. Doch auch im Sommer, wenn sich das Blätterdach der Bäume geschlossen hat, und im Herbst hat die Teichschlucht ihren Reiz. Im Gegensatz zur Wildbachtour und dem Zweitälersteig laufen wir beim Wegweiser **Teichschlucht** geradeaus weiter. Damit passieren wir ein paar weitere Minikaskaden, eh wir am oberen Ausgang der Schlucht die Bachseite wechseln.

Weiße Pestwurz als Frühlingsbote

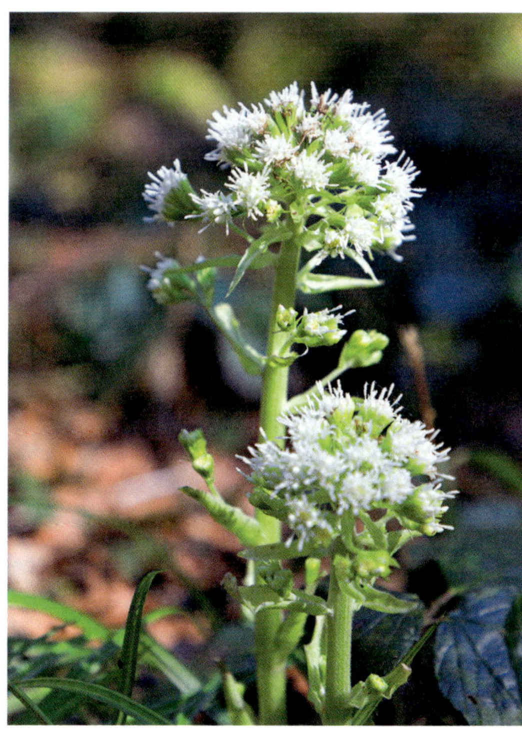

Finale auf der Balzer-Herrgott-Runde Sowie wir im ausreichenden Abstand die Kläranlage von Gütenbach passiert haben, biegen wir beim Wegweiser **Am Kreuzfelsen** scharf rechts ab. Die letzten zwei Kilometer der Wanderung verlaufen damit wieder auf der Balzer-Herrgott-Runde. Diese führt uns zunächst auf breitem Weg zum Wegweiser **Gaißenpfädle** (dort links), dann auf Waldpfaden sowie an einem Ausblick mit Sicht zum Feldberg vorbei zurück zum **Wanderparkplatz Balzer Herrgott**.

19 Touristenmagnet par excellence

Triberger Wasserfälle und Panoramaweg

Mittel	5,1 km	250 Hm	2 Std.

Tourencharakter
Die Triberger Wasserfälle sind mit Treppen und Brücken bestens erschlossen. Zwischen den beiden oberen Kassenhäusle erfolgt der Abstieg über einen felsigen Pfad, danach ist es eine eher einfache Runde.

Ausgangspunkt/Endpunkt
Haupteingang Triberger Wasserfälle
GPS: 48.1297, 8.2311

Anfahrt
Bahn & Bus: Ab dem Bahnhof von Triberg bestehen Busverbindungen zum Marktplatz in der Hauptstraße.
Auto: Über die B33 oder B500 nach Triberg, dort von der Hauptstraße nahe den Triberger Wasserfällen zum Parkplatz abbiegen

Einkehr
Restaurant Bergseestüble, Gastronomie entlang der Hauptstraße von Triberg

Karte
Karte des Schwarzwaldvereins 1:25 000, W248 Furtwangen

Informationen
Touristinformation Triberg, Tel. 07722/866490, www.triberg.de

Als wichtigste Attraktion genießen die Triberger Wasserfälle Weltruhm. Dank ihnen geben sich die Gäste selbst in der Nebensaison quasi die Klinke in die Hand. Wir verbinden die Tour mit dem Panoramaweg zu einer schönen Runde.

Wohltäter der Armen Bevor es richtig losgeht, lösen wir zunächst die erforderlichen Tickets beim **Eingang zu den Triberger Wasserfällen**. Inhaber der Schwarzwald Card können sich glücklich schätzen: Der Eintritt ist darin enthalten. Anschließend trennen uns nur wenige Meter von der Obervogt-Huber-Tanne. Tatsächlich ist es eine Rotfichte, die an den Obervogt Dr. Karl Theodor Huber erinnert. Er ließ ab 1805 Wege entlang der Wasserfälle anlegen und läutete damit die touristische Entwicklung Tribergs ein. Zugleich verbesserte er die wirtschaftliche Situation der Menschen im oberen Gutachtal. Als Beispiele stehen hier die Einführung der toskanischen Strohflechterei, die Veredlung von Obstbäumen, die Anlage neuer Felder und Wiesen sowie der Bau neuer Straßen für die Holzabfuhr nach Villingen und Haslach. Durch den Volksschriftsteller Heinrich Hansjakob ist der Obervogt auch als »Wohltäter der Armen« bekannt.

Die Triberger Wasserfälle Oberhalb der Huber-Tanne erreichen wir die große untere Kaskade der **Triberger Wasserfälle**. Die beste Sicht auf die herabstürzenden Wassermassen bietet ein Holzsteg, der direkt über dem Becken hängt. Tolle Aufnahmen von den unteren vier der sieben Hauptstufen sind auch von der Seite des Wegs möglich. Auf einer Strecke von etwa 230 Metern stürzt die Gutach 92 Meter in die Tiefe. Die unteren Wasserfälle werden durch einen Wildbachabschnitt von den oberen drei Stufen mit weiteren 16 Metern Fallhöhe getrennt.

Aufstieg zur Scheffelbrücke Mit einer ganzen Reihe schöner Eindrücke und sich immer wieder ändernden Blickwinkeln stei-

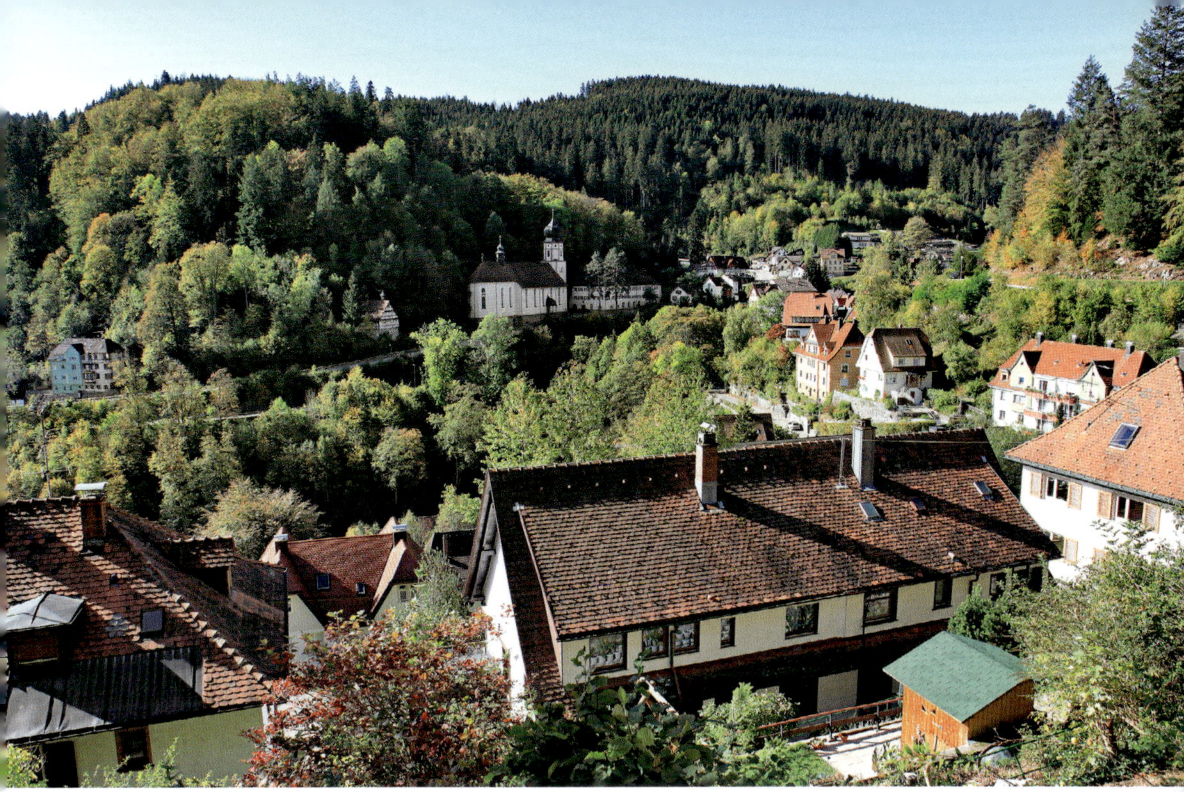

gen wir an der Bergseebrücke vorbei hinauf zur **Scheffelbrücke** bei der vierten Hauptstufe. Auch hier lohnt es, innezuhalten und das Naturschauspiel eine Weile auf sich wirken zu lassen. Jenseits der Brücke passieren wir ein kleines Kassenhäusle. Geradeaus ginge es zu einem alternativen Parkplatz, rechts nehmen wir den felsigen Pfad wieder bergab bis zu einem weiteren Kassenhäusle. Sollte diese Passage, etwa im Winter oder bei Forstarbeiten, gesperrt sein, kann man auch schon unterhalb der oberen Kaskade die Bergseebrücke nutzen.

Blick über Triberg zur Wallfahrtskirche Maria in der Tanne

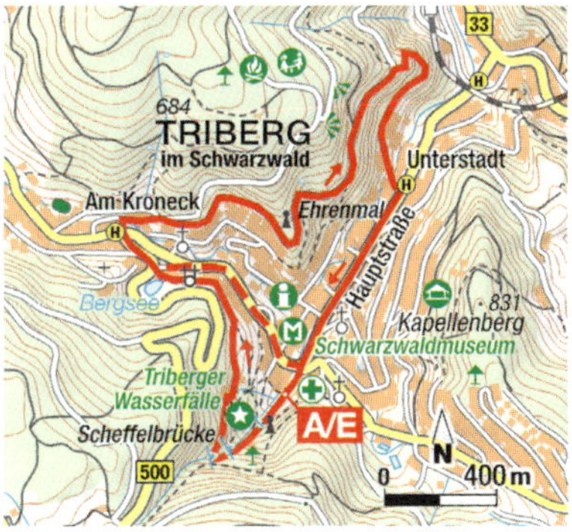

Trauriges Ende einer Attraktion … In beiden Fällen geht es ab dem Eingang Bergseebrücke auf weitgehend ebenem Terrain zum Bergsee. Auf dem Weg dorthin passieren wir erst einen Pavillon mit schöner Aussicht über den Ortskern, dann das Gelände des ehemaligen Hochseilgartens von Triberg. Nachdem im Winter 2020/21 mehrere Stürme große Schäden im Baumbestand angerichtet hatten, scheiterten 2021 die Verhandlungen zu einem neuen Pachtvertrag. Als Folge waren beide langjährigen Partner bei Drucklegung dieses Buchs auf der Suche: der alte Betreiber nach einem neuen Standort, die Stadt nach einem neuen Pächter. Weiter geradeaus geben die Bäume den Blick auf die Wallfahrtskirche frei, eh wir den **Bergsee** erreichen. Die Terrasse vom Restaurant Bergseestüble ist vor allem an sonnigen Tagen ein beliebter Ort für eine erste Rast.

Wallfahrtskirche oder Panoramaweg? Am Ende des Fußwegs haben wir die Wahl: Wem es einzig um die Wasserfälle ging, gelangt auf der Nordseite des Restaurants durch die Clemens-Maria-Hofbauer-Straße zurück ins Zentrum. Der Rückweg führt in diesem Fall an der Wallfahrtskirche Maria in der Tanne vorbei. Alle anderen nutzen den Zebrastreifen über die B500 beziehungsweise Schönwälder Straße. Dieser folgen wir rechts bis zur Einmündung der Schonacher Straße. Hier ermöglicht eine Fußgängerampel eine sichere Überquerung, eh wir auf der rechten Seite des Firmenparkplatzes die Schonach überqueren und uns erneut rechts orientieren. Wo sich der Weg beim Wegweiser **Am Kroneck** gabelt, halten wir uns abermals rechts und folgen der gelben Raute zum Panoramaweg. Nach einem kurzen Abschnitt im Wald öffnet sich die Sicht wieder und bekommen wir schöne Ausblicke über das von Bergen eng umfasste Städtchen.

Triberger Ehrenmal Sehenswert auf dem Panoramaweg ist das **Ehrenmal** beziehungsweise Hindenburg-Denkmal zum Gedenken der Opfer Tribergs während des Ersten Weltkriegs. Die 33 Zentner schwere Glocke im Aussichtsturm ertönt am Todestag eines jeden gefallenen Tribergers. An den Sonntagen ertönt die Glocke zu Ehren aller Opfer von Krieg, Gewalt und Unterdrückung. Gut 800 Meter weiter verlassen wir beim Wegweiser Panoramaweg den Höhenweg und steigen rechts über einen schmaleren Pfad zur **Unterstadt** ab. Links ginge es zum Bahnhof, rechts führen uns die letzten Meter durch die belebte **Hauptstraße**, wo wir mit einigen Cafés und Restaurants reichlich Gelegenheit finden, den Ausflug mit einer Einkehr zu verbinden.

Triberger Hochstapler

»Deutschlands höchste Wasserfälle« – Mit diesem Slogan lockt Triberg seit der Erfindung des Tourismus Gäste aus aller Welt. Zusammen mit einem als Wildbach ausgeprägten Abschnitt erreichen die sieben Hauptstufen der Gutach eine Fallhöhe von 163 Metern. Für ein Mittelgebirge ist das topp. Allerdings liegt die Fallhöhe damit noch weit unter den 470 Metern des Röthbachfalls südlich des Königssees. Auf den Plätzen zwei und drei folgen der Seebach-Wasserfall und der Zipfelsfall im Allgäu mit je 300 Metern. Am Ende bleibt für Triberg der neunte Rang. Das aber wollten sich die Triberger wohl nicht auf das Banner schreiben.

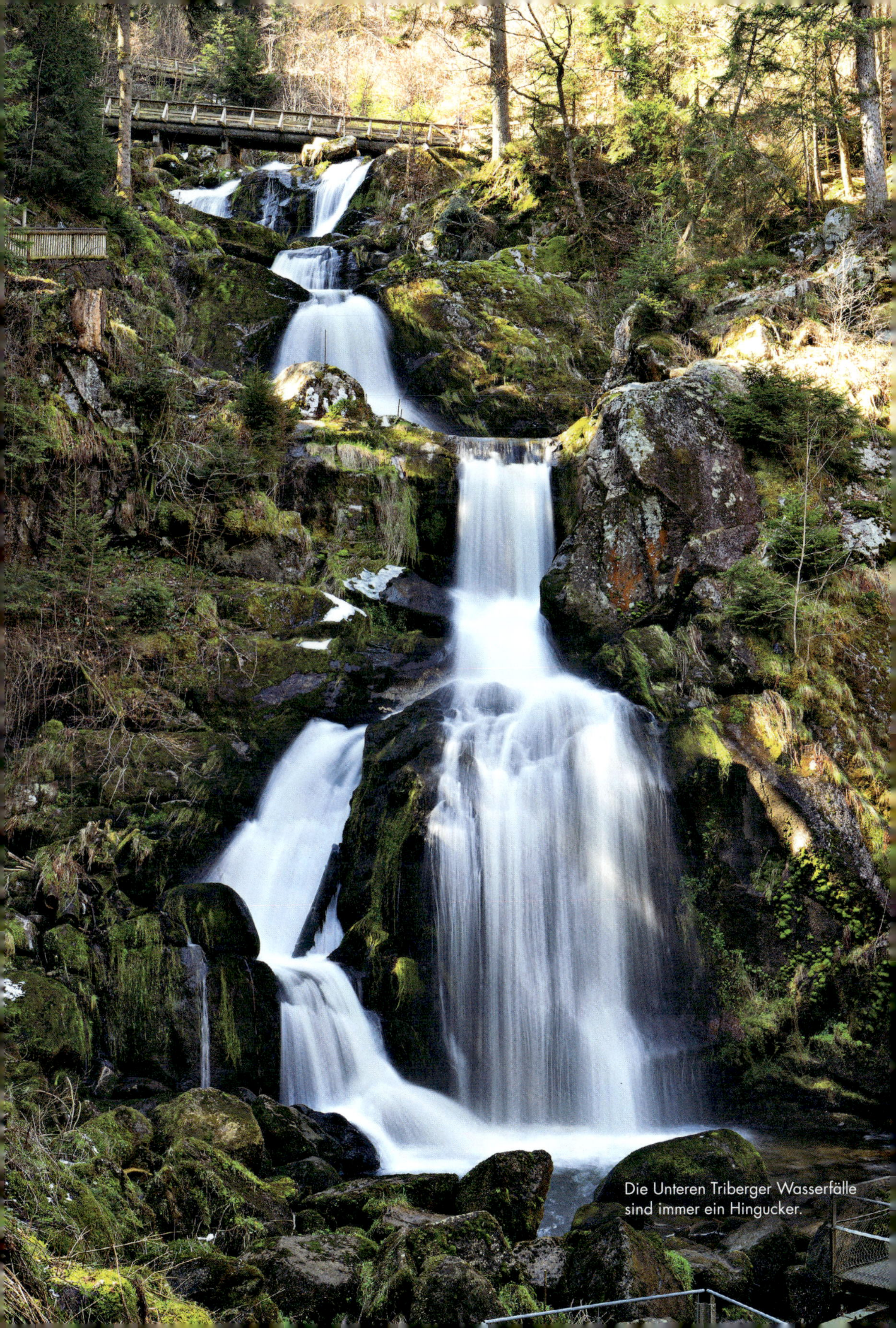

Die Unteren Triberger Wasserfälle
sind immer ein Hingucker.

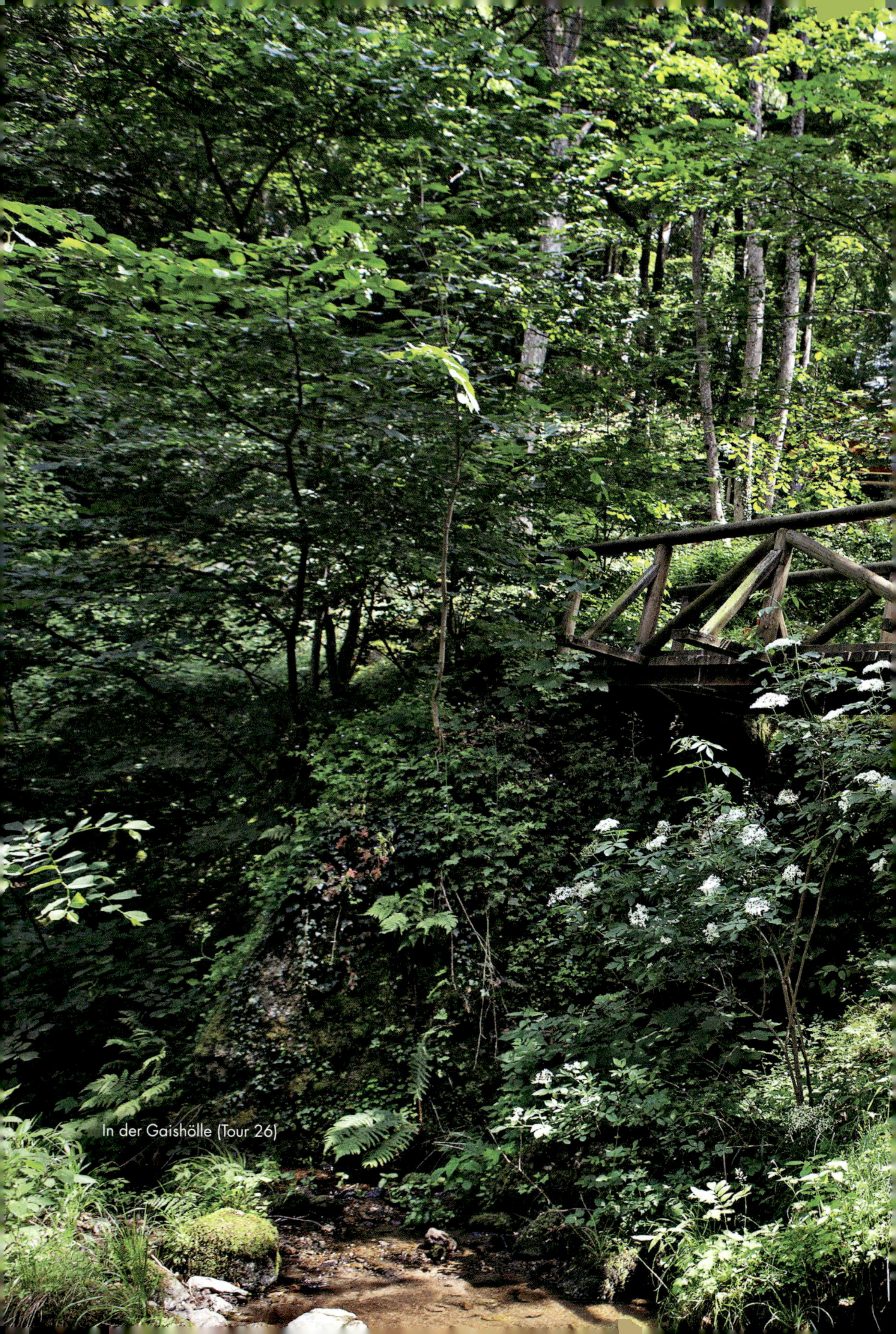

In der Gaishölle (Tour 26)

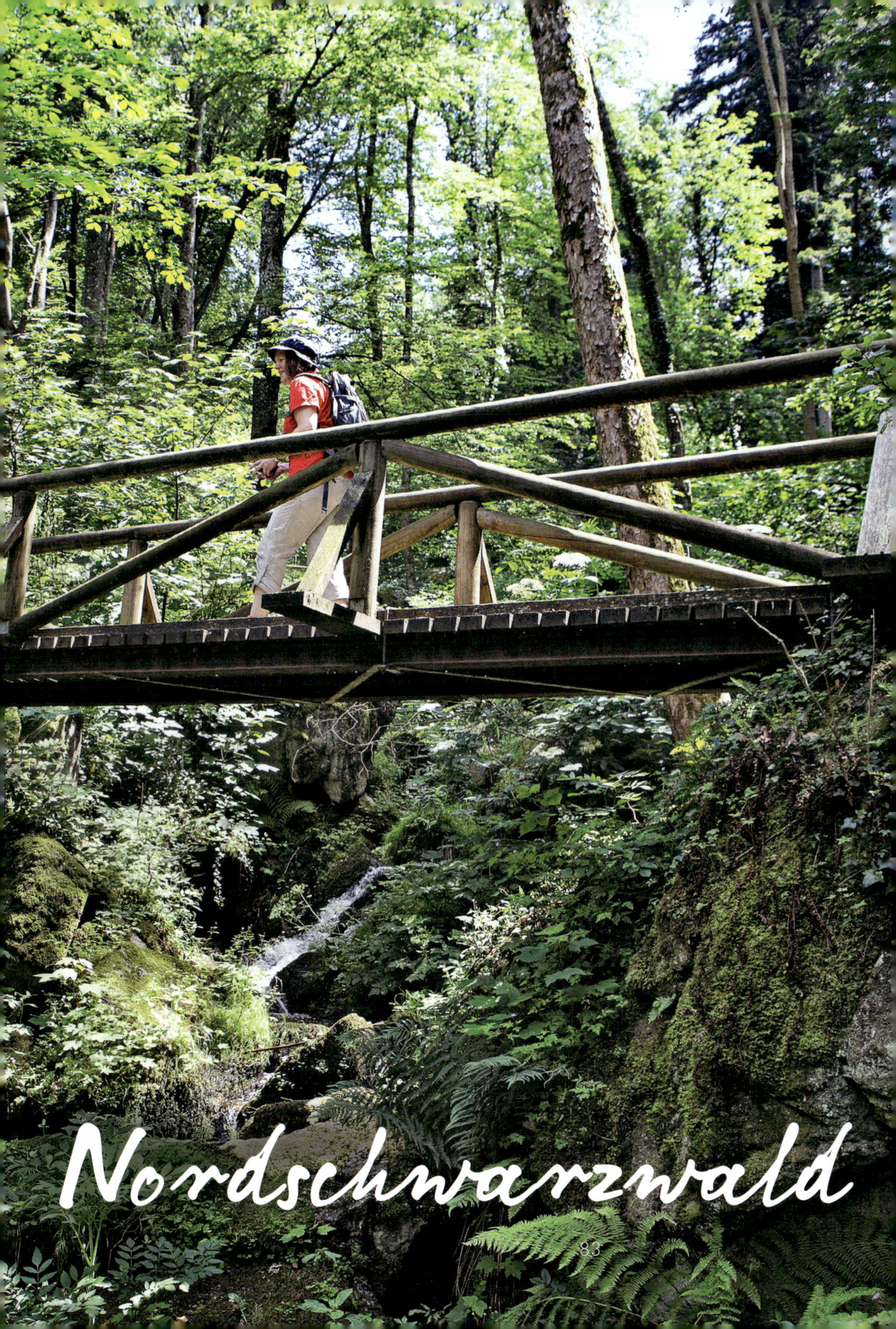

Nordschwarzwald

20 Auf dem Himmelssteig

Von Bad Peterstal zum Holchenwasserfall

Mittel	10,5 km	600 Hm	4–5 Std.

Tourencharakter
Abwechslungsreiche Runde auf Waldwegen und Pfaden. Mehrere Besonderheiten und Himmelsliegen am Wegrand machen den Himmelssteig zu einem Erlebnis und die Höhenmeter vergessen.

Ausgangspunkt/Endpunkt
Parkplatz Freibad Bad Peterstal
GPS: 48.4257, 8.2110

Anfahrt
Bahn & Bus: Es bestehen S-Bahnverbindungen ab Offenburg zum Bahnhof Bad Peterstal. Ab dort erfolgt der 1 km lange Zuweg mit der blauen Raute über das Kurhaus und Aufgang Alter Sportplatz.
Auto: Auf der B28 Kehl–Freudenstadt bis Bad Peterstal fahren, in Bad Peterstal zum Parkplatz in der Schwimmbadstraße abbiegen

Einkehr
Mehrere Getränkestationen und himmlische Rastmöglichkeiten am Wegrand

Karte
Karte des Schwarzwaldvereins 1:25000, W235 Freudenstadt

Informationen
Kur und Tourismus GmbH Bad Peterstal-Griesbach, Tel. 07806/91000, www.bad-peterstal-griesbach.de

Bad Peterstal-Griesbach ist auf seine Wandersinfonie stolz. Die ersten beiden sind der Wiesensteig zur Renchtalhütte und der Schwarzwaldsteig um den Braunberg. Als jüngster im Bunde verspricht uns nun der Himmelssteig ein himmlisches Wandervergnügen.

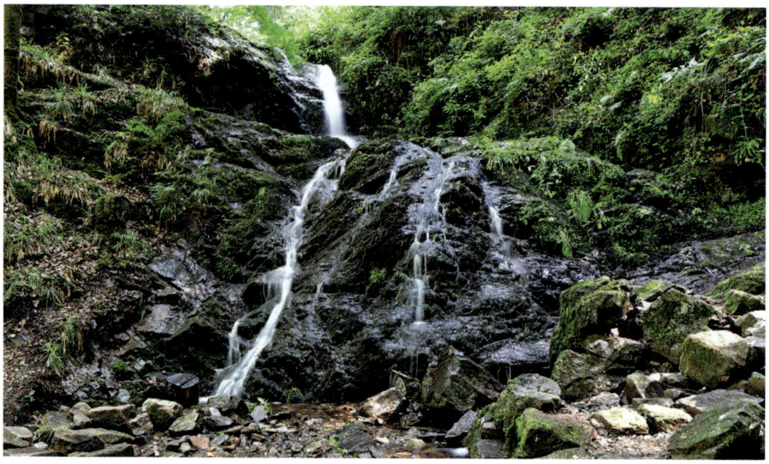

Vom Bad zur Himmelsbank Der Zugang zum Himmelssteig-Portal erfolgt beim oberen Freibad-Parkplatz über einen Fußweg. Wir wandern die Runde im Uhrzeigersinn. Damit biegen wir links ab und folgen dem Pfad zur Straße Am Sportplatz. Dort halten wir uns rechts, um sogleich wieder links abzubiegen. Nach einer ersten Sicht über das Freiersbachtal treffen wir auf einen anderen Weg. Dort halten wir uns zweimal links und kommen durch den Wald bis zu einer Kreuzung. Wir orientieren uns halbrechts, sodass wir wenige Schritte weiter bergan zu einem Ausguck samt Himmelsliege kommen. Oberhalb davon verläuft der Genießerpfad auf wechselnden Pfaden durch den Wald, bis wir rechts auf den breiteren Überkopfweg einbiegen. In der nächsten Linkskurve nehmen wir den Umweg entlang des Waldrands zur 22,5 Meter langen Himmelsbank.

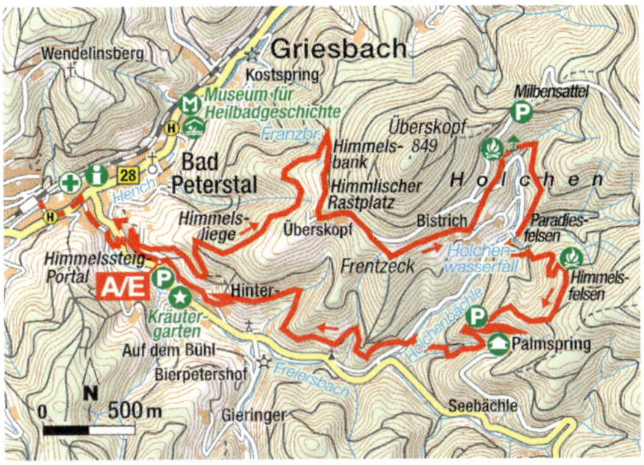

Himmlischer Rastplatz Nach dem kurzen Schwenk vereint sich der Himmelssteig nochmals mit dem Forstweg, ehe wir beim Wegweiser Überskopf links zum **Himmlischen Rastplatz** abbiegen. Vor Ort finden wir eine Bar mit Getränken sowie allerlei nette Ideen liebevoll umgesetzt. Anschließend folgen wir der Beschilderung über Bistrich und das Frentzeck um die Südseite vom Überskopf bis nahe dem Mülbensattel, dann dem Paradiessteig zum **Paradiesfelsen**. Der Zugang auf den Felsen eröffnet eine schöne Sicht auf das soeben umwanderte Tal.

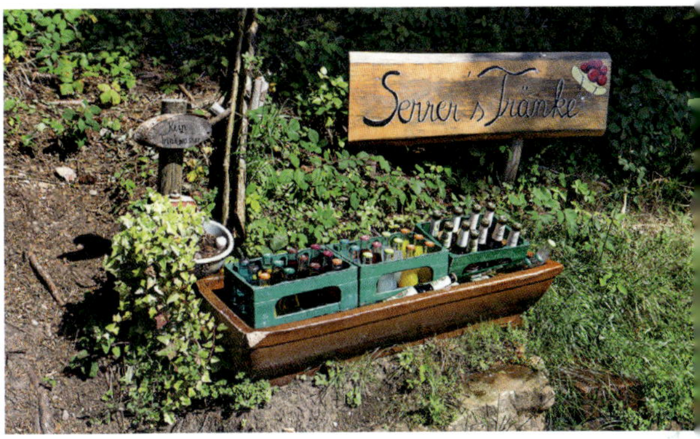

Holchenwasserfall und Himmelsfelsen Gleich danach kommen wir zum **Holchenwasserfall**. Wasser fließt hier für gewöhnlich zwar nicht allzu viel. Dafür aber finden wir mit dem Schnäpsle-Paradies eine weitere Getränkestation. Auf den nächsten Metern vereint sich unser Weg kurz mit dem Renchtalsteig. Während der Fernwanderweg direkt nach Palmspring führt, biegen wir jedoch alsbald wieder links ab. Der Himmelssteig führt uns damit steil bergan bis zu einem Rastplatz mit mehreren am Hang verteilten Bänken, und von dort hoch auf den Neuen Katzenbuckelweg und den **Himmelsfelsen**.

Linke Seite: Beim Holchenwasserfall rinnt für gewöhnlich nur wenig Wasser über den Fels.

Willkommene Erfrischung am Wegrand

Zurück über Palmspring Am höchsten Punkt der Runde halten wir uns rechts und folgen dem Steig schließlich hinunter nach **Palmspring**. Nachdem wir den Sportplatz passiert haben, kürzt der Himmelssteig vor den Häusern rechts auf den unteren Weg ab. Der weitere Rückweg erfolgt erst bergab durch den Wald bis über das Holchenbächle, dann auf erneut wechselnden Wegen zurück zum Himmelssteig-Portal.

Brunnentempel und Sophienquelle

Der Brunnentempel ist das Wahrzeichen von Bad Peterstal-Griesbach. Die Quelle wurde 1835 durch Franz Xaver Kimmig entdeckt und zwei Jahre später nach der Großherzogin Sophie benannt. Sophie hat sich als große Förderin der Bäder von Peterstal und Griesbach verdient gemacht. Das sprudelnde Mineralwasser der Quelle kann an den Zapfsäulen mitten im Pavillon gekostet werden.

21 Zwischen Rench und Glaswaldsee

Südlicher Griesbach-Wasserfall

Mittel/Schwer | 12,4 km | 600 Hm | 4–5 Std.

Tourencharakter
Für den langen Anstieg bis zum Griesbacher Wasserfall ist eine gute Kondition am Berg von Vorteil. Im Bereich des Wasserfalls und beim Aufstieg entlang der Teufelskanzel ist Trittsicherheit erforderlich. Ansonsten ist es eine abwechslungsreiche Runde, die auch abgekürzt werden kann.

Ausgangspunkt/Endpunkt
Bahnhof Bad Griesbach
GPS: 48.4488, 8.2311

Anfahrt
Bahn & Bus: Es bestehen S-Bahnverbindungen ab Offenburg zum Bahnhof Bad Griesbach.
Auto: Auf der B28 Kehl–Freudenstadt bis Bad Griesbach fahren, im Ort beim Brennereimuseum über die Straße Am Ackerköpfle zum Bahnhof abbiegen.

Einkehr
Auf der Strecke keine, jedoch mehrere schöne Rastmöglichkeiten

Karte
Karte des Schwarzwaldvereins 1:25 000, W235 Freudenstadt

Informationen
Kur und Tourismus GmbH Bad Peterstal-Griesbach, Tel. 07806/91000, www.bad-peterstal-griesbach.de

Der Südliche Griesbach-Wasserfall zählt zu den wenig bekannten Kaskaden im Schwarzwald. Erst oberhalb steuern wir auf dem Renchtalsteig und einem Nebenwanderweg mit der Teufelskanzel und dem Glaswaldsee geläufigere Wanderziele an.

Aufstieg an der Kreuzkopfschanze vorbei … Die ersten Schritte erfolgen vom **Bahnhof von Bad Griesbach** über die Rench sowie entlang der B28 bis zum Wegweiser Kimmigseppenhof. Rechts ab folgen wir dem Waltersweg ans obere Ortsende, wo wir zweimal kurz aufeinander links abbiegen. Nach einem ersten schönen Ausblick über den Ort und der auffallenden Kirche Sankt Antonius tauchen wir in den Wald ein. Dort bietet sich beim Wegweiser **Kreuzkopfschanze** ein Abstecher zu den beiden Sprungschanzen von Bad Griesbach an. Weiter bergan biegen wir anschließend beim Wegweiser **Emmersbach** links ab.

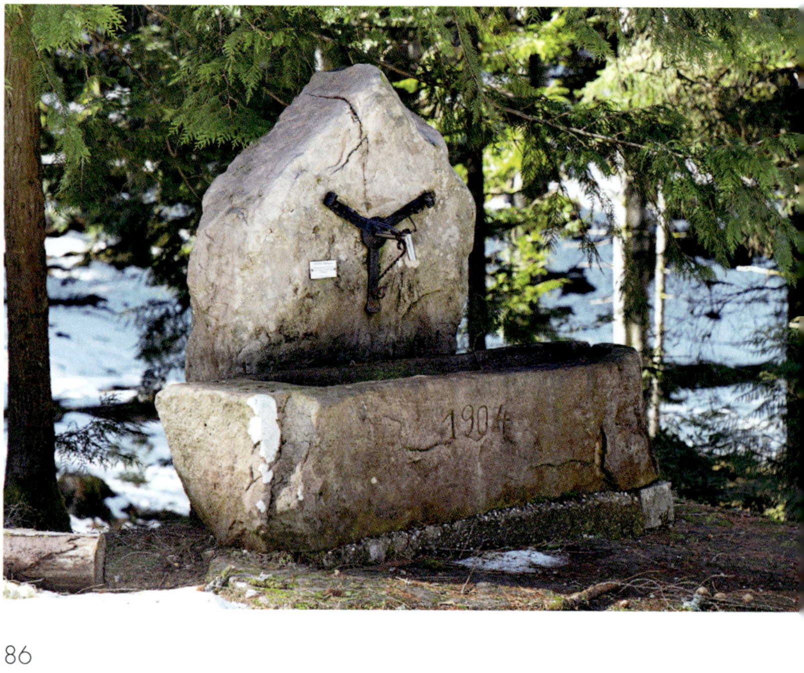

200 Meter weiter kreuzen sich die Wege, von rechts werden wir später zurückkommen. Geradeaus geht es zum Wasserfall. Zuvor aber gönnen wir uns links den kurzen Abstecher zum Haberer Turm.

... zum Haberer Turm Der **Haberer Turm** wurde zu Ehren des Medizinalrats Dr. Heinrich Albert Haberer errichtet und 1899 eingeweiht. Sein Sohn Carl Albert dankte ihm damit für sein verdienstvolles Engagement zur Förderung der Renchtalbäder. Die Aussichtsplattform des 16 Meter hohen Turms eröffnet einem heute ein herrliches Panorama über das obere Renchtal. Gut zu erkennen ist auf dem gegenüberliegenden Bergzug der im Mai 2015 eröffnete Buchkopfturm. Links davon ist auf der Lichtung die Renchtalhütte zu sehen, ein ebenfalls schönes Ausflugsziel.

Südlicher Griesbach-Wasserfall und Sexauer Hütte Zurück bei der Kreuzung wählen wir den mit gelber Raute markierten Weg zum Wasserfall. Gut 200 Meter weiter biegen wir beim Wegweiser **Turmwald** rechts ab und erreichen gleich darauf den **Südlichen Griesbach-Wasserfall**. Für gewöhnlich plätschert hier nur ein Rinnsal in die Tiefe. Umso erstaunlicher sind die Höhe und Breite der felsigen Kaskade. Nach der Brücke ermöglicht der Aufstieg über eine abschüssige Treppe und einen Wurzelpfad

Linke Seite: Brunnen bei der Sexauer Hütte

Der Haberer Turm

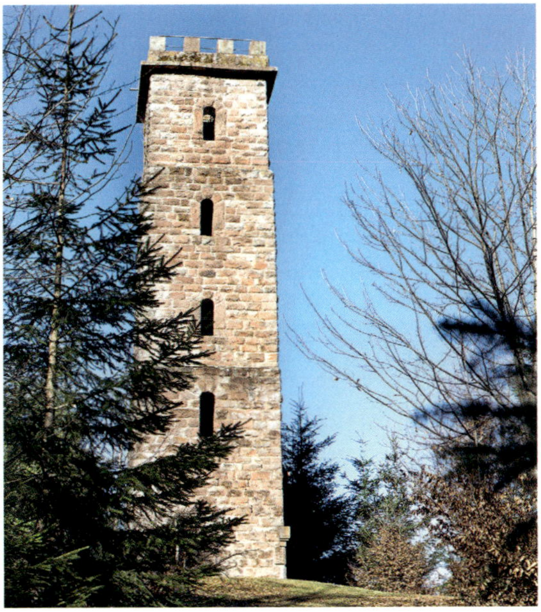

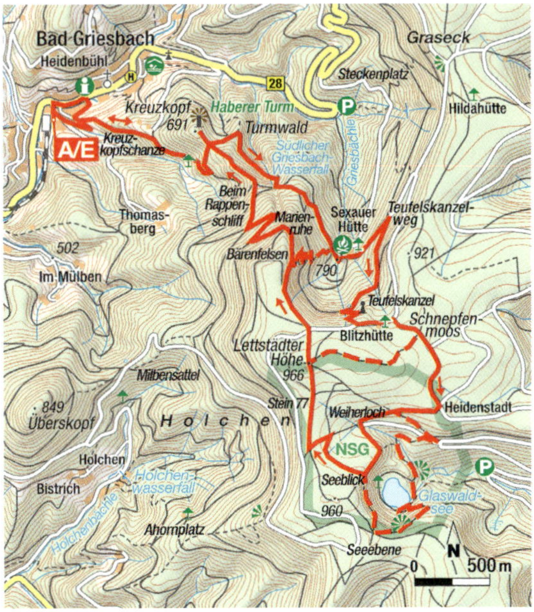

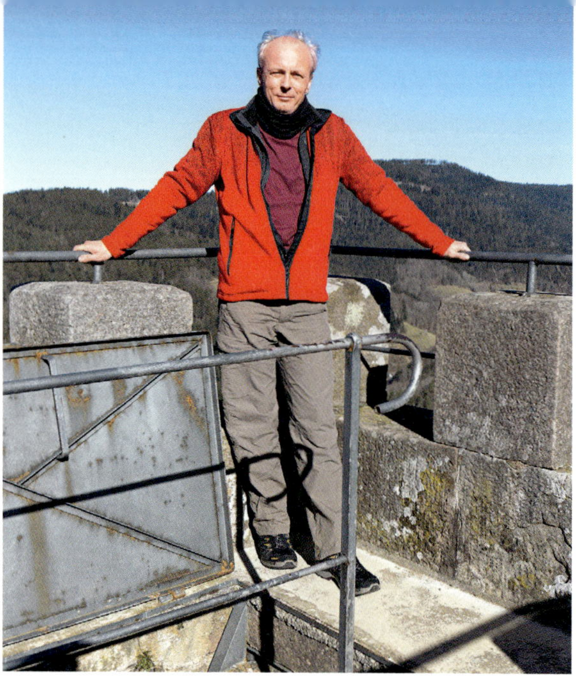 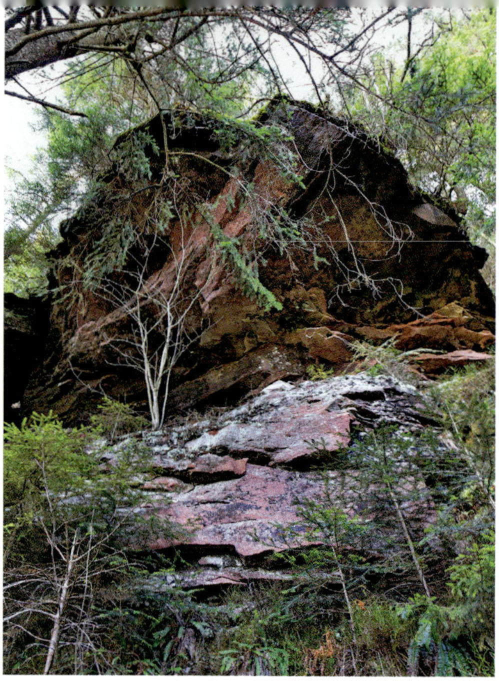

Auf dem Haberer Turm

Schroffe Felsen bilden die Teufelskanzel.

weitere Blicke von oben auf den Wasserfall. Direkt oberhalb treffen wir auf den Renchtalsteig. Wem es einzig um den Wasserfall ging, kann rechts zum Rappenschliff abkürzen. Alle anderen nutzen erst links den Forstweg, wechseln dann aber rechts auf den Pfad. Wo dieser endet, laufen wir geradeaus weiter und finden beim nächsten Wegweiser die zweite Abkürzung. Diese führt über einige Kehren hoch zum Bärenfelsen. Wir indes halten uns halblinks, womit wir zur **Sexauer Hütte** kommen. Nebst Bänken und einem Brunnen finden wir dort ein Grillhäusle.

Variante über den Glaswaldsee

Für die Variante bleiben wir beim Weiherloch auf dem Heidenstadtweg beziehungsweise wandern durch die Linkskurve bis Bruderhalde. Dort wechseln wir rechts auf die blaue Raute zum Ostufer des Glaswaldsees. Der anschließende Aufstieg erfolgt über die Südseite zur Seeebene sowie rechts auf dem Westweg zum Seeblick. Für den Umweg müssen wir 2,5 Kilometer und 100 Höhenmeter mehr einrechnen.

Über die Teufelskanzel zum Seeblick Weiter auf dem Renchtalsteig biegen wir nach 400 Metern scharf rechts auf den **Teufelskanzelweg** ab. Der Aufstieg erfolgt über enge Holztreppen, die bei Nässe glitschig sind, uns aber auch tolle Eindrücke von den teils überhängenden Felsen bieten. Am oberen Ende des Treppenwegs haben wir beim Wegweiser **Teufelskanzel** rechts die dritte Möglichkeit, diese Runde abzukürzen. Schöner – und kaum länger – ist es, zumindest noch bis zum Wegweiser **Schnepfenmoos** weiterzulaufen. Von dort führt der Westweg auf attraktivem Pfad über die Lettstädter Höhe zum Wegweiser Stein 77. Für die komplette Tour indes kreuzen wir beim Schnepfenmoos den Westweg und folgen der gelben Raute über die Wegweiser **Heidenstadt** und **Weiherloch** zum **Seeblick**. Der Rastplatz besitzt eine durch Bäume und Sträucher nur eingeschränkte Sicht auf den Karsee, ist dafür jedoch urig-gemütlich ausgestaltet.

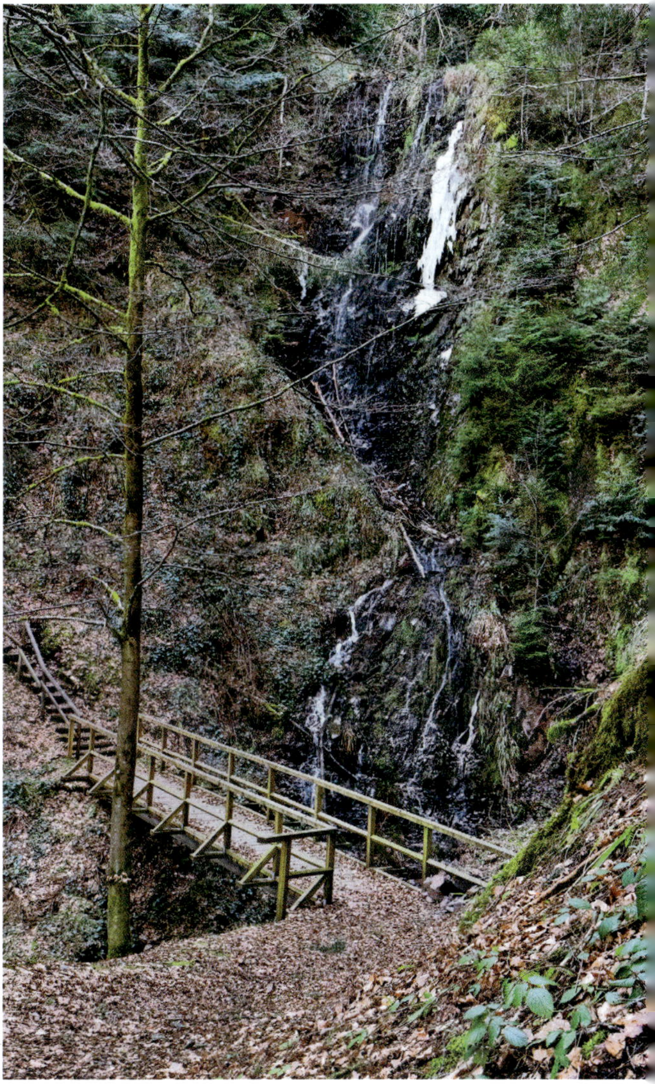

Durch seine schattige Lage ist der Südliche Griesbach-Wasserfall im Winter oft eisbehangen.

Renchtalsteig zum Zweiten

Der spätere Rückweg erfolgt erneut auf dem Renchtalsteig, zunächst noch zusammen mit der roten Westwegraute bis zum **Stein 77** mit der Lettstädter Hütte, dann geradeaus weiter zum Wegweiser **Lettstädter Höhe**. Dort biegen wir links, dann beim Wegweiser Wildwies halbrechts auf den Waldpfad ab. Dieser führt östlich am **Bärenfelsen** vorbei zur **Marienruhe**. Durch die Lage an einer Geländekante öffnet sich bei dem Rastpunkt wieder die Sicht über das obere Renchtal. Außer dem Buchkopfturm und der Renchtalhütte ist hier außerdem das 2021 fertiggestellte Seeschlösschen vom Hotel Dollenberg gut zu erkennen. Mit diesem schönen Eindruck folgen wir dem Renchtalsteig über mehrere Kehren bis zum **Rappenschliff**.

Auf örtlichen und bekannten Wegen

Über den örtlich beschilderten Fußpfad laufen wir – über einen kreuzenden Weg mit gelber Raute hinweg – zurück zur Kreuzung beim Haberer Turm und ab dort links auf dem bekannten Weg an den unteren Waldrand. Wo der Pfad beim ersten Haus mündet, geht es links zu einer Wassertretstelle direkt am Emmersbächle. Ab dort sind es, zunächst entlang des Bachs, dann durch die Straße Am Ackerköpfle nur noch wenige Schritte bis zurück zum Bahnhof von Griesbach.

22 Der Unbekannte über der Wolf

Klösterle-Schleife mit Burgbachwasserfall

Mittel | 8 km | 320 Hm | 2.30 Std.

Ausgangspunkt/Endpunkt
Wanderparkplatz Vor Burgbach an der L96
GPS: 48.4132, 8.3289

Anfahrt
Bahn & Bus: Es bestehen Busverbindungen von Wolfach und Freudenstadt zur Haltestelle Bad Rippoldsau Letztes Gstehr.
Auto: Von der B294 Hausach–Schiltach nahe Wolfach oder der B28 Freudenstadt–Oppenau nach Bad Rippoldsau-Schapbach abbiegen. Der Parkplatz Vor Burgbach befindet sich direkt an der L96 zwischen Rippoldsau und Schapbach.

Einkehr
Café-Restaurant Zum Schlüssel, Sa–Mi ab 10 Uhr, Fr ab 14.30 Uhr, Tel. 07440/217, www.zumschluessel.com

Karte
Karte des Schwarzwaldvereins 1:25 000, W235 Freudenstadt

Informationen
Touristinformation Bad Rippoldsau-Schapbach, Tel. 07440/91 39 40, www.wolftal.de

Der Burgbachwasserfall besitzt eine der höchsten Kaskaden im Schwarzwald. Dennoch war er lange Zeit nur wenigen Insidern bekannt. Mit Eröffnung der Klösterle-Schleife erwacht er allmählich aus seinem Dornröschenschlaf.

Fulminanter Auftakt Der **Wanderparkplatz Vor Burgbach** befindet sich bei der Mündung des Burgbachs in die Wolf. Mit der Landstraße im Rücken überqueren wir den Fluss. Geradeaus ginge es direkt zum Wasserfall. Für die Klösterle-Schleife jedoch biegen wir rechts ab und nehmen den Umweg über die beiden Wegweiser **Moosgrund** und **Am Schrofen**. Auf diese Weise wird der erste Anstieg deutlich entschärft. Nach gut einem Kilometer sind wir wieder am Burgbach und sehen zwischen den Bäumen hindurch zum **Burgbachwasserfall**. Er besteht nur aus einer Fallstufe und zählt zu den höchsten frei fallenden Wasserfällen in Deutschland.

Über den Bildstöcklefelsen nach Klösterle Nach dem Abstecher zum Fuß des Wasserfalls folgen wir dem gewundenen Pfad entlang der Felsen hoch zu einem Pavillon auf dem Burgbachfelsen. Die Aussicht über das Wolftal bildet den bereits zweiten Höhepunkt gleich zu Beginn dieser Tour. Oberhalb des Pavillons gelangen wir über die Wiese zur Burgbachstraße, die wir beim Wegweiser **Bildstöcklefelsen** kreuzen, um dem Wanderweg dann links bergan in den Wald zu folgen. Auf wechselnden Forstwegen geht es auf dem nächsten Abschnitt stets mit der blauen Raute durch das Quellgebiet des Burgbachs und über den höchsten Punkt der Runde bis zum Wegweiser **An der Steig**. Dort biegen wir scharf links ab und folgen der Beschilderung über die Nepomukbrücke nach **Klösterle**.

Aufstieg zum Schießhüttele Sowie wir beim **Klösterlehof** die Landstraße überquert haben, lädt links das Restaurant Zum

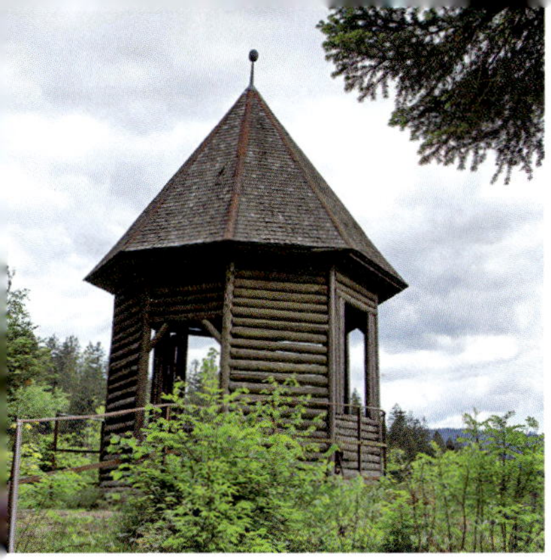

Tourencharakter

Die Aufstiege zum Bildstöcklefelsen und zum Schießhüttele erfordern Trittsicherheit und festes Schuhwerk, ansonsten ist dies eine gut zu wandernde Runde auf Waldwegen und Pfaden.

Pavillon auf dem Burgbachfelsen

Schlüssel zum Verweilen ein. Anschließend folgen wir dem Fußweg über die Wolf zum Minigolfplatz. Wer die Tour etwas abkürzen möchte, kann geradeaus den direkten Weg hoch zum Schießhüttele nehmen. Ansonsten biegen wir rechts ab und laufen der Wolf einen halben Kilometer entgegen. Bei der **Kurhausbrücke** halten wir uns dann links und folgen der Beschilderung wieder bergan bis zum **Schießhüttele**.

Über der Wolfsschlucht Sowohl bei der Hütte als auch oberhalb geben die Bäume den Blick auf die Wallfahrtskirche Mater Dolorosa frei. Ab dort verläuft der Weg oberhalb der Wolfsschlucht. Wo der Pfad beim Wegweiser Greifshalde in einen breiteren Waldweg mündet, biegen wir erneut links ab. Auf diesem letzten Abschnitt passieren wir die **Jochemsbrücke**. 400 Meter weiter sind wir zurück beim **Wanderparkplatz Vor Burgbach**, wo diese kurze und kurzweilige Runde endet.

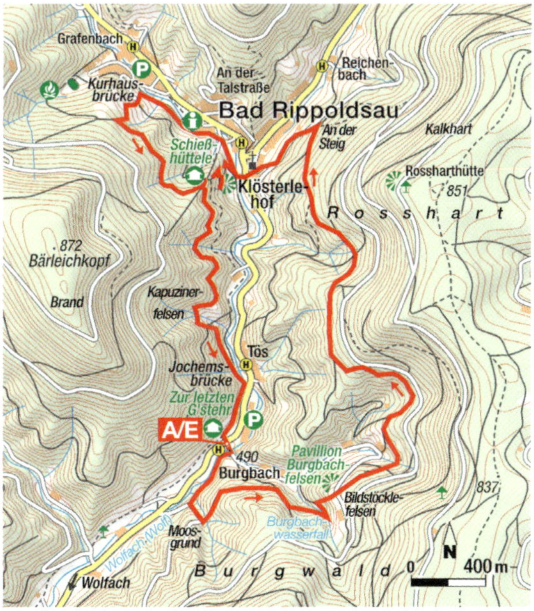

Alternativer Wolf- und Bärenpark Schwarzwald

Passend zum Wolftal ist der Wolf- und Bärenpark den scheuen Waldbewohnern gewidmet. Die Freianlagen sind bewusst großzügig bemessen. Dies soll den Tieren ermöglichen, selbst auf Futtersuche zu gehen. Außerdem leben zwei Luchse auf dem Gelände. Der Park wird von einer Stiftung unterhalten und ist rund ums Jahr täglich ab 10 Uhr geöffnet. Weitere Infos gibt es unter www.baer.de.

23 Wasserfall zum Selberbasteln

Abgespeckter Sankenbachsteig

Schwer | 13,6 km | 480 Hm | 4–4.30 Std.

Tourencharakter
Der Aufstieg entlang der Wasserfälle erfolgt auf steilen Bergpfaden, die wie auch der Abstieg von der Glasmännlehütte hohe Trittsicherheit erfordern.

Ausgangspunkt/Endpunkt
Parkplatz Sesselbahn Stöckerkopf
GPS: 48.5009, 8.3647

Anfahrt
Bahn & Bus: Ab Karlsruhe oder Freudenstadt mit der S-Bahn bis zum Bahnhof in Baiersbronn, Vom Bahnhof sind es zehn Minuten zu Fuß zum Parkplatz am Sessellift.
Auto: Über die B462 nach Baiersbronn, dort auf die Forbachstraße und anschließend rechts auf die Sankenbachstraße abbiegen bzw. den Schildern zum Sessellift folgen

Einkehr
Glasmännlehütte, täglich ab 10 Uhr geöffnet,
Tel. 07442/121433,
www.glasmaennlehuette.de

Karte
Karte des Schwarzwaldvereins 1:25000, W235 Freudenstadt

Informationen
Baiersbronn Touristik,
Tel. 07442/84140,
www.baiersbronn.de

Bei dieser Runde bewegen wir uns in weiten Teilen auf dem als Genießerpfad ausgewiesenen Sankenbachsteig, kürzen ihn aber etwas ab und umrunden den Gruberkopf und den Stöckerkopf. Gegen Ende lädt die Glasmännlehütte zu einem ausgiebigen Vesper ein.

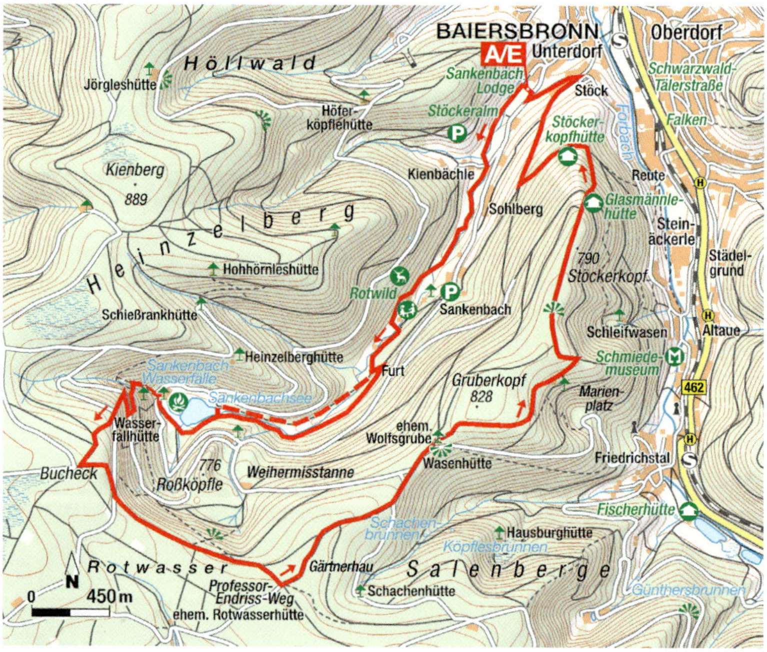

Auftakt im Sankenbachtal Die ersten Schritte führen uns ans Ende vom **Parkplatz der Sesselbahn** zu einem Rastplatz mit künstlich erhöhter Quelle. Wir folgen dem Fußweg über den Sankenbach und biegen links ab. Auf diesem ersten Abschnitt verläuft der Wanderweg flussaufwärts in die offene Landschaft. Sowie wir das Kienbächle überquert haben, nehmen wir Kurs auf den Wald und passieren das Wildgehege Sankenbach. Je nachdem, wo sich die Tiere aufhalten, können wir das sonst sehr scheue Rot- und Damwild beobachten. Gleich danach kommen wir zu einem **Waldspielplatz** mit Wippe, Schaukeln, einer Rutsche und einer kleinen Schutzhütte.

Varianten zum Sankenbachsee Nachdem wir nochmals die offene Talsohle sowie das Sankenbach-Brückle überquert haben, mündet unser Weg in einen Forstweg. Rechts ab folgen wir dem Waldrand bis zur Wegkreuzung oberhalb der **Sankenbach-Furt**. Hier haben wir die Wahl: Wer auf dem Genießerpfad bleiben möchte, muss scharf rechts abbiegen. In dem Fall geht es erneut über den Bach und mit den Markierungen des Genießerpfads bis hoch zum Heinzelbergsträßchen sowie von dort wieder hinunter ans Seeufer. Es ist aber genauso gut möglich, auf den zweiten

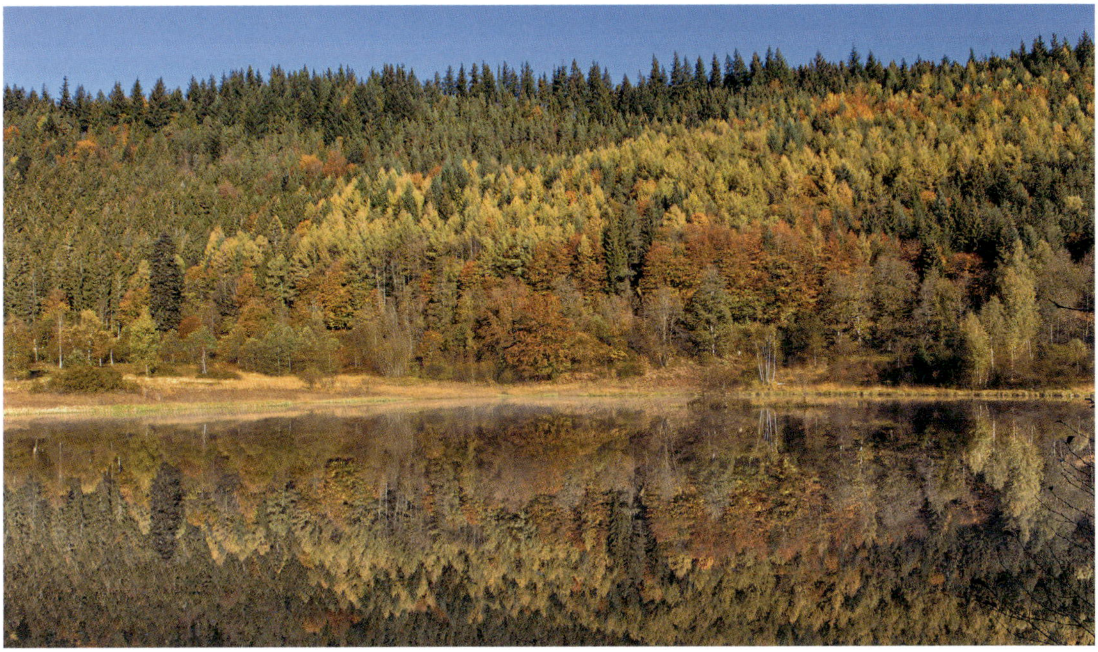

Der Sankenbachsee gleicht einem zauberhaften Spiegel.

Weg rechts abzubiegen. Dieser verläuft südlich des Bachs und erreicht den **Sankenbachsee** ein wenig früher. Der Sankenbachsee ist der einzige von fünf Karseen der Gemeinde Baiersbronn, in dem das Baden erlaubt ist. Besonders reizvoll ist der See aber auch im Herbst, wenn die Sonne tief steht und sich die umliegenden Wälder auf der dunklen Wasseroberfläche spiegeln.

Ein Wasserfall für Tüftler Der Wanderweg führt um das Südufer herum sowie über den Zufluss bis zu einer Grillstelle. Kurz bevor wir diese erreicht haben, erfolgt der Einstieg auf den 800 Meter langen Steig bis zu den **Sankenbach-Wasserfällen**. Ein Schild warnt auf diesem Abschnitt vor Absturzgefahr und Steinschlag. Andererseits bieten sich uns auf dem Steig herrliche Ausblicke über die Landschaft. Bis wir schließlich zur größten Kaskade kommen und uns womöglich verwundert die Augen reiben: Anstatt eines wild in die Tiefe tosenden Wasserfalls tröpfelt ein klägliches Rinnsal über die Felsen. Bei unserer ersten Begehung schauten wir uns lachend an und wollten gerade auslosen, wer sich oben als lebendes Stauwehr opfert. Doch dann rauschte plötzlich ein Schwall Wasser über die Kaskade. Wie das funktioniert, sehen wir weiter oben. Offenbar ist das Problem der Wasserknappheit bekannt. Deshalb wurde oberhalb der Hauptkaskade eine Wehranlage installiert, die von Hand bedient werden kann. Eine schöne Idee!

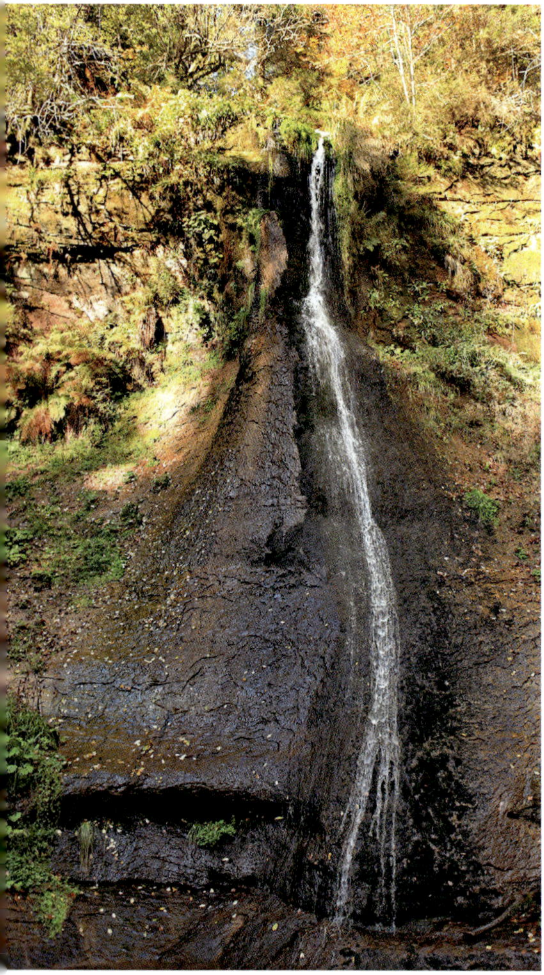

Wir präsentieren: die wild-rauschenden Sankenbach-Wasserfälle!

Über den Professor-Endriss-Weg zur Wasenhütte Oberhalb des zierlichen Naturschauspiels biegen wir bei der **Wasserfallhütte** erst rechts, 160 Meter weiter links auf einen mit Wurzeln überwucherten Waldpfad zum Bucheck ab (blaue Raute). Nachdem wir eine Forststraße gekreuzt haben, wird der Weg breiter. Beim **Bucheck** treffen sich mehrere Wanderwege. Hier biegen wir scharf links ab und folgen der blauen Raute über den Wegweiser Weihermisse bis zum Wegweiser **Professor-Endriss-Weg**. Dort wechseln wir links auf den mit gelber Raute gekennzeichneten Weg zur nächsten schönen Rastmöglichkeit bei der **Wasenhütte**. Vor Ort können wir uns über eine herrliche Aussicht bis nach Freudenstadt freuen. Außerdem trennen sich dort die Wege: Während der Sankenbachsteig rechts hinunter ins Forbachtal führt, passieren wir die Wasenhütte auf ihrer linken Seite.

Über den Gruber Kopf zur Glasmännlehütte Einen Katzensprung weiter zweigen wir beim Wegweiser Gruber Kopf rechts zum Stöckerkopf ab. Wir passieren damit den Buckel über seine

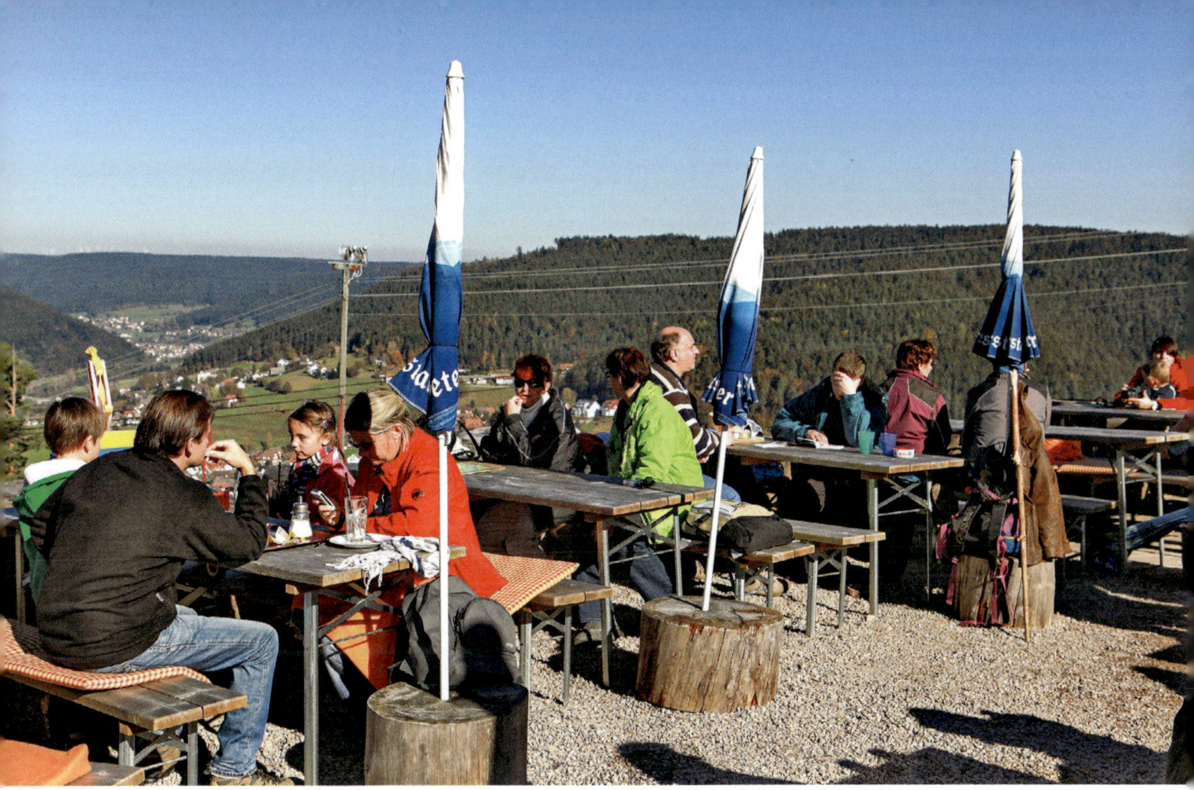

Aussichtsreiche Rast bei der Glasmännlehütte

Südostflanke, um dann in nördlicher Richtung bis zum Stöckerkopf und der noch 2,2 Kilometer entfernten Glasmännlehütte zu wandern. Bei sonnigem Wetter herrscht bei der Wirtschaft immer viel Betrieb, sodass bei der Essensausgabe oftmals Stau ist. Die Terrasse der Glasmännlehütte ist jedoch großzügig bemessen, sodass praktisch immer ein freier Platz zu finden ist. Dazu können wir uns auch hier über eine herrliche Aussicht über das nun unter uns liegende Sankenbachtal freuen.

Relikt der Eiszeit

Der Sankenbachkessel entstand während der letzten Eiszeit als einer der größten Gletscherkare im Nordschwarzwald. Beim Abschmelzen des Gletschers blieb vor rund 10 000 Jahren an der Talseite ein Schuttwall liegen, der das Schmelzwasser aufstaute. Vor rund 3000 Jahren durchbrach der Sankenbach die Endmoräne. Anfang der 1980er-Jahre wurde der alte Wall ergänzt und der See so zu neuem Leben erweckt.

Wieder runterkommen Der spätere Rückweg erfolgt ab dem Wegweiser rechts der Terrasse, wobei wir abermals zwei Möglichkeiten haben: entweder direkt über einen steilen Pfad, der einiges an Trittsicherheit erfordert, oder aber in einem weiten Bogen bis ans untere Ende des Stöckerkopfwegles. Ab dort trennen uns noch gut anderthalb Kilometer von der Talstation und dem **Parkplatz vom Sessellift**.

24 Schlaufe des Renchtalsteigs

Allerheiligen Wasserfälle

Leicht | 3,7 km | 180 Hm | 1.30 Std.

Tourencharakter
Die Allerheiligen Wasserfälle sind mit Treppen und Brücken erschlossen. Der Rückweg erfolgt über bequem zu wandernde Wege und Pfade mit Ausblicken von Felskanzeln.

Ausgangspunkt/Endpunkt
Parkplatz Wasserfälle Allerheiligen
GPS: 48.5283, 8.1882

Anfahrt
Bahn & Bus: Busverbindungen ab den Bahnhöfen in Oppenau und Ottenhöfen zur Haltestelle Allerheiligen Wasserfälle
Auto: Von der A5 Freiburg–Karlsruhe bei Ausfahrt 54 abfahren und der B28 bis Oppenau folgen. In Oppenau (im Kreisel) auf die Straßburger Straße abfahren, der Straße ins Lierbachtal bis zum Parkplatz folgen. Alternativ ist die Anfahrt auch über Ottenhöfen möglich.

Einkehr
Kloster Allerheiligen, täglich ab 11.30 Uhr, Tel. 07804/1200, www.kloster-allerheiligen.de

Karte
Karte des Schwarzwaldvereins 1:25 000, W235 Freudenstadt

Informationen
Renchtal Tourismus, Tel. 07804/910830, www.oppenau.de

Fernwanderwege nehmen für gewöhnlich einen eher direkten Kurs zum Ziel. Der Renchtalsteig hingegen beschreibt für Naturschätze auch unlogisch wirkende Wegverläufe. Beim Kloster Allerheiligen geht dies so weit, dass er nach einer Schlaufe im Lierbachtal wieder zu sich selbst zurückführt.

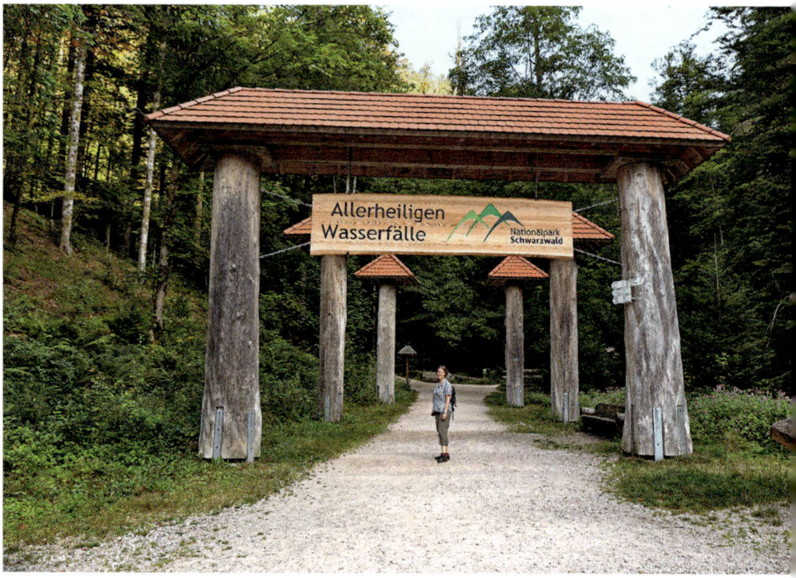

Fulminanter Auftakt Vom **unteren Parkplatz** sind es nur wenige Schritte auf dem Renchtalsteig bis zu den **Allerheiligen Wasserfällen**. Über sieben Hauptkaskaden, etliche Wasserrutschen und Gumpen rauscht der Lierbach knapp 90 Meter in die Tiefe. Erst 1840 wurde die Schlucht mit Treppen und Brücken erschlossen. Bis dahin hatte die zuvor unzugängliche Wildnis die Fantasie der Menschen beflügelt. Denn gleich mehrere Sagen ranken sich um die Felsen beiderseits des Lierbachs. So sollen in einer 15 Meter langen Höhle umherziehende Menschen (früher und in Sagen als Zigeuner bezeichnet) Zuflucht gefunden haben, nachdem man sie im 16. Jahrhundert für vogelfrei erklärt hatte. Weil sie das Kloster duldete, ließen sie vom Eigentum des Ordens ab. In der Umgebung aber sollen diese neben ihrer Tätigkeit als Wahrsager allerlei Diebesgut zusammengerafft und die Sore ins sichere Versteck geschafft haben.

Das Steinerne Bild am Studentenfelsen Zwei weitere Sagen behandeln tragische Liebesbeziehungen, die in der engen Schlucht ihr Ende fanden. So soll ein junger Steinmetz mit einer Zigeunerin in einer Höhle gelebt haben. Nachdem sie ihn heimlich verlassen hatte, band er aus Leid ein Seil an eine Tanne, ließ sich in die Schlucht hinabgleiten und meißelte das Antlitz seiner Geliebten in den Fels. Danach kappte er das Seil und stürzte sich in den Tod. Nicht besser erging es einem Junker aus Straßburg. Er hatte sich in Eda, eine bildhübsche Zigeunerin, verliebt. Sobald diese zum Christentum konvertiert sei, wollte er sie ehelichen. Als Zeichen seiner Liebe schenkte er ihr einen wertvollen Ring. Doch sie war unvorsichtig und legte das Geschenk auf einen Felsen. Während sie ihn betrachtete, stieß ein Rabe vom Himmel, stahl den Ring und brachte ihn zu seinem Nest auf einem hohen Felsen. Um den Schatz zurückzuholen, ließ sich der Jüngling an einem Seil den Felsen hochziehen. Dabei riss es und er stürzte

Linke Seite: Der untere Zugang zu den Allerheiligen Wasserfällen

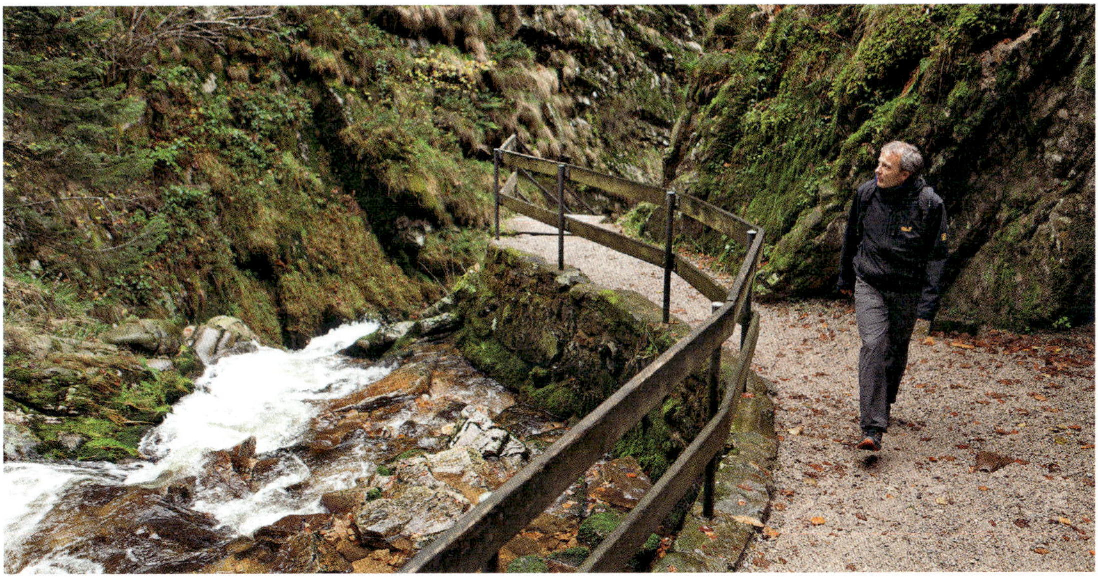

Aufstieg entlang des Lierbachs

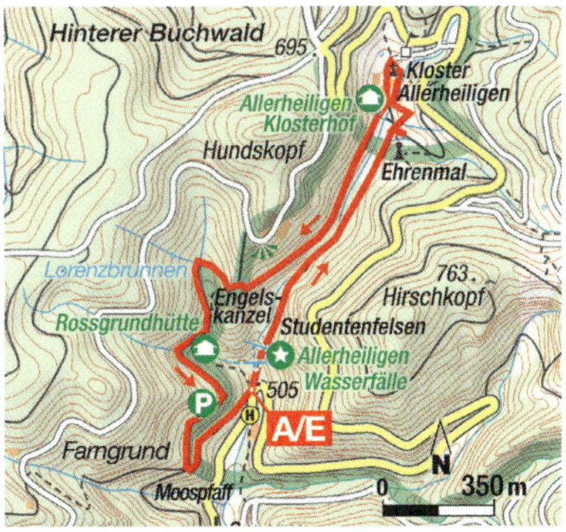

in den Tod. Als sie ihn suchte, erging es Eda nicht besser: Um in die tiefe Schlucht schauen zu können, umklammerte sie einen Baumstamm, verlor dann aber die Besinnung und stürzte ebenfalls in die Tiefe. Der Felsen heißt seither **Studentenfelsen** oder Rabenschrofen.

Kloster Allerheiligen Das obere Ende der Wasserfälle ist bald erreicht, die Gefahr aber keineswegs gebannt. Es heißt, in der Umgebung des Klosters treibe der Bruder Pauli als ruheloser Geist sein Unwesen. Schon manch einem Fuhrmann soll er einen üblen Streich gespielt haben. Auch macht er sich einen Jux daraus, Heidelbeersuchern die Ernte auszuschütten. Also geben wir Obacht, nehmen aber doch den kurzen Umweg über das **Ehrenmal** des Schwarzwaldvereins. Es wurde 1925 zum Gedenken der im Ersten Weltkrieg vermissten oder gefallenen Mitglieder errichtet. Heute erinnert die Gedenkstätte an alle Verstorbenen des Schwarzwaldvereins. Von ihr haben wir eine gute Sicht über die nun offenen Wiesen des Lierbachtals und die nahe **Klosterruine Allerheiligen**.

Auf die Engelskanzel Nach dem Abstecher zur Klosterkirche kehren wir zum Wegweiser im Klosterhof zurück und folgen dem Renchtalsteig zur 900 Meter entfernten **Engelskanzel**. Den Erzählungen zufolge soll eine Jungfrau vor »wildem Kriegsgesindel« auf den Felsen geflohen sein. Als diese näherrückten, musste sich die junge Frau entscheiden: Entweder ergab sie sich ihrem Schicksal und lebte fortan in entehrender Schmach oder

Eine der größeren Wasserrutschen des Lierbachs

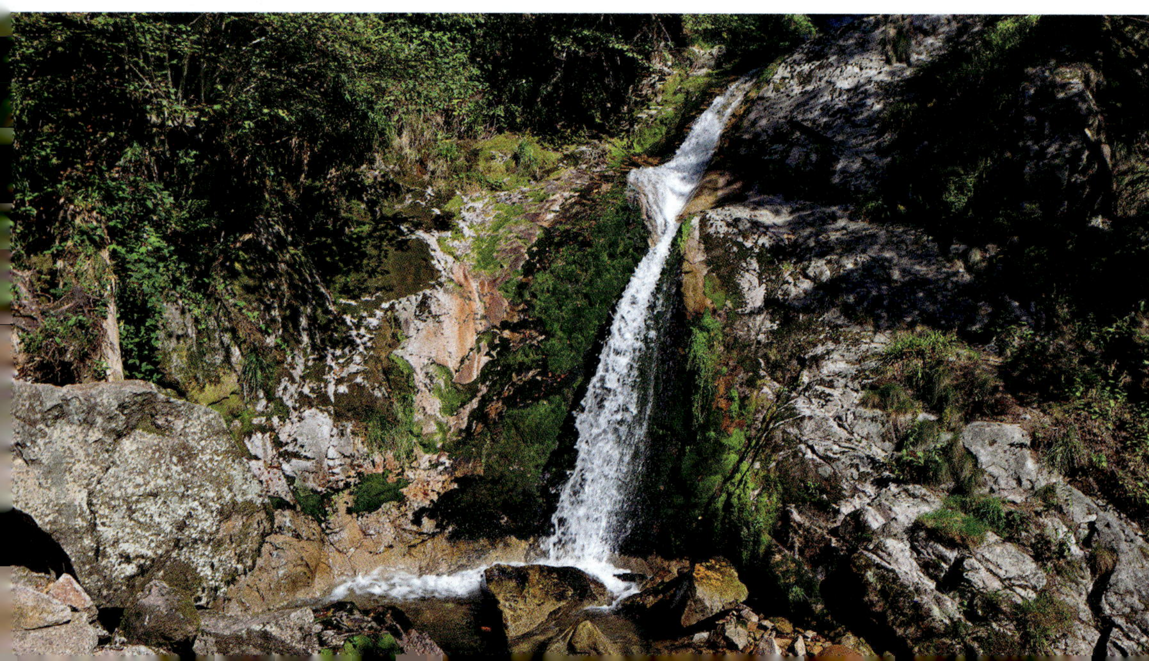

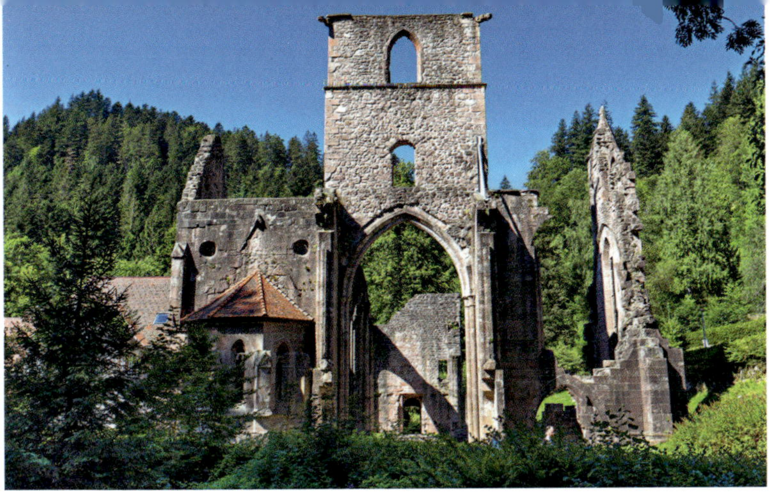

Ruine der Klosterkirche von Allerheiligen

sie sprang in den Tod. Im Gebet zu Gott sprang das Mädchen. Genau in dem Augenblick eilte ein Engel herbei, der sie auffing und unversehrt vor ihren Verfolgern rettete. Wir vertrauen natürlich nicht auf solch ein Wunder, sondern genießen den herrlichen Ausblick von der Engelskanzel über das Lierbachtal und die gegenüberliegenden Felsen.

Obacht vorm Moospfaff Anschließend orientieren wir uns beim Wegweiser oberhalb der Engelskanzel links. Wir folgen damit dem Renchtalsteig über den **Lorenzbrunnen** und die **Rossgrundhütte** zurück zu unserem Ausgangspunkt am unteren Parkplatz. Wer Pech hat, begegnet auf diesem letzten Abschnitt der Tour dem **Moospfaff**. Wie der Bruder Pauli war auch er ein Geistlicher des Klosters. Der Unglückliche hatte auf dem Weg zu einem Sterbenden die Hostie verloren und nicht wiederfinden können. Als Strafe wurde er dazu verdammt, fortan »in der Moos zu geistern«. Fällt einem der Abstieg zum Parkplatz plötzlich immer schwerer, so kann dies daran liegen, dass sich der Moospfaff gerne auf den Rücken von Wanderern setzt, bis diese kaum mehr laufen können. Sollten Sie zu seinen Opfern zählen, reicht es aus, sich kurz zu schütteln und ihn damit abzuwerfen.

Klosterruine Allerheiligen

Die Klosterkirche ist eines der frühesten Beispiele gotischer Baukunst im Schwarzwald. Nachdem die Mönche das Kloster 1803 verlassen mussten, richtete ein Blitzeinschlag großen Schaden an. 1816 wurde das Kloster samt der Kirche auf Abbruch veräußert. Mit der Erschließung der Wasserfälle setzte jedoch ein Umdenken ein und wurden Maßnahmen zum Erhalt der alten Gemäuer eingeleitet. Nachdem Karl Baedeker das Lierbachtal besucht hatte, fanden immer mehr Besucher zu dem Kloster, das noch im 19. Jahrhundert um zwei Kurhäuser ergänzt wurde.

25 Zum Edelfrauengrab

Wasserfall im Gottschlägbach

Mittel | 9,4 km | 550 Hm | 3–4 Std.

Tourencharakter
Die Runde nutzt praktisch alle im Schwarzwald vorkommenden Wegtypen. Die Verlängerung über den Karlsruher Grat beinhaltet mehrere Kletterpassagen.

Ausgangspunkt/Endpunkt
Bahnhof Ottenhöfen
GPS: 48.5669, 8.1514

Anfahrt
Bahn & Bus: Von Offenburg mit der Achertalbahn bis zur Endstation in Ottenhöfen
Auto: Von der A5 Freiburg–Karlsruhe bei Ausfahrt 53 nach Achern abfahren, weiter auf der L87 bis Ottenhöfen. Parkmöglichkeiten bestehen vor allem südlich vom Bahnhof.

Einkehr
Drei Getränkestationen am Wegrand, Gastronomie in Ottenhöfen

Karte
Karte des Schwarzwaldvereins 1:25 000, W234 Achern

Informationen
Touristinformation Ottenhöfen, Tel. 07842/80444, www.ottenhoefen.de

Bei dieser Tour bewegen wir uns weitgehend auf dem Genießerpfad Karlsruher Grat. Vor der Kletterpassage scheren wir jedoch aus, womit der Premiumwanderweg entschärft wird. Außerdem bleibt so mehr Zeit für die Getränkestationen am Wegrand.

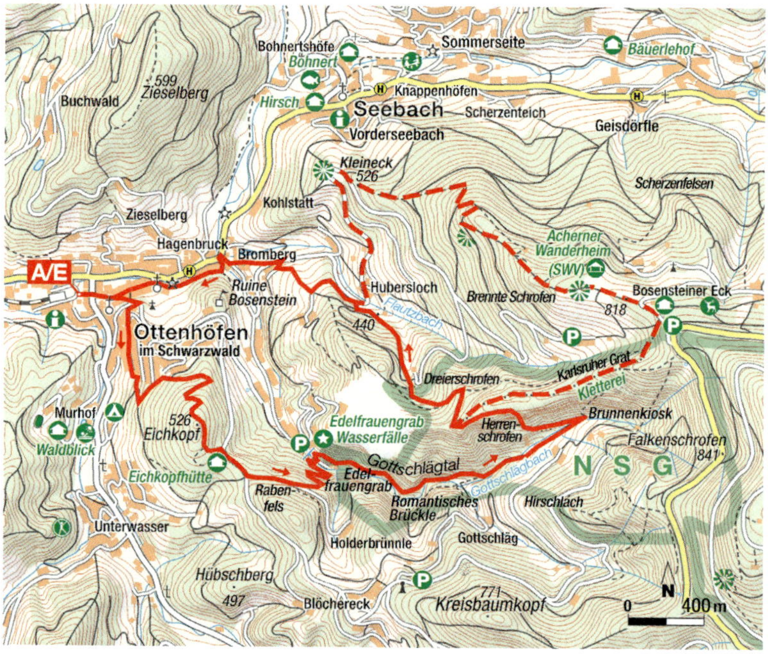

Über den Eichkopf Los geht es beim **Bahnhof von Ottenhöfen**, der Endstation der Achertalbahn. Die ersten Meter erfolgen durch den hübsch angelegten Park zur nahen Sankt-Anna-Kirche, wo wir links in die Albert-Köhler-Straße einbiegen. Einen Katzensprung weiter ist der Genießerpfad Karlsruher Grat in zwei Richtungen beschildert. Wir halten uns rechts und nehmen den Fußweg hoch zur Aussicht Köningerhof. Neben dem Kriegerdenkmal zur Mahnung an die beiden Weltkriege bietet uns die Anhöhe einen großartigen Blick auf Ottenhöfen und die umliegenden Täler. Oberhalb passieren wir die Achertal-Klinik und verlassen die Siedlung auf der Markgraf-Bernhard-Straße. Auf wechselnden, gut beschilderten Pfaden führt der Genießerpfad über den **Eichkopf** zur **Eichkopfhütte**. Bei sehr moderaten Preisen finden wir bei der benachbarten Sausteig-Tränke die erste Getränkestation der Runde.

Mühlenweg von Ottenhöfen

Der schöne Luftkurort Ottenhöfen ist vor allem für seine Mühlen bekannt. Für den Erhalt des kulturellen Erbes entstand Anfang der 1980er-Jahre der Mühlenweg. Sein Verlauf ist so gewählt, dass er einen zu neun Mühlen führt. Auf der 13 Kilometer langen Strecke durchstreift der Wanderer einige reizvolle Seitentäler der Acher. Einer der Ausgangspunkte befindet sich beim Bahnhof und dem Bürgerhaus.

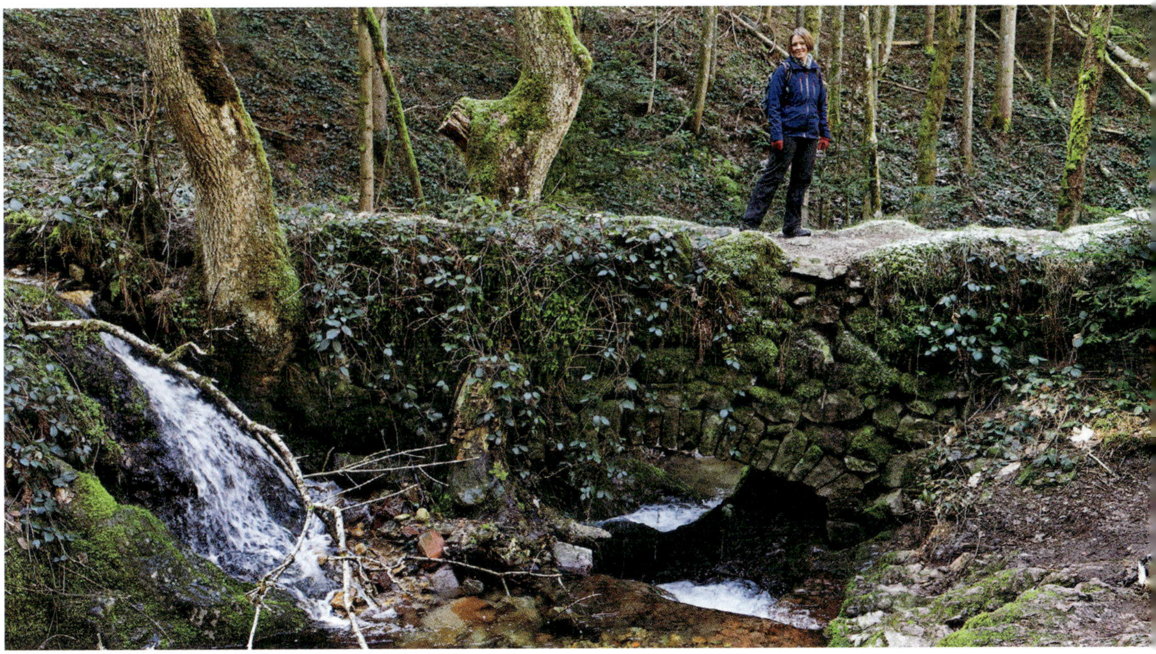

Abstecher auf das romantische Brückle

Edelfrauengrab des Gottschlägbachs Bei der Eichkopfhütte wechseln wir rechts auf den breiteren Forstweg, kreuzen 150 Meter weiter die Straße Blöchereck und folgen der Markierung des Genießerpfads zum **Wanderparkplatz Edelfrauengrab**. Entlang des Gottschlägbachs erfolgt der Zugang in die Schlucht zum **Edelfrauengrab**. Bei dem Naturschauspiel gönnen wir uns gerne die Sage der Herrin von Bosenstein. Demnach lebte die edle Dame mit ihren Liebhabern in Saus und Braus, während ihr Gatte – Ritter Wolf von Bosenstein – an einem Kreuzzug ins Heilige Land teilnahm.

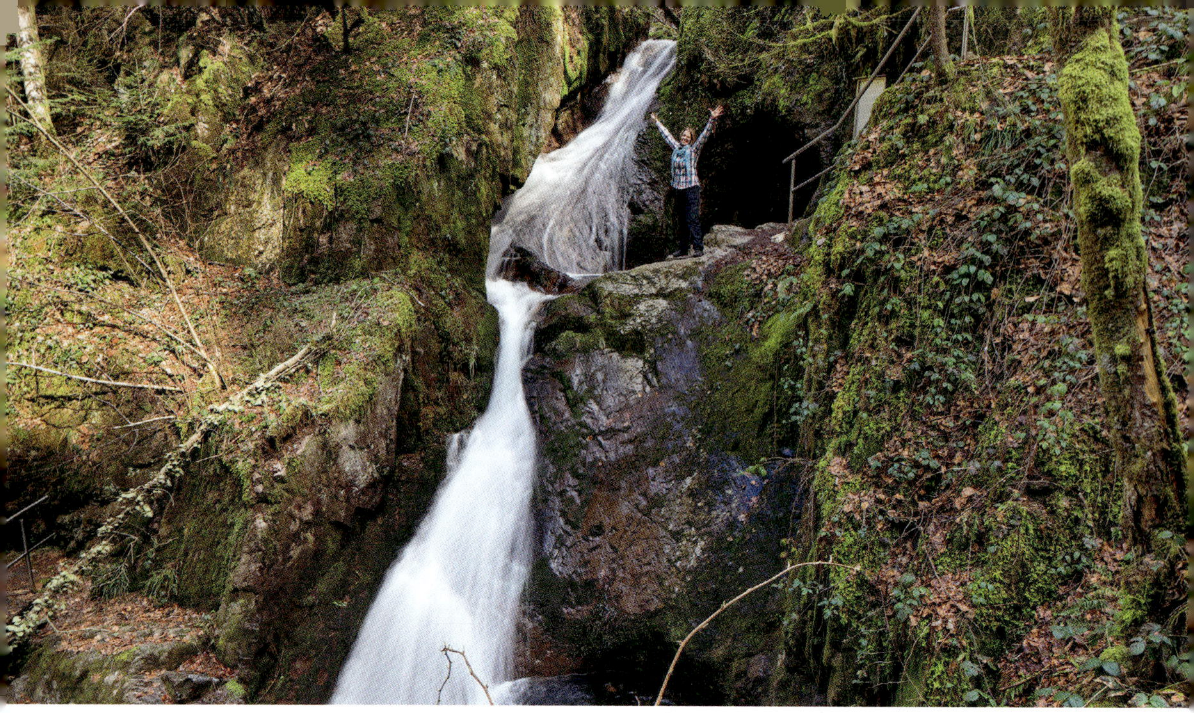

Beim Edelfrauengrab des Gottschlägbachs

Hochmut kommt vor dem Fall Als eine Bettlerin mit sieben halb verhungerten Kindern am Schloss anklopfte, wurde sie von der Herrin verspottet. Die Bettlerin trollte sich. Doch ehe sie von dannen zog, belegte sie die Edelfrau mit folgendem Fluch: »Sieben Kinder sollst du auf einmal zur Welt bringen, alle so elend wie die, welche du verhöhnst.« Als sich der Fluch erfüllte, befahl die Schlossherrin, die Kinder zu ertränken. Wie eine gute Geschichte es verlangt, kehrte an eben jenem Tag ihr Gemahl zurück. Ohne ihr Wissen nahm er die Kinder und ließ sie auf einer Burg im Elsass erziehen. Sieben Jahre später holte er sie zurück und ließ sie bei einem Fest in Bettlerkleidung auftreten. Als die Frage aufkam, was mit einer Mutter geschehen solle, die ihre Kinder derart schlecht behandle, sprach die Edelfrau: »Diese solle bei einem Laib Brot und einem Krug Wasser lebendig eingemauert werden.« Damit hatte sie ihr eigenes Urteil gefällt. Der Ritter ließ seine Gemahlin in einer von Wasser geschaffenen Höhle im Schlägbachtal ein-

Karlsruher Grat

Wer die längere Variante über den Eichhaldenfirst beziehungsweise den Karlsruher Grat wählt, sollte für die meist kurzen Klettereinlagen beide Hände freihaben. Andernfalls nehmen wir besser den Umgehungsweg zum Bosensteiner Eck. Von dort geht es links am Gasthaus Bosenstein vorbei zur Schutzhütte und zur Felskanzel Brennte Schrofen. Weiter führt die Strecke durch den Wald auf dem Grenzweg sowie über das Kleineck ebenfalls zum Hubersloch.

mauern. Um sie von den Qualen zu erlösen, befahl er später, den Bach in die Höhle zu leiten. Seither heißt die Felsenhöhle »Edelfrauengrab«.

Am Gottschlägbach Oberhalb des markanten Wasserfalls und seiner Ausspülungen wechselt der Weg mehrmals die Seite des Gottschlägbachs. Auch passieren wir einen weiteren Wasserfall, der über eine natürliche Schanze in sein Becken stürzt. Wo das Terrain schließlich flacher wird, führt ein Pfad zum **Romantischen Brückle**. Hier halten wir uns erst links, dann gleich wieder rechts. Kurz nach dem Deglerbad mündet der Pfad in einen Forstweg. Rechts ab laufen wir weiter bergan zum Wegweiser **Gottschlägtal**. Den Abzweig zum nur wenige Häuser umfassenden Gottschläg lassen wir aus und laufen weiter bachaufwärts bis zum **Brunnenkiosk** mit der zweiten Getränkestation.

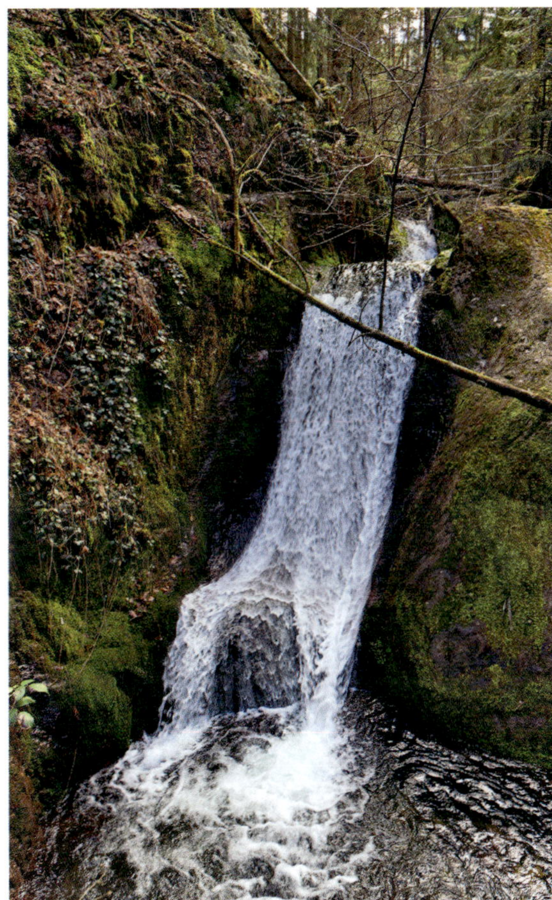

Eine Wasserskisprungschanze?

Über den Herren- zum Dreierschrofen Beim Brunnenkiosk biegt der Genießerpfad scharf links ab und führt uns steil bergan auf den Eichhaldenfirst. Nachdem wir schon einige Höhenmeter bewältigt haben, lohnt sich links ein Abstecher zum Aussichtspunkt **Herrenschrofen**. Anschließend haben wir beim Wegweiser Am Karlsruher Grat die Wahl: Wer die Kletterpassage über den Eichhaldenfirst beziehungsweise Karlsruher Grat mitnehmen möchte, biegt mit dem Genießerpfad rechts ab. Ansonsten geht es geradeaus weiter zum **Dreierschrofen**. Dort wechseln wir links auf den mit blauer Raute gekennzeichneten Pfad zum **Hubersloch**. Nahe dem Waldrand finden wir einen großzügig angelegten Rastplatz mit einer weiteren Getränkestation. Der restliche Rückweg erfolgt dann wieder auf dem Genießerpfad erst am Waldrand, dann über Wiesen zum Wegweiser **Bromberg** und ab dort über den Flautzbach und **Hagenbruck** zurück nach Ottenhöfen.

26 Beim Alde Gott

In der Gaishölle des Brandbachs

Mittel | 5,5 km | 320 Hm | 2 Std.

Tourencharakter
Abwechslungsreiche Runde auf gut gepflegten Wegen und Pfaden, die etwas Kondition erfordern, aber auch für Kinder gut zu machen sind.

Ausgangspunkt/Endpunkt
Kurhaus zum Alde Gott in Sasbachwalden
GPS: 48.6162, 8.1300

Anfahrt
Bahn & Bus: Ab Achern bestehen Busverbindungen zur Haltestelle Sasbachwalden Sparkasse. Der Zugang zum Kurhaus erfolgt durch die Talstraße.
Auto: Von der A5 Freiburg–Karlsruhe bei Ausfahrt 53 nach Achern abfahren, weiter durch Achern bis Sasbachwalden, dort der Talstraße bis zum Kurhaus folgen

Einkehr
Restaurant im Spinnerhof, Di–So ab 11 Uhr, Tel. 07841/3609, www.spinnerhof.de, Gastronomie in Sasbachwalden

Karte
Karte des Schwarzwaldvereins 1:25 000, W234 Achern

Informationen
Touristinfo Sasbachwalden, Tel. 07841/1035, www.sasbachwalden.de

Während liebevoll instand gehaltene Fachwerkhäuser den Ortskern Sasbachwaldens schmücken, finden wir rundherum sonnenverwöhnte Weinberge. Darüber bildet der Brandbach mit der Gaishölle ein weiteres Idyll.

Aufstieg über das Badisch Bänkl Bei unserem Startpunkt am Kurhaus Zum Alde Gott nutzen wir den Fußweg rechts des großen Gebäudes. Auf den ersten Metern befinden wir uns auf dem Schnapsbrunnenweg sowie auf der Augenblickrunde Sasbachwalden–Hörchenberg. Wo diese links abzweigen, biegen wir jedoch rechts ab. Wir laufen somit um das Bad herum, orientieren uns dann links und folgen der gelben Raute steil bergan zum **Badisch Bänkl**. Beim Aussichtspunkt haben wir bereits 80 Höhenmeter bewältigt. Trotz der Nähe zum Kurhaus können wir uns also ruhig die Zeit nehmen, den Blick über die umliegenden Weinberge schweifen zu lassen. Wer möchte, kann außerdem ein paar Verse des Badnerlieds auswendig lernen. Neben dem Refrain der inoffiziellen Landeshymne Badens sind auf einem Schild die Strophen über Sasbachwalden (Saschwalle) und Haslach festgehalten. Ursprünglich bestand das Loblied aus fünf Strophen und einem Refrain. Inzwischen ist dieses auf 721 Strophen angewachsen, welche die Sehenswürdigkeiten und Errungenschaften Badens preisen. Auch gibt es einen alternativen Refrain.

In der Gaishölle Ab dem Bänkl führt der Weg wieder leicht bergab in den Wald. Dort treffen wir erneut auf die Augenblickrunde, auf die wir rechts einbiegen. Der mit blauer Raute gekennzeichnete Weg führt uns über den Wegweiser Hundeberg zur **Unteren Gaishölle**. Vor uns liegt der wildeste Teil der Runde. Durch das starke Gefälle hat der Brandbach die im Bachbett liegenden Felsen freigespült, sodass das Wasser heute über etliche Minikaskaden und Rutschen talwärts rauscht. Der Name der Schlucht geht darauf zurück, dass man hier in frühe-

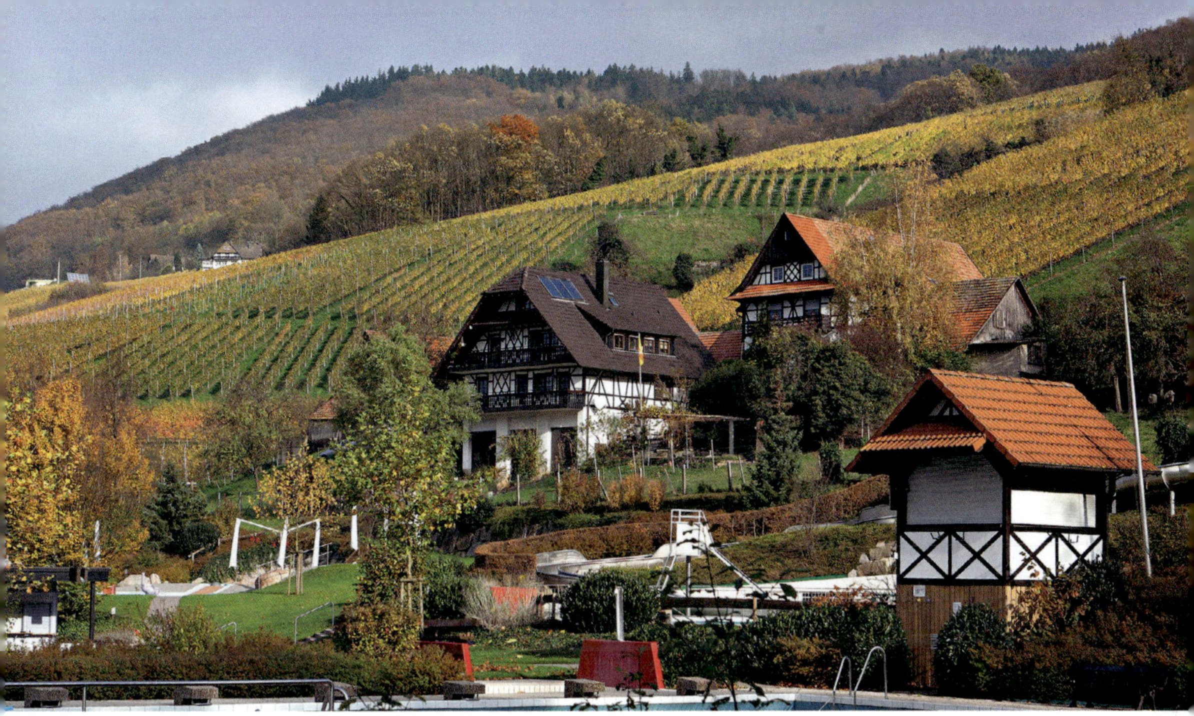

Blick über das Erlebnisfreibad zu den Weinbergen von Sasbachwalden

ren Jahrhunderten nur kletternd und springend wie eine Geiß (Ziege) vorankam. Als »Hölle« wird eine enge, mit Steinen und Felsen durchsetzte Gegend bezeichnet. Heute erleichtern 13 Brücken und 225 Stufen den Aufstieg bis zum Wegweiser **Gaishölle oben**.

Über den Spinnerhof … Am oberen Ausgang der Schlucht halten wir uns rechts, überqueren beim Parkplatz die Bergstraße beziehungsweise L86 und gelangen über die Straße Am Schlossberg zum Hotel-Restaurant **Im Spinnerhof**. Wer ein Faible für verspielte Architektur und Skulpturen hat, wird das Gasthaus lieben. In jedem Winkel gibt es etwas zu entdecken. Zu den auffallendsten Elementen zählt ein auf einem Baumstumpf errichteter Pavillon. Im Hauptgebäude scheint ein Rundturm direkt aus einem Märchenbuch hierhergefunden zu haben, während auf den Dachgiebeln Katzen und Schlafwandler zu sehen sind. Während in der »Teufelsküch« edle Tropfen entstehen, lockt das Restaurant mit badischen Spezialitäten wie Bibileskäs, Schäufele, dem Spinners Vesperbrett sowie Schwäbischen Maultaschen.

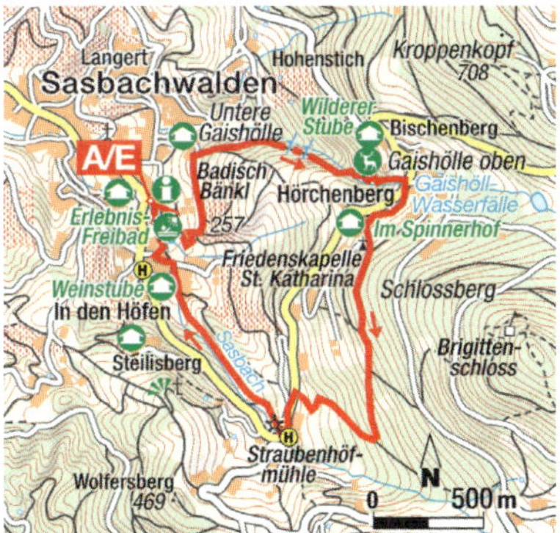

… zur Friedenskapelle Nachdem wir den Hof durchquert haben, kreuzen wir die Straße Am Schlossberg und steigen die gut 100 Meter zur **Friedenskapelle St. Katharina**

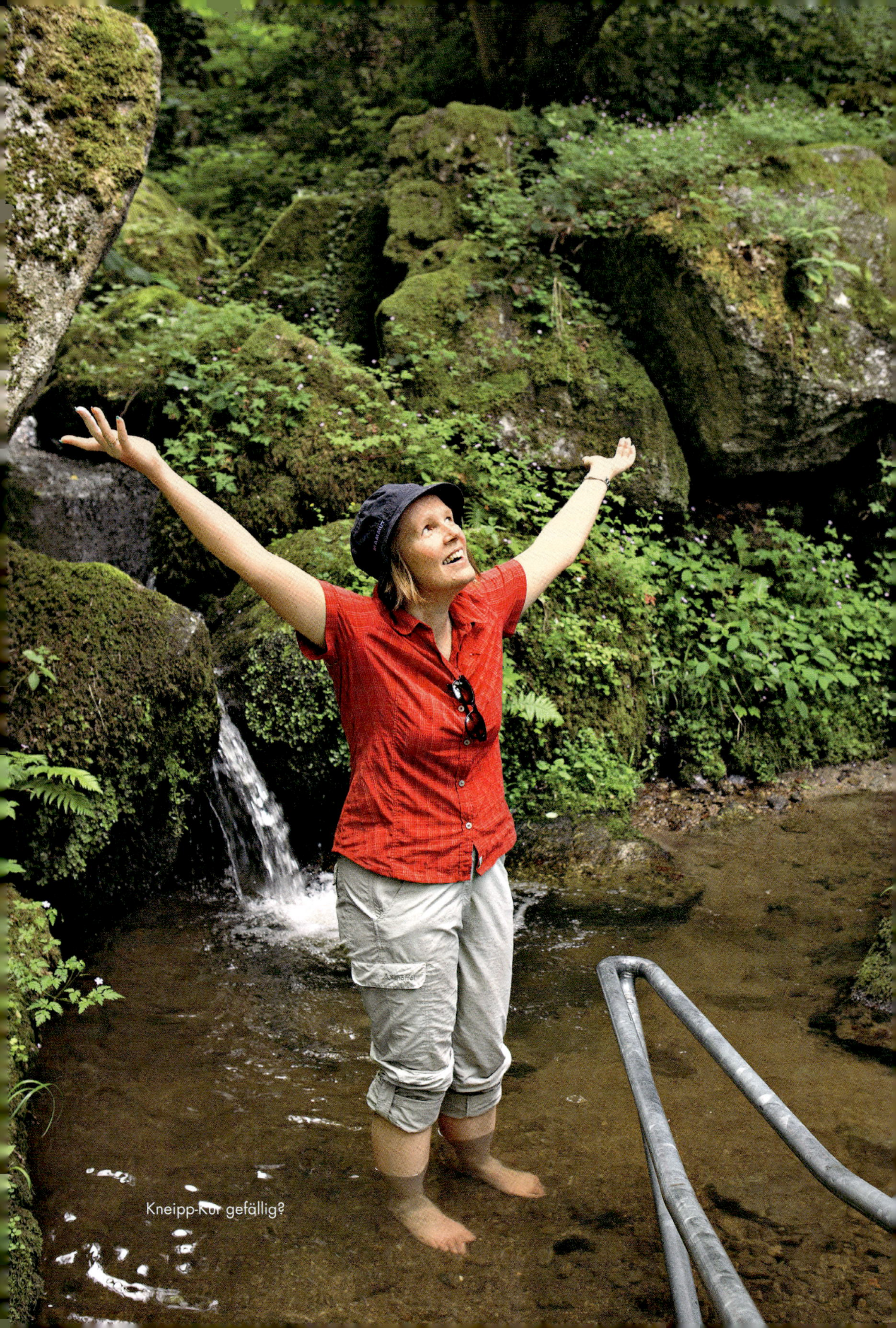

Kneipp-Kur gefällig?

hinauf. Die 2013 fertiggestellte Kapelle geht auf ein Versprechen von Rudolf Spinner zurück. Beeindruckt von den Kapellen im Münstertal hatte er als junger Bub gesagt: »Ich werde eines Tages auch einmal eine Kapelle auf meinem Hof bauen, so wie im Münstertal.« Zu seinem 60. Geburtstag erinnerte ihn seine ältere Schwester an das gegebene Versprechen. Fünf Jahre später konnte die Kapelle eingeweiht werden.

Der Alde Gott lebt noch!

Der Überlieferung nach war die Gegend um Sasbachwalden nach dem Ende des Dreißigjährigen Kriegs weitgehend entvölkert. Auf der Suche nach Überlebenden gelangte ein junger Mann in das Tal. Als er dort auf eine junge Frau traf, soll er vor Freude ausgerufen haben: »Der Alde Gott lebt noch!« Wenig später heirateten sie und pflanzten im Tal Reben. Das Bildstöckchen steht an dem Ort, an dem sich die beiden das erste Mal begegnet sein sollen.

Straubenhöfmühle Oberhalb der Kapelle nutzen wir den als Genießerpfad prämierten Alde-Gott-Panoramaweg. Dieser führt zunächst im Wald über den höchsten Punkt dieser Runde, um nach knapp einem Kilometer rechts abzuzweigen. Wir wandern damit wieder hinunter zur Bergstraße/L86. Jenseits der Straße erreichen wir links die **Straubenhöfmühle**. Die 1789 errichtete Mahl- und Sägemühle wurde liebevoll restauriert, die Technik wieder instand gesetzt und vor der Mühle ein gepflegter Rastplatz eingerichtet. Das Mühlrad wird vom Wasser aus dem Sasbach angetrieben. Zudem gibt es einen Schleifstein an der Seite der Mühle, bei dem man sein (Vesper-)Messer wetzen kann. Auf der gegenüberliegenden Straßenseite bietet ein **Schnapsbrunnen** eine Auswahl an erlesenen Bränden und gekühlten Getränken. Der anschließende Rückweg erfolgt entlang des Sasbachs zurück nach Sasbachwalden, wo wir erst links in die Straße In den Höfen, dann rechts auf den Fußweg zum Kurhaus abbiegen. Auf diesen letzten Metern finden wir mit dem Minigolfplatz und dem **Erlebnis-Freibad** zwei schöne Möglichkeiten für einen rundum gelungenen Tagesausflug. Oder wir starten gleich durch und hängen einen Spaziergang durch den denkmalgeschützten Ortskern hintendran.

Bei günstigem Wasserstand strömt der Brandbach über mächtige Felsblöcke hinweg.

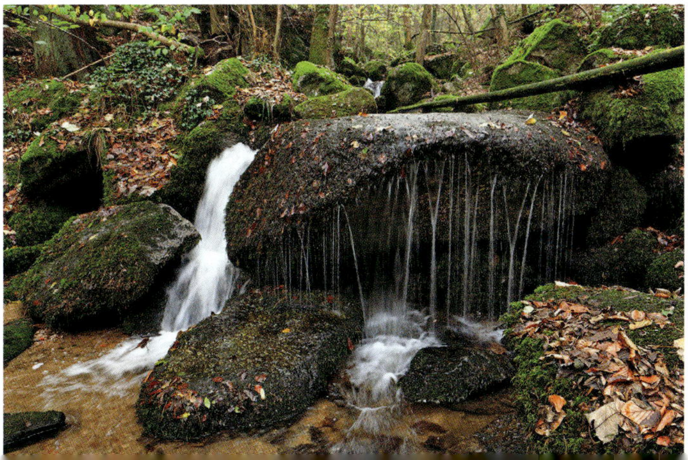

27 Von Bühlertal auf den Wiedenfelsen

Zu den Gertelbach-Wasserfällen

Mittel | 9,9 km | 450 Hm | 3.30–4 Std.

Ausgangspunkt/Endpunkt
Wanderparkplatz Gertelbach Bühlertal
GPS: 48.6689, 8.2029
Alternativ Parkplatz Friedhof Obertal
GPS: 48.6761, 8.1921

Anfahrt
Bahn & Bus: Ab dem Bahnhof Bühl bestehen Busverbindungen zur Haltestelle Gertelbachstraße Bühlertal.
Auto: Von der A5 Freiburg–Karlsruhe bei Ausfahrt 52 nach Bühlertal abfahren. In Bühlertal der L83 bis zur Bushaltestelle Gertelbachstraße folgen, dort rechts zum Parkplatz abzweigen

Einkehr
Imbiss am Wiedenfelsen, geöffnet Mai–Oktober, Tel. 0162/3433221, www.wiedenfelsen-imbiss.de;
Waldgasthaus Kohlbergwiese, Fr–So ab 11 Uhr, Tel. 07226/250, www.waldgasthaus-kohlbergwiese.de

Karte
Karte des Schwarzwaldvereins 1:25 000, W235 Freudenstadt

Informationen
Touristinformation Bühlertal, Tel. 07223/7101180, www.buehlertal.de

Unterhalb der Schwarzwaldhochstraße bildet der Gertelbach ein wildromantisches Tal. Dabei rauscht er auf nur zweieinhalb Kilometern 330 Meter in die Tiefe. Wir verbinden die Tour mit dem Wiedenfelsen und den Falkenfelsen zu einer aussichtsreichen Runde.

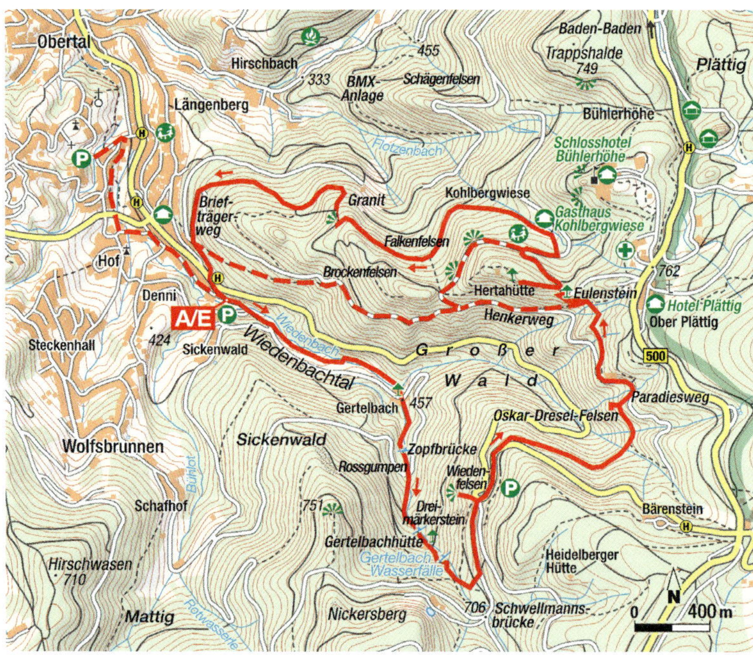

Auftakt am Wiedenbach Der **Wanderparkplatz Gertelbach** zählt zu denen, die an Sommertagen chronisch überlastet sind. Sollten hier keine freien Plätze mehr zu finden sein, empfiehlt die Gemeinde, auf den Parkplatz nahe dem Friedhof Obertal auszuweichen. Der 1,5 Kilometer lange Zuweg erfolgt über die Eichwaldstraße sowie über den mit blauer Raute gekennzeichneten Schwarzwald-Schönbuch-Weg. Rund 100 Meter weiter wechseln wir beim Wegweiser **Wiedenbachtal** auf den Gertelbach-Rundweg. Bereits hier geben erste Stromschnellen schöne

Motive für Naturfotografen. Der Pfad wechselt mehrmals die Bachseite und trifft nahe der Gertelbachmündung in den Wiedenbach wieder auf den Fernwanderweg.

Tourencharakter

Der Aufstieg entlang der Gertelbach-Wasserfälle sowie die Abstecher zum Oskar-Dresel-Felsen und zur Herta-Hütte erfordern etwas Trittsicherheit. Ansonsten gut machbare Runde mit schönen Aussichten.

Rossgumpen und Dreimärkerstein Für den Aufstieg können wir gerne mehr Zeit einplanen. So bildet auch schon der untere Abschnitt des Gertelbachs einige malerische Minikaskaden und Gumpen. Zugleich verleihen die mit reichlich Moos bewachsenen Granitfelsen der Schlucht einen mystischen Charakter. Und nicht zuletzt werden Kinder und Junggebliebene ihre Freude an der **Zopfbrücke** haben. Oberhalb dieser erreichen wir den **Rossgumpen**, wo wir einen kleinen Rastplatz finden. Der weitere Aufstieg erfolgt erst über eine grob behauene Natursteintreppe, dann auf der anderen Bachseite hoch zum **Dreimärkerstein**. Bei dem 1826 gesetzten Grenzstein queren wir die Gemeindegrenze von Bühlertal nach Bühl mit den Gemarkungen Bühl (links) und Altschweier (rechts vom Stein).

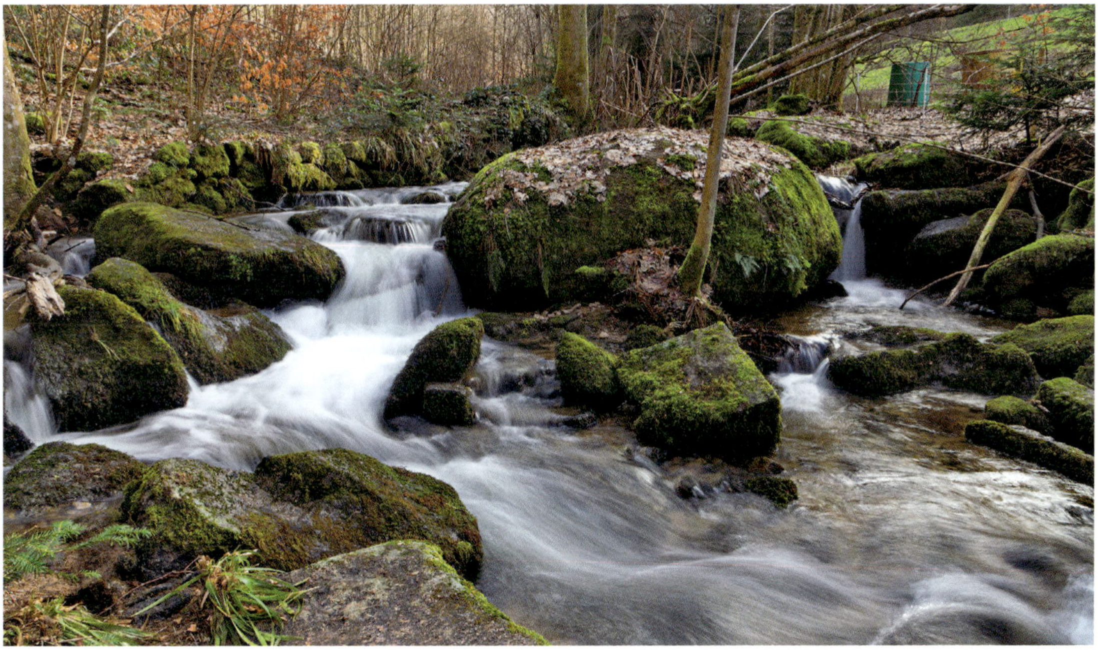

Schon nahe dem Startpunkt erwarten uns die ersten Stromschnellen.

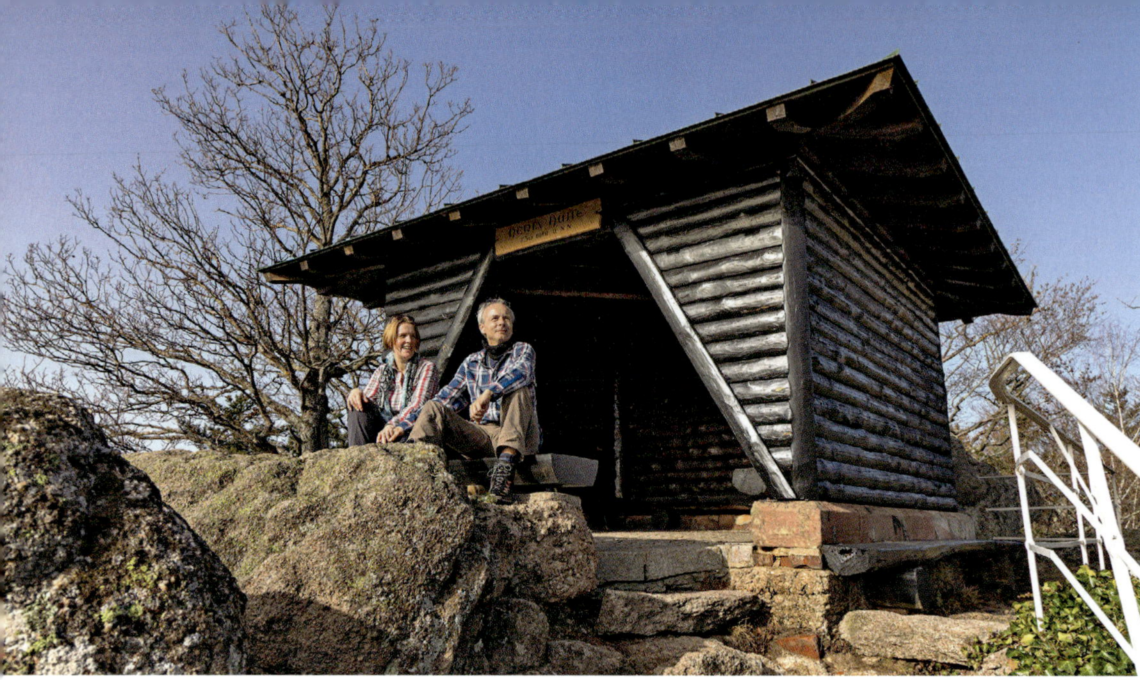

Rast bei der Hertahütte auf einem der Falkenfelsen

Gertelbach-Wasserfälle und Wiedenfelsen Als Nächstes kommen wir zur **Gertelbachhütte**. Vor uns liegt nun der steilste Abschnitt des Gertelbachs. Mehrere Brücken eröffnen herrliche Blickwinkel auf die bis zu sieben Meter hohen Fallstufen der **Gertelbach-Wasserfälle**. Gerne können wir auch hier einige Zeit verweilen und das Naturschauspiel auf uns wirken lassen. Anschließend geht es über felsige Pfade sowie einige Granitstufen weiter bergauf. Nach einem Steg setzt sich die Treppe fort bis zum Wegweiser **Obere Gertelbachfälle**. Dort biegen wir links ab und folgen der blauen Raute weiter über die **Steinbruchstraße** zum **Wiedenfelsen**. Der Abstecher auf die Felskanzel überrascht mit einer weitreichenden Sicht über Bühlertal zur Rheinebene sowie in östlicher Richtung zu den Falkenfelsen.

Auf dem Paradiesweg Für den nächsten Abschnitt wechseln wir auf den mit gelber Raute markierten Wanderweg. Damit queren wir die Sandstraße, passieren den Kiosk am Wiedenfelsen und zweigen sogleich links der Straße auf den Paradiesweg ab. Nachdem wir bisher stets bergauf gelaufen sind, können wir es nun ruhig angehen lassen. Der Weg folgt in etwa der Höhenlinie. Sowie wir den Wiedenbach gekreuzt haben, zweigt links ein Pfad zum **Oskar-Dresel-Felsen** ab. Das Naturdenkmal befindet sich weiter unten am Hang und besteht aus einer Gruppe markant verwitterter Granitfelsen. Benannt ist es nach einem Holzhauer aus dem Bühlertal, der hier 1954 verunglückte. Zurück auf dem Weg halten wir uns beim Wegweiser **Paradiesweg** links, um 200 Meter weiter mit der gelben Raute auf den Falkenfelsenweg rechts zum Eulenstein abzubiegen.

Falkenfelsen und Hertahütte Unterhalb vom **Eulenstein** ginge es links über den Brockenfelsen zurück zum Parkplatz am Wiedenbach. Wir biegen ebenfalls links ab, wählen aber den Weg zu den Falkenfelsen. Sie bilden den Kern des gleichnamigen Schonwalds. In den alten Buchen finden unter anderem der seltene Schwarzspecht und die Hohltaube für sie geeignete Höhlenbäume. Letztere sind übrigens auf die Arbeit der Spechte angewiesen, da ihr Schnabel zu weich ist, um Löcher ins Holz zu klopfen. Zum Schutz dieser und weiterer Tiere lässt der gekennzeichnete Wanderweg die erste Felsgruppe aus. Bevor wir hinunter zur Kohlbergwiese wandern, lohnt sich jedoch links ein Abstecher zur **Hertahütte**. Sie bildet das Pendant zum Wiedenfelsen. Wenn die Bedingungen stimmen, erwartet uns dort eine ebenfalls tolle Sicht über Bühlertal sowie über die Rheinebene hinweg bis zu den Vogesen. Kein Wunder also, dass hier selbst unter der Woche ein reges Kommen und Gehen herrscht.

Alter Verbindungsweg

Der heute nur noch als Waldweg ausgeprägte alte Verbindungsweg war bis 1848 der wichtigste Verkehrsweg von Bühlertal über Herrenwies bis nach Hundsbach. Mit dem Bau der Sandstraße verlor er seine Bedeutung. Bis heute sind Spurrillen der damals mit Eisenreifen versehenen Fuhrwerke in den Felsen deutlich zu erkennen.

Auf alten Handelswegen Nach diesem eindrücklichen Erlebnis kehren wir auf demselben Weg zurück bis zum Wegweiser »Unter der Hertahütte«. Links ab haben wir einen Steinwurf weiter beim Wegweiser Unterm Falkenfelsen die Wahl: Genug gewandert? Dann können wir ruhig auf die in der Karte gestrichelt dargestellte Abkürzung wechseln. Diese führt auf breitem Forstweg um den Brockenfelsen herum zum Briefträgerweg. Hunger und Durst? Dann laufen wir rechts in einem weiten Bogen hinunter zum **Gasthaus Kohlbergwiese**. Ab dort erfolgt der Rückweg auf einem alten Verbindungsweg sowie auf wechselnden, jedoch mit gelber Raute ordentlich markierten Wegen und Pfaden ebenfalls zum unteren Ende vom **Briefträgerweg**. Dort angekommen sind es noch 400 Meter bis zu unserem Ausgangspunkt am Wiedenbach.

Zopfbrücke am Wiedenbach

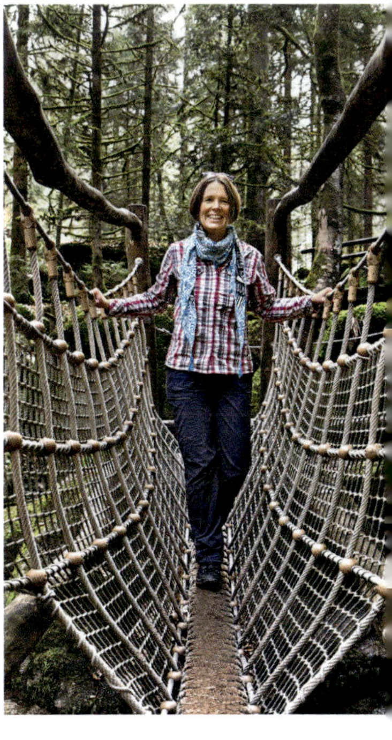

28 Naturidyll Grobbach-Schlucht

Geroldsauer Wasserfall-Runde

Leicht | 3,2 km | 80 Hm | 1.15–1.30 Std.

Tourencharakter
Im Frühling und Sommer beliebter Rundweg, der nur geringe Anforderungen stellt. Besonders schön ist die Tour während der Rhododendronblüte.

Ausgangspunkt/Endpunkt
Wanderportal Malschbach (Waldparkplatz Geroldsau Wasserfall)
GPS: 48.7206, 8.2429

Anfahrt
Bahn & Bus: Es bestehen Busverbindungen ab dem Bahnhof Baden-Baden mit Umstieg beim Augustaplatz zur Haltestelle Malschbach, ab dort den Fußweg jenseits der Straße zum nahen Wanderportal nutzen.
Auto: Die Zufahrt erfolgt ab Baden-Baden auf der B500 in Richtung Freudenstadt, südlich von Geroldsau links zum Wanderportal Malschbach abbiegen

Einkehr
Bütthof, Mi–So ab 11 Uhr, Tel. 07221/73747, www.buetthof.de

Karte
Karte des Schwarzwaldvereins 1:25 000, W225 Baden-Baden

Informationen
Touristinformation Baden-Baden, Tel. 07221/275200, www.baden-baden.de

Die Schlucht des Grobbachs zählt mit dem Geroldsauer Wasserfall zu den Naturschätzen von Baden-Baden. Das gilt besonders zur Rhododendronblüte, wenn die Büsche Teile der Schlucht in ein buntes Blütenmeer verwandeln.

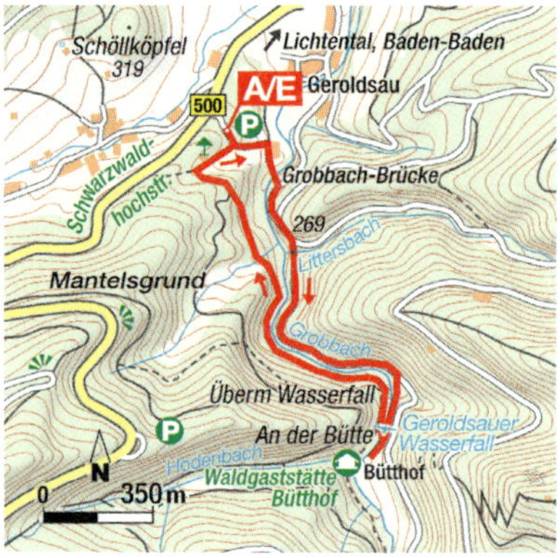

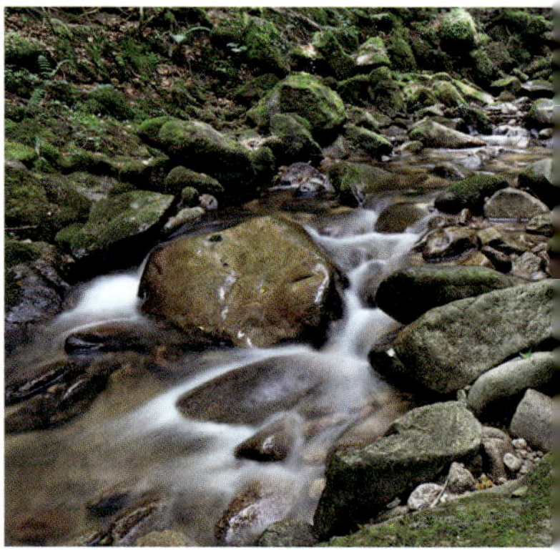

Morgenstund hat Gold im Mund Wenn im späten Frühjahr die Rhododendren erblühen, zudem angenehme Witterung herrscht, mausert sich die Schlucht des Grobbachs zu einem Besuchermagnet. Verstärkt wird dies durch die Nähe zu Baden-Baden und der zwei Kilometer entfernten Geroldsauer Mühle als weitere Ausflugsziele. Außer dem permanenten Waldparkplatz Geroldsauer Wasserfall werden dann auch schon mal die nächstgelegenen Wiesen als Ersatzparkplätze genutzt und die Wasserfallstraße – diese führt zum Bütthofparkplatz oberhalb der Schlucht – gesperrt. Anders ist der Blechlawine der vielen Erholungssuchenden nicht Herr zu werden. Wer kann, sollte also möglichst früh starten oder die Tour an einem Werktag begehen. Wirklich einsam werden wir uns dann zwar auch nicht fühlen, dem größten Trubel aber lässt sich so doch galant aus dem Weg gehen.

Aufstieg entlang des Grobbachs Derart vorgewarnt, wenden wir beim **Waldparkplatz Geroldsauer Wasserfall** der B500

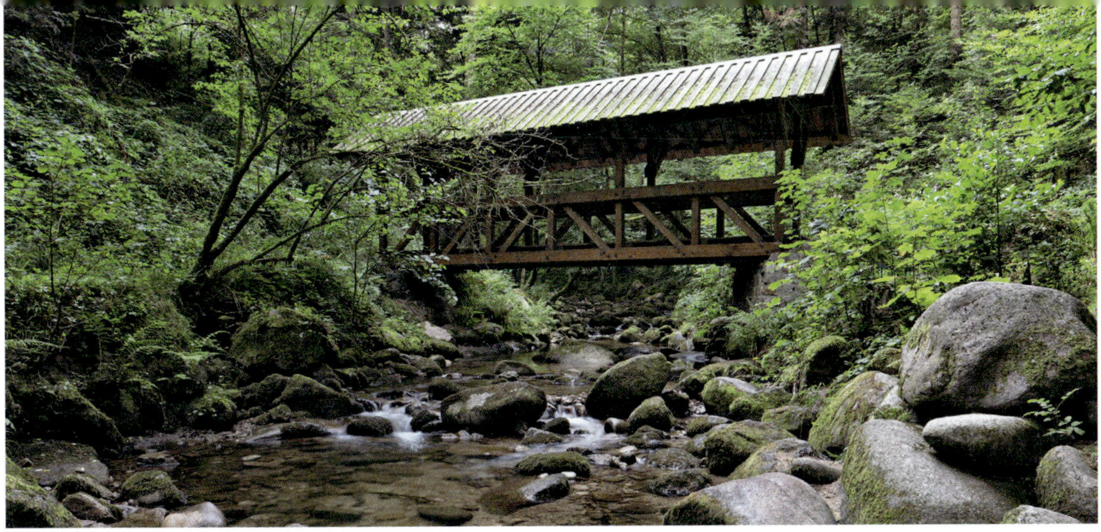

den Rücken zu. Nach wenigen Schritten teilt sich der Weg. Der Wasserfall-Rundweg ist zu beiden Seiten beschildert. Um bergan durch die Schlucht zu steigen, halten wir uns erst links, dann beim Brahms-Brunnen rechts und folgen der Markierung blauer Ring in den Wald an den Grobbach. Nachdem uns die **Grobbach-Brücke** einen ersten schönen Ausblick über den Wildbach eröffnet hat, kommen wir zum Wegweiser **Einmündung Littersbach**.

Die Grobbach-Brücke bildet den Zugang in die Schlucht.

Linke Seite: Der Grobbach oberhalb vom Bütthof

Klein, aber fein – der Geroldsauer Wasserfall

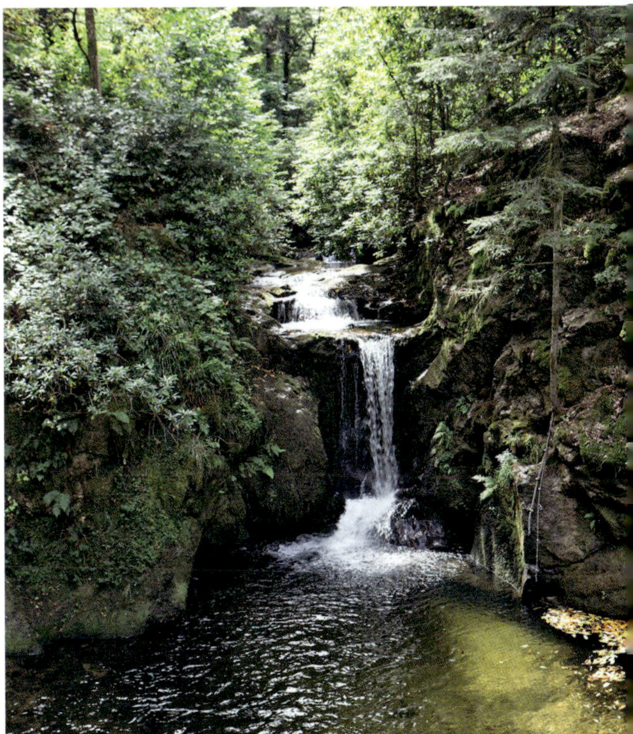

Geroldsauer Wasserfall Weiter geradeaus führt uns der enge Weg bald durch einen urwaldähnlichen Schluchtwald. Im Mai und Juni können wir uns hier über die farbenprächtigen Rhododendren freuen. Aber auch außerhalb der Blütezeit eröffnet uns die Schlucht herrliche Augenblicke. Nach rund 1400 Metern ab dem Start ist der **Geroldsauer Wasserfall** erreicht. Er ist nicht sonderlich groß oder gewaltig, besticht dafür aber durch seine wildromantische Erscheinung. Oberhalb davon bietet sich beim Wegweiser **An der Bütte** ein Abstecher zur **Waldgaststätte Bütthof** an. Andernfalls biegen wir sogleich mit dem Wasserfall-Rundweg rechts ab. Der Rückweg zum Wanderparkplatz führt über den Aussichtspunkt **Überm Wasserfall**, der uns einen weiteren schönen Blick auf das Naturjuwel eröffnet.

29 Der Nagold tierische Nachbarn

Wolfsschlucht und Fuchsklinge

Mittel/Schwer	10,5 km	350 Hm	3–3.30 Std.

Tourencharakter
Der Aufstieg durch die Wolfsschlucht verläuft teilweise im Bachbett, wodurch dieser Bereich ständigen Veränderungen unterliegt. Bei Hochwasser kann der schwierigste Teil umgangen werden.

Ausgangspunkt/Endpunkt
Parkplatz bei der Gemeinde Gottes an der B463, 330 m
GPS: 48.7362, 8.7361

Anfahrt
Bahn & Bus: Mit der Nagoldtalbahn bis Hirsau
Auto: Die Anfahrt erfolgt über die B463 Pforzheim–Calw. Der Parkplatz befindet sich direkt an der Bundesstraße nahe dem Abzweig zur B296 ins Enztal.

Einkehr
Gastronomie in Hirsau

Karte
Karte des Schwarzwaldvereins 1:25 000, W227 Calw

Informationen
Touristinformation Calw,
Tel. 07051/167399,
www.calw.de/Touristinformation

Hirsau ist durch seine Klosterruine weltbekannt. Tatsächlich ist die Geschichte des Orts eng mit den ehemaligen Benediktinerklöstern St. Aurelius und St. Peter und Paul verbunden. Abseits davon eröffnen uns die Zuflüsse der Nagold zwei Naturschätze.

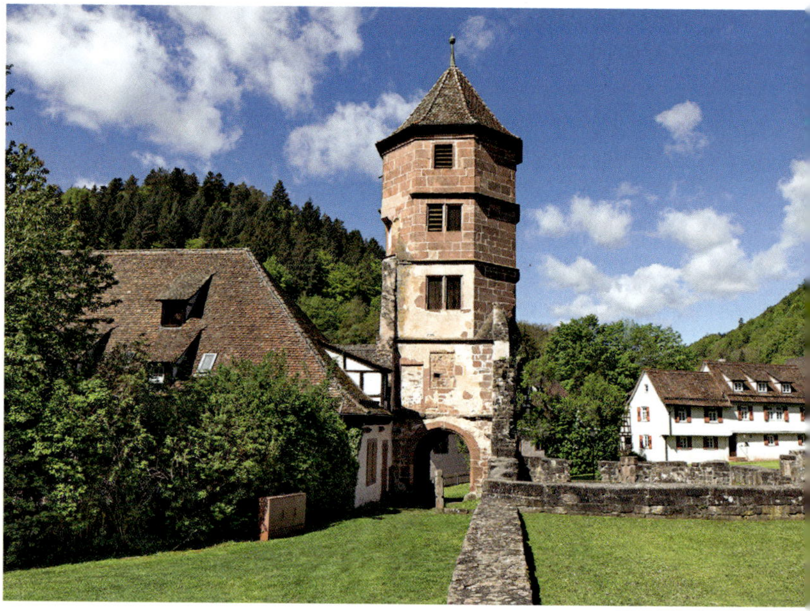

Ostweg versus Klosterruine Als Startpunkt hatten wir ursprünglich den Parkplatz zwischen der B463 und der Nagold gewählt. Wohnmobilfahrer können sich glücklich schätzen. Denn seit dem Frühjahr 2021 sind die attraktiv gelegenen Stellplätze ihnen vorbehalten. Wer mit dem Pkw anreist, findet Alternativen gleich gegenüber bei der Gemeinde Gottes sowie entlang der B296 im Bereich des Klosters. Direkt beim Start haben wir außerdem die Wahl: Wer die Runde um gut zwei Kilometer verkürzen möchte, kann dem Ostweg über den Ottenbronner Berg direkt zur Wolfsschlucht folgen. Schöner ist es, die alten Klostermauern mitzu-

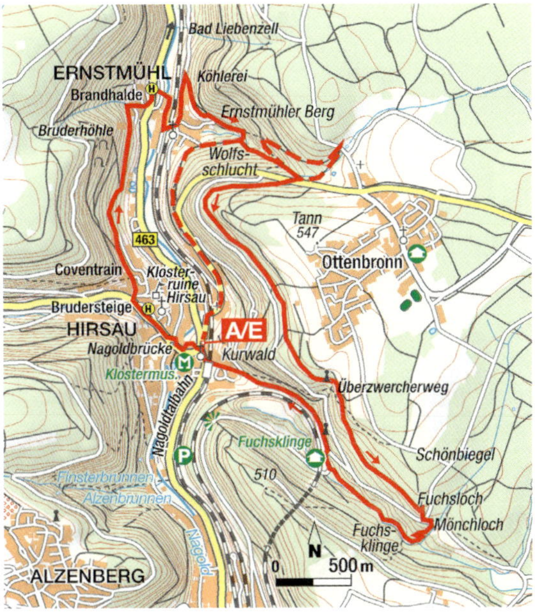

nehmen. Hierfür nutzen wir ab dem Gemeindeparkplatz den Ostweg über die B463, entscheiden uns dann aber für den Umweg am Wohnmobilstellplatz vorbei. Nach einem ersten schönen Eindruck von der Nagold unterqueren wir die **Nagoldbrücke**, um dann darüber hinwegzulaufen. Weiter geradeaus durch den Kreisverkehr ist das **Kloster Hirsau** auch schon erreicht. Für den Rundgang über das imposante Klostergelände können wir gerne etwas mehr Zeit einplanen. Es gibt einige interessante Ecken und Winkel zu entdecken.

Über den Conventrain nach Ernstmühl Anschließend gelangen wir über den westlichen Klosterzugang zurück zum Wanderweg sowie rechts zur **Brudersteige**. Erneut rechts geht es steil bergan bis zum Wegweiser **Conventrain**. Bei der Gabelung halten wir uns abermals rechts und folgen der gelben Raute bis nahe an den Lützelgraben, dann durch den Heerweg steil hinunter zum Wegweiser **Brandhalde**. Dort halten wir uns links, queren die B463 und nutzen nach 100 Metern entlang der Bundesstraße die Brücke über die Nagold. Wenige Schritte flussaufwärts passieren wir das Wasserkraftwerk Burkhard, eh wir die Nagoldtalbahn zur Dorfkirche in **Ernstmühl** überqueren.

Linke Seite: Blick auf den Torturm vom Kloster Hirsau

In der Wolfsschlucht Links ab verlassen wir Ernstmühl auf dem Liebenzeller Weg und biegen 400 Meter weiter bei dem Wegweiser **Köhlerei** scharf rechts zur Hummelberger Höhe ab. Wir befinden uns damit auf dem Ostweg, dessen schwarz-roter Raute wir über die zwei Kreuzungen beziehungsweise den Wegweiser **Ernstmühler Berg** bis in die **Wolfsschlucht** folgen. Bereits

Drei Klöster zu Hirsau

In Hirsau sind drei Klostergründungen bekannt. Als Ursprung der ersten wird das Jahr 830 genannt. Damals waren Reliquien des heiligen Aurelius aus Oberitalien an die Nagold gebracht worden. Nachdem das erste Kloster nur kurze Zeit existierte, entstand 1059 auf den alten Mauern das zweite Aureliuskloster des Benediktinerordens. In den Folgejahren erlebte das Kloster einen so großen Zulauf, dass es bald zu eng in den Konventsgebäuden wurde. Ab 1082 entstand daher auf dem gegenüberliegenden Nagoldufer das dritte Hirsauer Kloster mit den Aposteln Peter und Paul als Schutzheiligen.

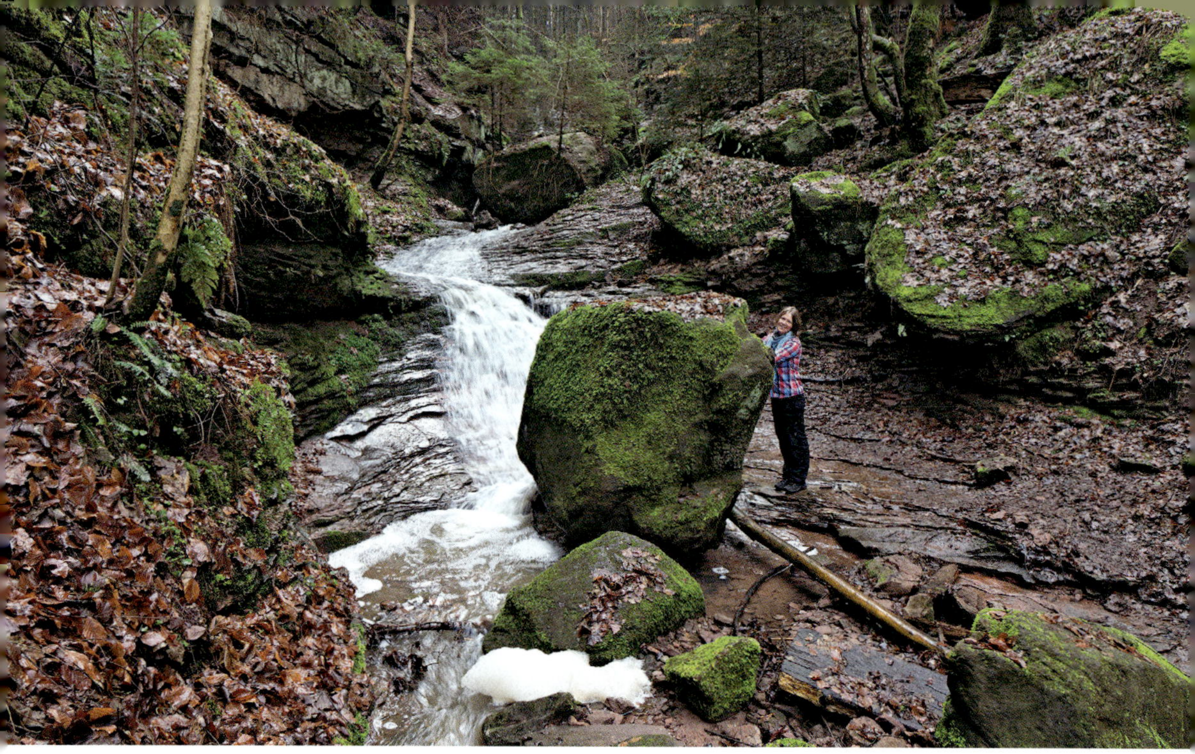

Gewaltige Felsbrocken prägen die Wolfsschlucht.

bei der ersten Brücke haben wir eine schöne Sicht auf den Wildbach. Sowie wir diese überquert haben, wechseln wir links auf die gelbe Raute. Der Aufstieg durch die Wolfsschlucht führt an zahlreichen malerischen Minikaskaden und ebenso kleinen Becken vorbei. Die Schlucht unterliegt ständigen Veränderungen und ist nach Starkregen teils heikel zu begehen. Im Zweifelsfall können wir auf die sichere **Umleitung** wechseln. Darüber folgt der wildeste Abschnitt und wird der Wanderweg innerhalb des Bachbetts geführt. Weiter bergan folgen zwei eindrucksvolle Wasserrutschen. Während sich die erste leicht passieren lässt, wird der Wanderweg vor der zweiten hoch zur K4308 geführt. Wer die Umleitung genutzt hat, kommt über den Neuen Ottenbronner Weg und (scharf rechts) den Wannenhauweg ebenfalls hoch an die Kreisstraße.

Waldreich zum Mönchloch Jenseits der Straße führt uns die gelbe Raute über den Steinweg in den Wald sowie in einem weiten Bogen um Ottenbronn herum. Auf diesen zweieinhalb Kilometern passiert praktisch nichts, sodass wir relativ flott vorankommen. Beim Wegweiser **Überzwercher Weg** besteht die Möglichkeit, direkt nach Hirsau zurückzulaufen. Für die Fuchsklinge indes laufen wir weiter geradeaus über das **Fuchsloch** bis zum **Mönchloch**.

Rückweg über die Fuchsklinge Beim Mönchloch wechseln wir rechts auf den mit blauer Raute markierten Weg. Dieser führt uns nahe dem Mönchlochgraben an den Tälesbach. Flussabwärts ist die **Fuchsklinge** bald erreicht. Der Tälesbach muss sich hier seinen Weg zwischen einigen mit Moos bedeckten Felsen suchen. Im Vergleich mit der Wolfsschlucht fließt hier weniger Wasser. Auch ist das Naturschauspiel nur schwer einzusehen. Hat man erst einmal einen geeigneten Standpunkt gefunden, sieht man sich aber auch hier einem kleinen Naturjuwel gegenüber. Wir folgen dem Bach bis zum Wegweiser Fuchsklinge, wo wir mit der blauen Raute rechts abbiegen und über den **Kurwald** zurück nach Hirsau wandern. Als letzte Besonderheit passieren wir beim Rückweg den Kaiser-Wilhelm-Gedenkstein. Das Denkmal wurde direkt in die Hirsauer Wand geschlagen und erinnert an die von 1871 bis 1888 währende Regentschaft Kaiser Wilhelms I.

Wasserkraftwerk Burkhard

Das Wasserkraftwerk ist ein weiteres Zeugnis des klösterlichen Lebens bei Hirsau. Es steht auf den Grundmauern eines von den Mönchen betriebenen Sägewerks. Nachdem das Gebäude im 19. Jahrhundert in weltlichen Besitz wechselte, wurde es noch bis ins 20. Jahrhundert hinein als Sägemühle betrieben. Das heutige Kraftwerk entstand 2015 zusammen mit einer Fischtreppe.

Bei dieser Wasserrutsche verlassen wir die Wolfsschlucht.

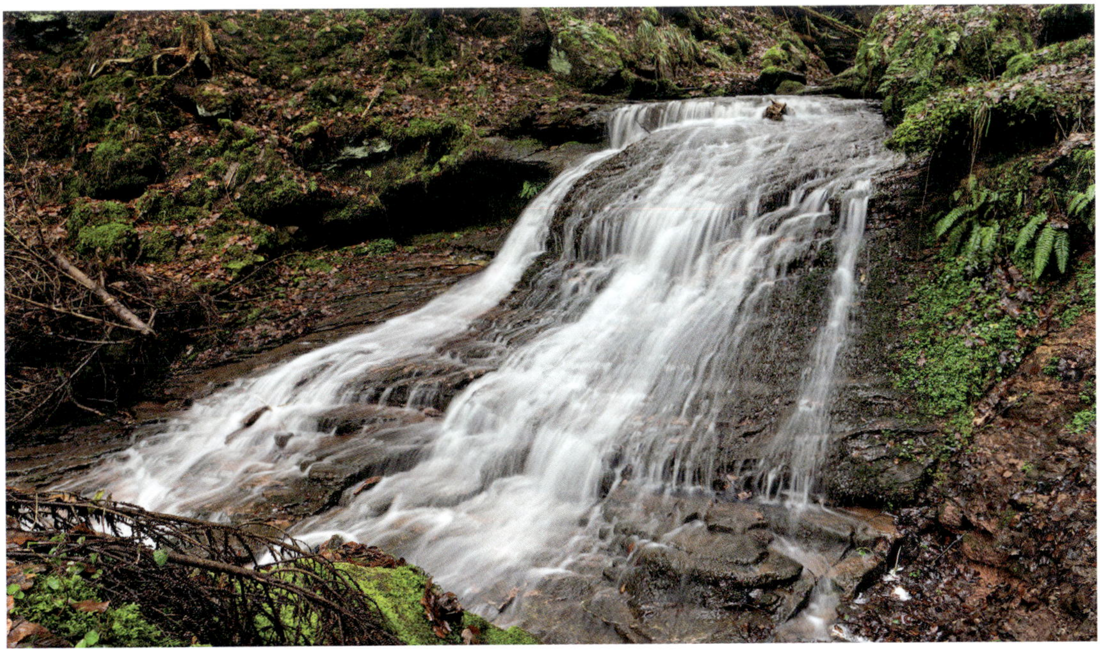

30 Bad Liebenzeller Wasserspiele

Nagold und Monbachtal

Mittel/Schwer | 9,6 km | 300 Hm | 3.30–4.30 Std.

Tourencharakter
Der Wanderweg kreuzt mehrmals das Bachbett. Nach ergiebigen Niederschlägen bzw. bei Hochwasser werden die Trittsteine überspült. Bei Trockenheit ist die Tour aber auch von Familien mit kleinen Kindern gut zu begehen.

Ausgangspunkt/Endpunkt
Bahnhof Bad Liebenzell, 320 m
GPS: 48.7725, 8.7340

Anfahrt
Bahn & Bus: Mit der Nagoldtalbahn nach Bad Liebenzell
Auto: Die Anfahrt erfolgt über die B463 Pforzheim–Calw; In Bad Liebenzell auf den Kurhausdamm zum Bahnhof abbiegen, direkt nach der Nagold links in die Regularstraße abbiegen oder den Parkplatz am Bahnhof nutzen.

Einkehr
Gastronomie nahe dem unteren Ausgang des Monbachtals, in Monakam und Bad Liebenzell

Karte
Karte des Schwarzwaldvereins 1:25 000, W227 Calw

Informationen
Freizeit und Tourismus Bad Liebenzell, Tel. 07052/40 80, www.tourismus-bad-liebenzell.de

Das Monbachtal ist das wildeste und spannendste Seitental der Nagold. Die Tour ist ganzjährig möglich – vorausgesetzt, es herrscht kein Hochwasser, denn die Pfade in der Schlucht wechseln über Trittsteine mehrmals die Bachseite.

Warmlaufen an der Nagold Die ersten Meter der Wanderung führen vom **Bahnhof von Bad Liebenzell** über die Pylonbrücke beim Bahnsteig oder die nahe Brücke Kurhausdamm zum Ostweg. Auf dem ersten Abschnitt folgen wir der schwarz-roten Raute des Fernwanderwegs flussabwärts an der **Lengenbachmündung** und dem **Jägersteg** vorbei sowie durch eine Birkenallee bis zur **Markgrafenbrücke**. Dort überqueren wir erst die Nagold, dann halblinks die Nagoldtalbahn und nehmen die Linkskurve in die Schillerstraße. Wir bleiben somit auf dem Ostweg, der beim Wegweiser **Forchenhalde** geradeaus in den Wald hineinführt. Nach einer kurzen Steigung fällt der hier breite Forstweg oberhalb der Nagold wieder leicht ab, sodass wir recht zügig bis zum Wegweiser südlich der **Monbachsiedlung** gelangen. Geradeaus ginge es zum Café Monbachtal.

Vorsicht vor nassen Füßen Wir indes halten uns beim Wegweiser kurz rechts, biegen dann aber mit dem Ostweg links zur Monbachschlucht ab. Bei Starkregenereignissen ist nun Vorsicht geboten. So lesen wir vor Ort: »Wegen Hochwasser oder Erdrutsch zeitweise nicht durchgehend begehbar.« Derart gewarnt geht es auf zunächst noch leichtem Terrain, dann auf einem von Felsen durchsetzten Pfad an den Monbach. Vorbei an den unteren Stromschnellen wird der Wanderweg bald am Rand des Bachbetts geführt. Schon hier kann ein unachtsamer Tritt mit nassen Füßen einhergehen.

Aufstieg durch die Monbachschlucht Auf den nächsten gut zweieinhalb Kilometern können wir es ruhig angehen lassen. Mit praktisch jeder Biegung überrascht uns die **Monbachschlucht**

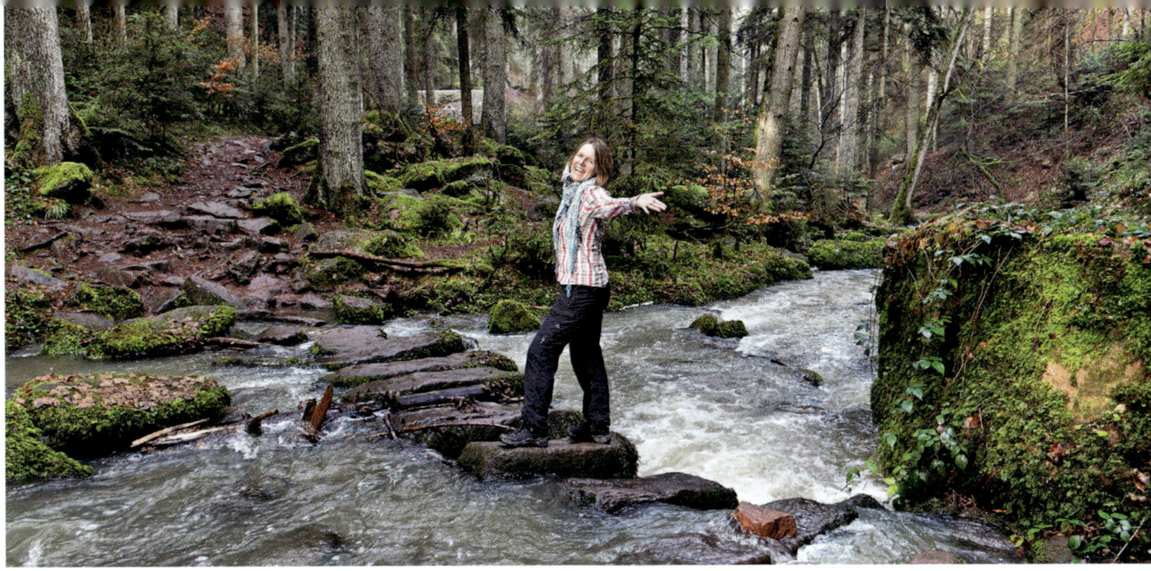

Sieht spielend-leicht aus, gelingt aber nicht immer …

mit neuen malerischen Eindrücken. Wo der Ostweg das erste Mal die Bachseite wechselt, überschreiten wir die Grenze vom Landkreis Calw zum Enzkreis. Wenige Minuten später zweigt rechts ein Weg zum Jugendzeltplatz im Monbachtal ab. Wir bleiben im Enzkreis, sodass wir als Nächstes zur **St. Leonhardquelle** kommen. Oberhalb davon wechseln wir mehrmals die Bach- und Kreisseite, passieren einen ein Meter hohen **Wasserfall** und erreichen schließlich den Rastplatz bei der **Rolf-Hammann-Hütte**. Gut zu wissen: Von Mai bis Oktober unterhält die Gemeinde Bad Liebenzell oberhalb der Hütte ein WC. Bis dorthin sind es etwa 120 Meter.

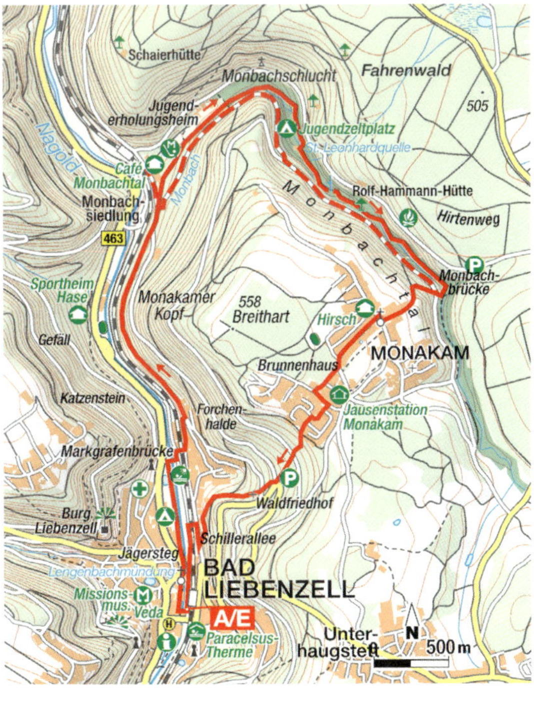

Trittsteine im Wasser Im weiteren Aufstieg kreuzt der Ostweg in kurzer Folge mehrmals das Bachbett. Als Überquerungshilfe dienen hier einige grob behauene Trittsteine. Im günstigen Fall sucht sich das Wasser seinen Weg zwischen den einzelnen Quadern. Schon bei wenig Regen werden die ersten jedoch überspült. Mit etwas Geschick und vielleicht Wanderstöcken als Balancierhilfe lässt sich dieser Abschnitt aber in der Regel gut meistern. Im Zweifelsfall ist es übrigens besser, bewusst ins Wasser zu treten, bevor man der Länge nach drin liegt. Am oberen Ende der Schlucht halten wir uns bei der **Monbachbrücke** rechts und trennen sich die Wege. Während der Ostweg links abbiegt und Kurs auf Schellbronn nimmt, orientieren wir uns rechts. Wer sich für die kurze Runde entschieden hat, biegt sogleich nochmals rechts auf den Hahlenweg ab. Nach 3,2 Kilometern wäre in diesem Fall das Café Monbachtal wieder erreicht.

Rückweg über Monakam Für den Rückweg nach Bad Liebenzell laufen wir beim Abzweig zum Hahlenweg geradeaus weiter, nehmen anschließend die Linkskurve und folgen der gelben Raute aus dem Wald heraus zu den ersten Häusern von Monakam. Wo die Lindenstraße in die Monbachstraße mündet, finden wir links zum Café Monachorum sowie rechts zum Gasthaus Hirsch. Zwischen beiden führt uns die gelbe Raute durch die Brunnenstraße bis zur Waldstraße, dann links zu einem **ehemaligen Brunnenhaus**. Das erhaltene Schutzhäuschen wurde zur Gründung Monakams im 14. Jahrhundert als Sammelstelle einer der Quellen am Monakamer Kopf gebaut. In den 1980er-Jahren wurde das aus Stein errichtete Brunnenhaus an seinen jetzigen Standort versetzt. Im Jahr 1835 gab es mindestens 13 solcher Brunnenhäuser in dem ehemaligen Waldhufendorf.

Kurze Runde

Die kurze Runde durch die Monbachschlucht startet bei der Monbachsiedlung. Vom Parkplatz jenseits der Bahnlinie (GPS: 48.7978, 8.7295) beziehungsweise der Haltestelle Monbach-Neuhausen erfolgt der Einstieg rechts hinter dem Café Monbachtal. Am Minigolfplatz vorbei treffen wir auf den Ostweg. Der Rückweg erfolgt ab der Monbachbrücke mit der gelben Raute über die Untere Monbachhalde zur Monbachsiedlung.

Abstieg über den Waldfriedhof Ab dem Brunnenhaus ginge es geradeaus zum Dorfzentrum mit der sonntags (11–17 Uhr) geöffneten Jausenstation. Der Wanderweg indes verläuft um den Wald herum zum Iltisweg. In häufigem Links-rechts-Wechsel verlassen wir Monakam in südwestlicher Richtung, bis wir wieder in den Wald eintauchen. Der letzte Abschnitt führt auf dem mit der gelben Raute markierten Monakamer Kirchweg hinunter zum **Waldfriedhof** und ab dort weiter bergab zur **Schillerallee**. In etwa geradeaus verläuft diese direkt zurück zum Bahnhof. Etwas schöner ist es, jenseits der Schillerallee den Fußweg über die Nagoldbahn hinweg zur Regulastraße zu nehmen. In diesem Fall erfolgen die letzten Schritte entlang der Nagold.

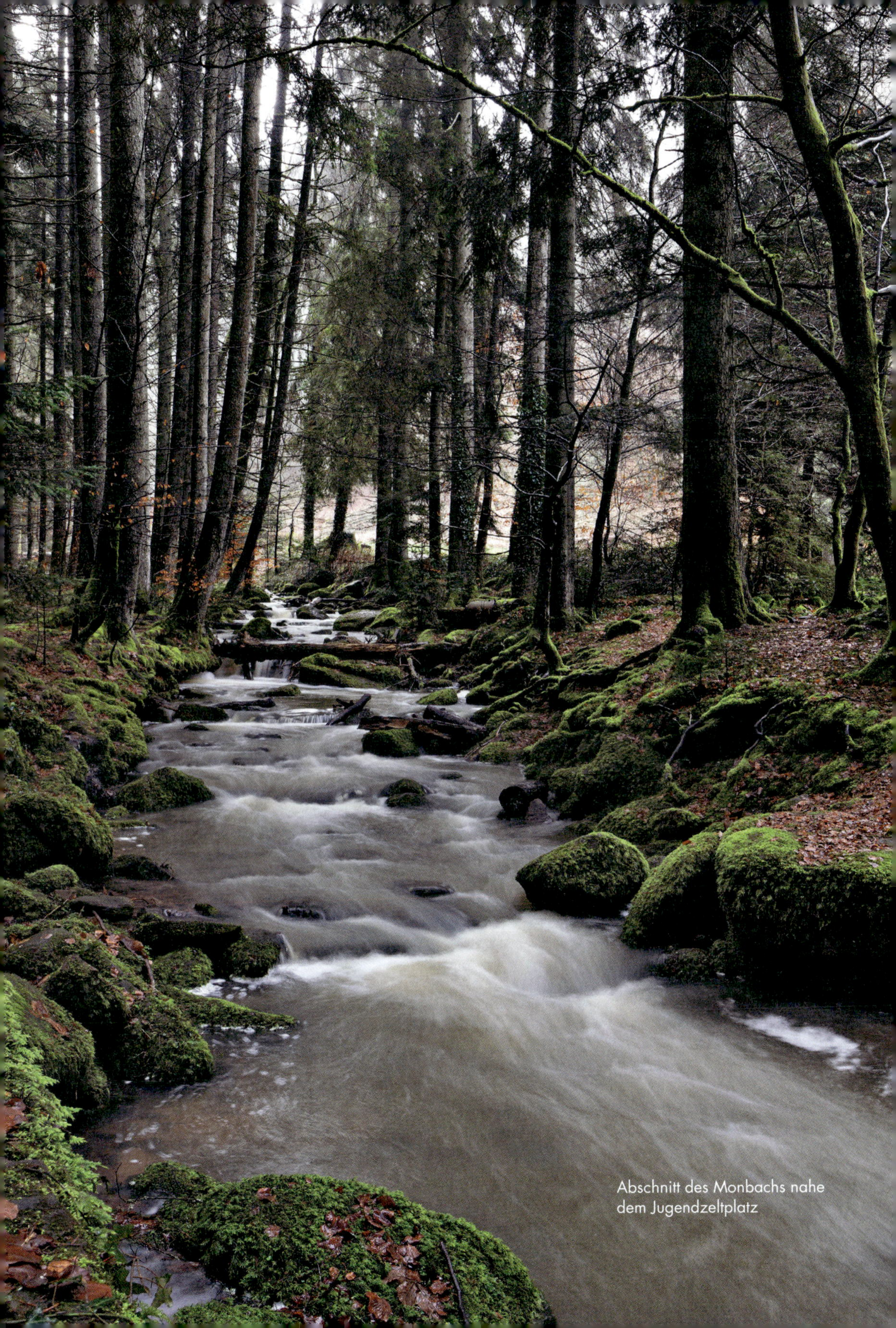

Abschnitt des Monbachs nahe dem Jugendzeltplatz

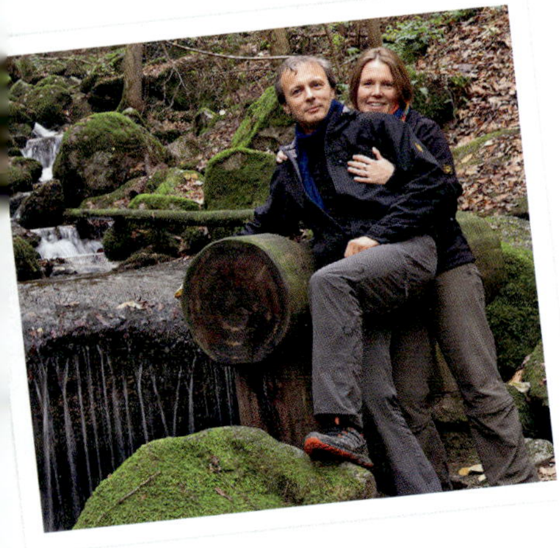

Zugabe

Mit Wasser *machen wir alle so manch eine Erfahrung. Schon als Kind hüpfen wir gerne von Pfütze zu Pfütze. Später tauchen wir dann ganz ein in den Quell des Lebens. Sicherlich hat jeder von uns schon mal davon geträumt, unter einem Wasserfall zu duschen. Bekommen wir dann tatsächlich die Gelegenheit dazu, folgt dem Traum nur allzu gerne die Ernüchterung. Denn schon wenige Meter Fallhöhe reichen aus, um die vermeintlich sanfte Dusche in einen harten Wasserstrahl zu verwandeln. Auch eignen sich nur wenige Becken, um darin zu baden. Zu den Ausnahmen zählen der Krai-Woog-Gumpen im Hotzenwald und das obere Becken der Zweribachwasserfälle. Beide jedoch sind Teil von Naturschutzgebieten, womit entsprechende Verhaltensweisen einzuhalten sind. Was bleibt, ist der Haselbachwasserfall bei Waldshut-Tiengen. Gelingt uns der Zugang, können wir uns dort auf eine eiskalte Erfrischung gefasst machen.*

Die Autoren Annette und Lars Freudenthal

Oft scheint es da besser, *sich mit einem Fußbad zu begnügen. Ein solches zu bekommen ist auch viel leichter. Denn gerade die kleineren Wildbäche sind an vielen Stellen gut zugänglich. Zum Teil ebnen sogar*

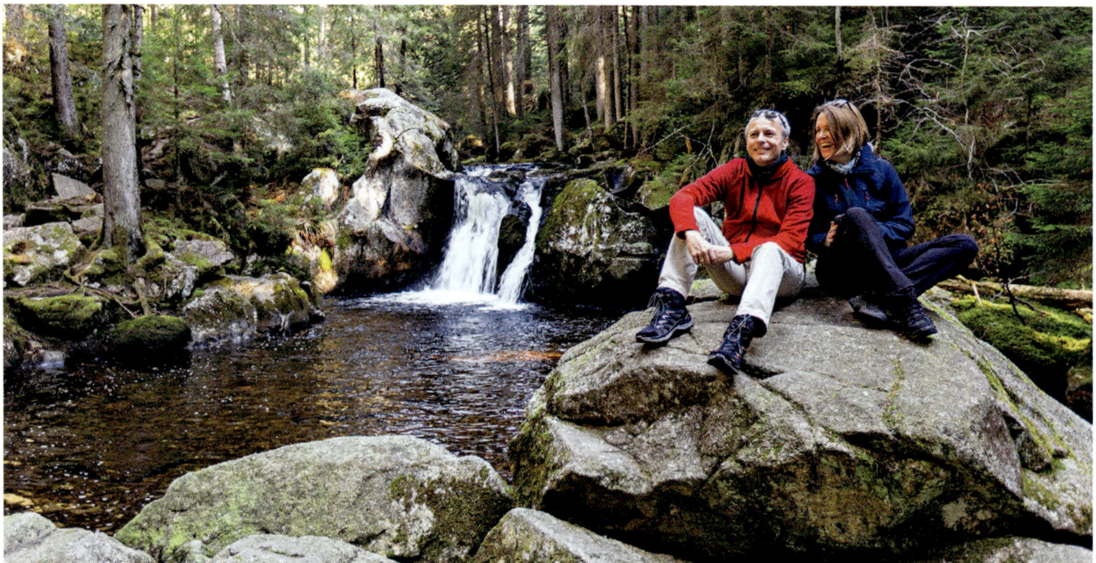

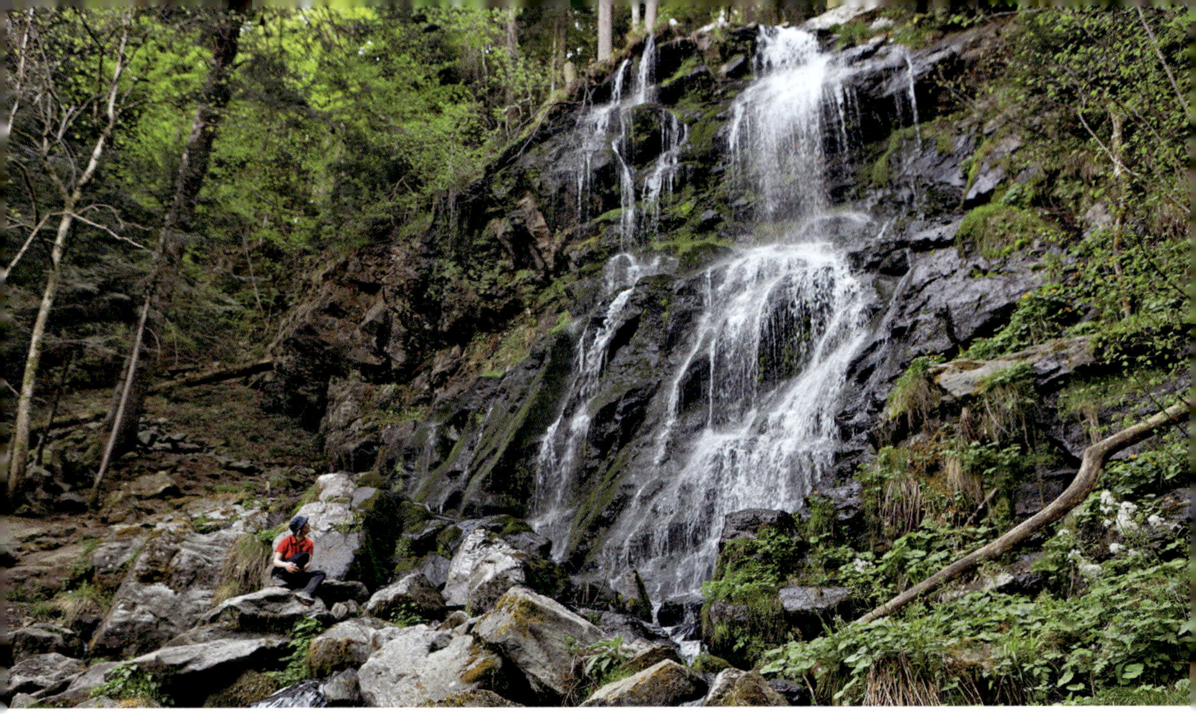

Rast bei einem unserer Lieblingswasserfälle

extra dafür installierte Handläufe den Weg ins Bachbett, so in der Gaishölle des Brandbachs oberhalb von Sasbachwalden oder beim Haus des Gastes in Achdorf. Andererseits bedarf es nur einer kurzen Unachtsamkeit, eines wackligen Steins oder einer glitschigen Stelle, und schon stellt sich die Abkühlung quasi von selbst ein. Prädestiniert hierfür ist die Monbachschlucht. Hier wird der Wanderweg gleich einige Male entlang dem sowie auch quer durch das Bachbett geführt, was bedeutet: Ein winziger Patzer reicht aus … und wir haben etwas zu erzählen.

Neben den schönen Ereignissen *sind es aber gerade auch die kleinen Missgeschicke, durch welche die in diesem Wanderführer beschriebenen Touren zu einem unvergesslichen Erlebnis werden. Was ist schon eine nasse Hose im Vergleich zur Story, wie man das Malheur anschließend zu meistern, darüber zu schimpfen und zu lachen verstand? Also ziehen auch wir selbst immer wieder los, um uns an den Wasserfällen und Schluchten im Schwarzwald zu erfreuen. Und sollten wir das nächste Mal bei einer unserer Touren patschnass werden, so sind wir uns sicher, schon jetzt den Schuldigen zu kennen: der daheim gelassene Regenschirm.*

Viel Freude mit unseren Wanderungen wünschen

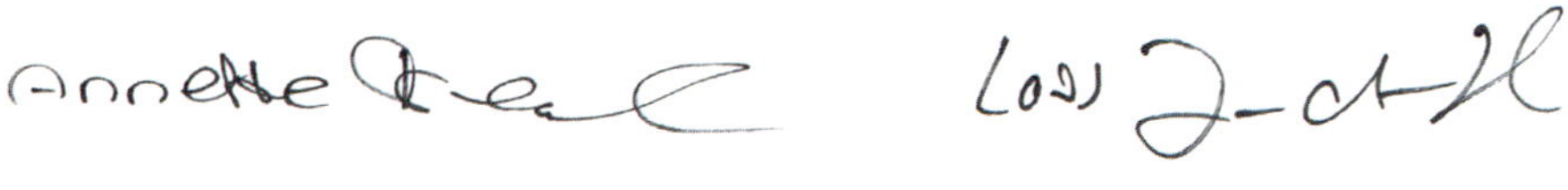

Register